당신의 발밑에는

피렌체보다

화려한 부여가 있다

부여의 과거와 현재,
미래로 떠나는 인문 답사

당신의 발밑에는
피렌체보다
화려한 부여가 있다

홍경수(편) · 최경원 · 정길화 · 김진태 · 김수 지음

북 카라반
CARAVAN

부여, 초승달과 보름달의 도시

전남 함평에서 태어나 광주와 서울에서 학교를 다녔고, 서울과 충남 아산, 수원에서 직장 생활을 하는 삶의 이동 경로로만 보면, 나는 영락없는 백제인이다. 백제의 흥망성쇠에 따라 백제의 힘이 한강에서 남도 끝까지 미쳤을 것을 예상하면 그러하다는 것이다. 그렇다고 백제의 수도였던 부여가 내게는 친숙하지 않았다. 고등학교 수학여행도 부여 대신 경주로 갈 정도로 우리는 백제와 친숙하지 못하도록 훈육되었다.

특히 낯선 것은 음식의 맛. 내가 전남 서남해안의 화려하고 자극적인 입맛에 익숙해서인지 부여의 대표 음식 연잎밥은 심심하게 느껴졌다. 이른바 '개미'(특별한 맛을 뜻하는 말로 주로 남도 음식에 쓴다), 즉, 깊이 우러나오는 맛이 느껴지지 않는 것이었다. 그래서 부여에 올 때마다 질문을 던졌다. "왜 부여 음식은 이렇게 심심한가요?" 부여 사람들은 방문객의 질문을 예상했다는 듯이, '심심한' 것이 아니라 '슴슴하다'고 표현을 바로잡아 주었다.

국어사전은 '슴슴하다'의 뜻을 '심심하다' 혹은 '맛이 싱겁다'로 풀이하고 있다. 하지만 슴슴하다는 이와는 좀 다른 의미로 활용되는 것을 알 수 있다. 심심하거나 맛이 싱겁다는 말이 다소 채워지지 않은 미완이라는 뉘앙스가 있다면, '슴슴하다'는 그 자체로 채워진, 즉 자족하는 분위기를 풍긴다. 부여 사람들이 말하는 '슴슴하다'에는 '당신들이 진정한 맛을 몰라서 그렇지 진짜 맛은 진한 양념과 거리를 두고 살짝 싱거운 기분으로 만들어야 한다'는 자부심이 담겨 있는 듯하다.

그런데 부여 정림사지 5층 석탑이나 백제 금동대향로를 보고 나자 다시 질문이 솟아올랐다. 몇 시간을 바라보아도 부족함이나 넘침이 없이 완벽한 균형미와 조형미를 자랑하는 정림사지 5층 석탑은 '탑멍'을 부르는 극상의 아름다움을 가지고 있다. 부여에 갈 때마다 가장 먼저 들러 이 탑을 본다. 백제 금동대향로 역시 화려함과 섬세함의 극치로 조금이라도 부족한 점이 없다. 세계 어디에서도 이처럼 스펙터클하고 정교한 예술 공예는 보기 드물다.

백제의 지붕을 장식하는 화려한 치미雉尾와 기와를 여러 장 쌓거나 세워서 건물의 기단을 만드는 와적 기단과 연꽃무늬의 수막새도 이루 말할 수 없이 아름답다. 연꽃무늬의 전돌이 바닥을 장식했을 백제의 왕궁과 사찰을 생각해본다.

백제는 불국사 석가탑을 만든 석공 아사달이나 황룡사 9층 목탑을 만든 장인 아비지 말고도 일본 최초의 절인 아스카지飛鳥寺, 오사카의 시텐노지四天王寺, 교토의 코류지廣隆寺, 호류지法隆寺 등 백제 양식의 사찰을 만든 장인들을 파견한 나라다.

일본어로 '구다라나이'라는 말이 있다. 하찮다, 시시하다는 뜻이다. 이 말의 어원은 "이것은 백제 물건이 아니다これは 百濟の物では無い"였다. 백제에서 일본으로 건너온 뛰어난 생산품이 아니면 가치가 없다는 뜻이다. 즉, 일본들이 백제 문화를 찬양한 말이다. 일본 역사학자 우에다 마사아키上田正昭는 "구다라百濟라는 말은 고대부터 일본에서 백제를 '큰 나라'라고 부른 데서 생긴 말이다"라고 주장했을 정도다.[1]

통일신라 시대에 만들어진 건물과 탑의 상당수는 백제 장인들이 만들었다. 그렇기에 당시 유물들을 '통일신라 시대의 유물'이라고 칭하는 것은 공정하지 않다. 대신 '통일 삼국 시대의 유물'이라는 명칭이 더 적절할지도 모른다.

이토록 화려하고 멋진 백제의 공예 능력과 후손들의 '슴슴한' 음식 맛은 좀처럼 연결되지 않았다. 충청인 여럿과 부여 사람들에게 꾸준히 질문한 결과 다음과 같은 답을 추론할 수 있었다.

우선, 특산품이 풍부하게 나지 않는 곳이라는 지리적 특성이다. 바다로 가는 수로가 있긴 하지만 바다가 아주 가깝지는 않아서 해산물 요리가 발달하지 않았고, 쌀농사가 대부분이어서 재료가 다양하

---

1)   홍문기, 「『일본속의 백제, 구다라』」, 『독서신문』, 2009년 10월 26일.

지 않다는 것이다. 식재료가 다양하지 않으니, 요리도 풍요롭기 어렵다는 추측이다.

둘째는 기질과 관련이 있다. 충청도 내륙 사람은 일반적으로 먹는 것에 큰 관심이 없다고 한다. 언성을 높이거나 욱하는 경우가 흔치 않은 기질에서 알 수 있듯이 먹는 것에도 열망이 크지 않다는 것이다(정말일까?). 이와 같은 기질은 언어를 통해서도 확인할 수 있는데, 충청도 출신의 개그맨이 많은 것도 은근한 언어와 관련이 없진 않을 것이다. 자신의 의견을 밖으로 뚜렷하게 내세우지는 않지만, 할 말은 기어이 하는 백제식 유머가 지금도 한국 예능계를 장악하고 있다. 이들의 유머는 찌르거나 쨍한 말보다는 습자지에 먹물 번지듯 은근하되 심지 굳은 화법을 유지한다. 은근한 충청인들이 좋아하는 음식도 말처럼 은근하고 슴슴하다는 가설이다. 종합하면 음식의 맛이 말의 맛과 기질, 그리고 환경을 따른다는 것이다.

가족과 부여를 여행하던 중에 부여 분들과 자리를 했다. 즐거운 충청도식 유머가 끊이지 않았다. 부여가 생소한 아내는 부여인의 은근한 농담에 웃음을 참지 못하다가 나중에는 '초승달의 언어'라고 이름까지 붙였다. 가느다란 곡선 모양의 유머들이 정면으로 부딪치지 않고 비껴가듯이 오고 가는 모습이 초승달을 닮았다는 것이다.

예를 들면 이런 것이다. 기차를 타기 위해 택시를 탄 손님이 좀 더 빨리 가줄 수 없을까 묻자 기사님은 이렇게 답했다. "그렇게 바쁘면 어제 타지 그랬슈?" 묻는 사람은 머쓱해지며 더 이상 조를 수가 없다. 유머인 듯 유머 아닌 유머 같은 말이다. 면박 같기도 하고, 농담 같기도 한 미묘한 경계선을 초승달처럼 날렵한 언어의 비수로 칼치기를 한다. 만약 타지 사람이 "너무 하신 것 아니에요?"라고 묻는다면 기사님은 이렇게 대답할 것이다. "아이고, 농담도 못 하나유?"

우리가 익히 알고 있는 충청도식 유머의 대표 사례. 나물 파는 할머니에게 가격을 깎아달라고 하자 할머니 왈, "냅 둬유. 돼지나 주게." 충청도 사람들이 섣불리 역정을 내지 않고 속으로 삭이며 언어에 스냅을 넣어서 강력하게 회전시키는 태도는 삶에 초연한 듯한 여유 없이는 생성될 수 없다. 날렵하게 휘어진 초승달처럼 은근슬쩍 사람의 마음을 뒤흔들 줄 아는 천부적인 언어의 소유자가 만들어 내는 음식도 초승달을 닮은 것 아닐까?

하지만 원고를 마칠 때쯤 부여의 언어와 음식이 초승달을 닮았다는 주장은 우리가 보는 부여와 백제가 온전한 모습이 아니어서 그럴 수도 있다는 생각이 들었다. 아시아 여러 나라와 교역하고 선진 문화를 나눠주었던 고대의 찬란한 선진국 백제 땅은 나당 연합군의 공격으로 폐허가 되었으며, 많은 백성이 죽었고, 살아남은 사람들 가운데 일본으로 건너간 사람도 수만 명에 달했다. 우리가 알고 있는 백제와 부여는 초승달만큼 달의 일부분일지도 모른다. 현재를 사는 우리가 발굴하고 발견하여 채워야 할 부분이 훨씬 더 많은 백제와 사비인 것이다.

승자의 관점으로 기록된 역사를 신주 모시듯 믿고 살아온 우리의 좁은 눈으로는 장대한 백제와 광활한 부여를 온전히 보기 어려울 것이다. 보름달만큼 꽉찬 부여를 초승달만큼만 알고 있는 우리의 이해를 토실하게 채우는 데 이 책이 미력이나마 기여한다면 큰 영광이다. 책을 읽고 부여를 찾아와서 고대 왕국의 땅을 밟는 사람이 늘어날수록 장쾌한 부여의 역사는 더욱 빛을 발할 것이 틀림없다.

2022년 봄, 방송사 프로듀서 출신의 국제 교류 전문가, 디자인 연구자, 예능작가, 사진작가, 콘텐츠 연구자가 모여 다섯 가지 관점의 부여 답사 가이드를 만들기로 의견을 모았다. 여러 차례 부여를 방문하며, 부여가 가진 매력을 발굴하고 스토리텔링 과정을 거쳐 로컬 콘텐츠를 만들었다. 여전히 부족한 점이 없지 않지만, 새로운 방식의 인문 도시 답사의 방식이라 자부한다.

그 자부심으로 독자 여러분을 고아한 초승달이자 보름달의 도시 부여로 초대한다. 오랜 세월 미의 정수를 이어온 고대 왕국의 마지막 수도이자, 미래의 역사가 더욱 확장될 도시 부여는 이탈리아의 피렌체에 견주어도 결코 뒤떨어지지 않는다. 다만, 그 흔적이 우리의 발밑에 묻혀 있을 뿐이다.

동북아시아의 공예와 건축 혁명의 시발점이었으며, 문화예술의 수도였던 부여의 모습을 떠올리면 안타까움은 더욱 사무친다. 하지만 부여를 사랑하는 사람들이 하늘 높은 땅을 지키며 보듬고 있고, 사람들이 모여들고 있으니 부여의 온전한 모습은 보름달같이 복원될 것이다. 당신의 발걸음도 큰 힘이 될 것이다.

1장을 쓴 최경원은 고대의 화려한 왕국 백제와 수도 사비의 복원되지 않은 모습을 글로 생생하게 재현해냈다. 글을 읽는 것만으로도 흡사 VR을 체험하는 것과 같이 고대의 왕도王都를 함께 걸으며 건물과 미술품들을 직접 만지는 경험을 할 수 있다. 부여가 자랑하는 정림사지 석탑과 백제 금동대향로는 왜 아름다울 수밖에 없는지 비례와 균형, 치밀한 디테일을 묘파하며 분석했다. 최경원의 글 덕분에 부여를 여행할 때는 역사적 상상력이 필요함을 새삼 깨달을 수 있다. 시공간을 뛰어넘고 작품의 내면 깊숙이 들어가는 심도 깊은 미 해석의 세계를 직접 체험해보시길.

2장을 쓴 정길화는 오랫동안 MBC에서 다큐멘터리 피디로 일했고, 한국 국제문화교류진흥원 원장으로 일하며 한류 연구와 해외 교류 사업을 책임지고 있다. 한편의 다큐멘터리를 만들 듯, 부여의 역사적 연원과 인문학적 의미를 다양하게 톺아보고 있다. 영상연출자답게 글을 읽노라면 60분짜리 다큐멘터리를 보는 듯 시각적 재현이 탁월하다. 특히 신동엽 시인, 임옥상 화백, 유홍준 교수 등 부여인들의 이야기는 부여의 본질을 꿰뚫어보는 데 도움을 줄 것이다.

3장을 쓴 홍경수는 방송 프로듀서 출신의 문화 콘텐츠 연구자다. 지역 재생의 새로운 움직임이 일어나고 있는 규암의 재미있는 공간을 크리에이터와 함께 소개한다. 부여 토박이, 이주한 공예인, 젊은 기획자, 청년 등 다양한 유형의 사람들이 규암을 핫 플레이스로 만들고 있다. 고대의 부여와 더불어 또 하나의 거점을 이루는 근현대 부여의 매력을 규암에서 맛볼 수 있다.

4장을 쓴 김진태는 부여 사람으로 30여 년간 예능작가로 방송을 만들었다. 오랜 서울 생활을 마치고 귀향한 김 작가는 고향의 맛을 지키고 있는 진국 같은 식당 주인들 여덟 명을 만났다. 백제의 맛과 부여의 정신을 지키고 있는 주인들의 이야기만으로 부여의 매력에 빠질 것이다. 너무 자극적이지도 않고 지나치게 화려하지도 않으며, 재료 본연의 맛에 집중하는 백제의 맛을 만드는 장인들을 만날 수 있다.

5장을 쓴 김수 사진작가는 부여가 자랑하는 농산물 브랜드 '굿뜨래'의 대표 작물을 재배하는 농업 장인들을 만났다. 수박, 멜론, 딸기, 토마토 등 한국 최대의 생산지에서 가장 농사를 잘 짓는 분들을 만나 부여 맛의 근원을 탐험했다. 왜 부여의 농산물이 그렇게 맛있는지, 어떻게 요리하면 맛있게 먹을 수 있는지 아름다운 사진으로 꼼꼼하게 담았다.

각 장의 끝에는 저자나 저자가 선택한 전문가들이 추천하는 부여 1박 2일 코스를 실었다. 글을 읽은 다음 저자의 큐레이션 대로 1박 2일을 보내러 부여로 향해도 좋겠다. 부여를 오랫동안 관찰한 경험에서 나온 제안은 탁월한 가이드가 되어 줄 것이다. 코로나로 해외여행이 쉽지 않은 시기에 한국의 아름다운 자연과 사람, 그리고 맛을 만날 수 있는 인문 도시 답사에 도움이 되었으면 참 좋겠다. 이 책으로 부여를 더 자세히 알게 되고, 그 이해와 친밀함으로 부여로 떠나기를. 그리고 부여에서 백제의 품위있는 아름다움에 취해 즐기시기를. 그러면 당신도 부여에 '부며'들 것이 틀림없다.

편집자 홍경수

차례

머리말   5

1. 작고 조용한 부여 안에 담긴 크고 찬란한 부여

부여라는 이름, 부여라는 공간에 들어 있는 또 다른 부여   19
백제의 도시 구조와 부여의 도시 구성   22
부여를 만든 성왕   39
첨단의 계획도시 부여   51
부여의 무게 중심   61
백제의 네 번째 수도, 부여의 동생 아스카   75
능사의 최고 보물 백제 금동대향로   84
화려한 백제 문화   90
부여에 들어있는 또 다른 부여를 찾는 1박 2일 여행 가이드   96

2. 부여로 동기 부여하니, 여부가 있겠습니까

부여를 부여안고…   107
부여 역사를 부여잡다   111
우리는 지금 부여로 간다   123
누가 부여 하늘을 보았다 하는가   135
아직도 '꿈꾸는 백마강'   150
부여, 여부가 있겠습니까   159
조경 전문가 김인수 소장이 추천하는 부여 1박 2일   168

3. 규암을 걷다

부여의 과거와 현재, 미래로 떠나는 시간 여행   177
의자왕의 자온대와 수북정   181
부여만물상 유광상 대표   187
자온길을 만들다, 책방 세간 박경아 대표   194
수월옥 이건동 대표   199
부여 청년창고 8인의 대표   205
나무모리 김정미 대표   209
북토이 정진희 대표   215
패션 스튜디오 홍조 이소영 대표   222
목면가게·부여서고, 송성원 대표   229
선화핸즈 최정민 대표   234
부여제철소 김한솔 대표   239
수북로1945 김준현 대표   245
다올 전통찻집 강현희 대표   250
부여 당일치기 추천 코스   254

4. 그곳에 가면 부여의 맛이 있다

[말과 밥]   263
연꽃빵과 대추차 백제향   265
정미소가 있던 카페 구교 정미소 카페   273
대를 잇는 맛 장원막국수   281

비가 오면 생각나는 그 '주막'   292

싸고 맛있는 김해뒷고기   300

노브랜드 치킨 생존기 둘리스 치킨   309

콩국수에 담긴 세상 사는 맛 옹달샘분식   320

추억의 동태탕 똥각시   328

채리와 야콥의 1박 2일 추천 코스   336

5. 땅의 힘으로, 땀의 힘으로

부여의 오늘을 지켜내는 농업 장인들   343

목이 쓸 정도로 단 부여 멜론, 유재훈 부여군 멜론연합회장   347

실패해도 기회를 세 번 주는 왕대추, 이호인 해살이영농조합법인 대표   354

40년 전 추억의 단내, 서창원 그린농원 대표   362

억울한 씨 없는 수박, 박종관 수박연합회장   369

밥맛이 없을 땐 밤 맛으로, 유용범 밤 사무국장   378

앞으로 읽어도 거꾸로 읽어도 토마토, 정택준 세도농협 토마토공선회장   386

무량사에 가면 표고버섯, 이재영 삼보영농조합법인 대표   395

부여제철소가 제안하는 간단한 굿뜨래 요리   401

나의 1박 2일 추천 코스   408

1.
작고 조용한 부여 안에 담긴
크고 찬란한 부여

최경원

현 디자인 연구소 대표, 연세대학교·국민대학교 겸임교수

부여라는 이름, 부여라는 공간에 들어 있는 또 다른 부여

지금의 부여는 금강이 유유히 흐르고 아담한 산과 들판이 평화롭게 펼쳐진, 조용하고 살기 좋은 대한민국의 지방 가운데 하나다. 1읍 15면으로 이루어진 군으로, 중요한 장소들이 모두 엎드리면 코가 닿을 거리에 있어서 다리품만 잘 팔면 아름다운 부여를 많은 시간이 걸리지 않게 경험하고 볼 수가 있다.

공간이 이러니 시간도 마찬가지다. 작고 평화로운 만큼 이곳에서는 시간도 금강의 흐름만큼이나 느리고 유유자적하다. 외지에서 온 사람이라면 부여의 이 시간에 익숙해질 시간이 잠시 필요하다.

이런 부여 아래에는 공간적으로나 시간적으로나 완전히 다른 모습의 부여가 잠자고 있다. 이름부터가 그렇다. 부여는 원래 기원전 2세기경부터 494년까지, 멀리 북만주 지역을 지배했던 예맥족 국가의 이름이었다. 부여는 고조선이 멸망한 뒤 고대 한반도 북부와 드넓은 만주를 책임졌고, 고구려와 백제가 만들어지는 뿌리가 되었다. 이런 부여의 흐름은 백제가 고구려 장수왕의 남하 정책에 밀려 수도를 두 번 이전하면서 한반도 남쪽으로 내려왔고, 지금의 부여, 사비라 불렸던 백제의 세 번째 수도에까지 내려온다.

그러나 당시 부여라는 이름은 국호, 즉 백제에서 남부여로 나라 이름을 바꾸면서 구체화되었고, 지금의 부여 지역이 부여라는 이름을 독점하게 된 것은 백제가 망한 뒤 신라에 예속되어 부여군으로 이름이 바뀌면서부터였다. 이후로 이 지역은 조선 시대까지 부여현이었다가 일제 강점기 때 부여군이 되었고, 지금까지 이름을 그대로 유지하고 있다. 그러니까 지금은 부여가 작은 행정 지역을 일컫는 이름으로 존재할 뿐이지만, 이 이름 안에는 북만주와 서울과 공주와 지금의 부여를 아우르는 어마어마한 시간과 공간이 들어 있다.

그런 어마어마한 시간과 공간은 차치해두고, 지금의 부여만 살펴봐도 대단한 부여를 만나게 된다. 부여 안을 거닐다 보면 훼손이 많이 되기는 했지만 백제 시대의 흔적을 매우 많이 만난다. 지금의 부여를 생각하면 아주 많은 양이고, 규모도 상당하다. 게다가 이 흔적들은 위대한 백제의 문화라는 부력에 의해 오랜 세월을 둥둥 떠내려온 역사적 빙산의 일각들로, 대한민국의 한 행정 지역으로 존재하는 부여를 한참이나 넘어서는 부여의 모습을 수면 아래에 감추고 있다. 잘만 살펴보면 부여의 본래 모습을 밝혀낼 수 있다.

여기서 뺄 수 없는 것이 이 지역에서 출토된 다양한 유물과 일본에 있는 여러 문화재다. 이 유물과 유적들도 부여의 본 모습을 복원하는 데에 아주 큰 도움을 준다. 그렇게 해서 복원되는 부여는 과연 어떤 모습일까? 그리고 이 작은 부여 안에서는 얼마나 뛰어난 문화들이 만들어지고 전파되었을까?

백제의 도시 구조와
부여의 도시 구성

부여는 백제의 수도 중에서도 가장 계획적으로 만들어진 도시였다. 도시를 구성하는 요소들을 살펴보면 상당히 견고하고 안정적이다. 지금 남아 있는 흔적들만 살펴봐도 강과 산성이 이중으로 방어선을 형성했고, 그 뒤쪽 경사지에 왕궁이 있었다. 도시는 왕궁 건너편 넓은 평지에 질서정연하게 만들어졌다. 그렇게 만들어진 도심 한복판에 도시의 무게중심을 잡는 듯한 절이 들어서 있었고, 왕궁과 정면으로 마주하는 가장 남쪽에 휴양 시설인 큰 정원이 있었다. 부여의 외곽, 성 바로 밖에 많은 왕릉을 조성했고, 이 왕릉을 관리하기 위해 거대한 절을 세웠다.

이런 흔적들을 모아 놓고 보면 한 나라의 수도로 작동되기에 모자람이 없을 정도로, 도시의 구조가 짜임새 있게 만들어졌다는 것을 알 수 있다. 현대 도시 못지않게 아주 계획적이다. 중요한 위치에는 적합한 시설이나 건물들이 자리를 잡고 있어서 척추 같은 역할을 한다. 그 밖의 여러 시설이나 건물들이 그 사이를 채우면서 메트로폴리스 부여가 구축되었다.

이렇게 도시가 철저한 계획에 따라 구축되었기 때문에 백제의 수도 부여는 매우 효율적이고 체계적으로 작동할 수 있었을 것이다. 몇몇 출토 유물들이나 기록을 보면 도로 폭이나 마차 규격, 하수 시설 등도 잘 만들어졌던 것 같다. 백제의 전성기는 그렇게 수도 부여

견고하게 만들어졌던 부여의 도시 구조.

의 선진적 시스템을 엔진으로 하여 활발하게 구축되어 나갔다.

바다로서의 강

부여를 지리적으로 살펴보면 금강이 부여를 아주 넓게 빙 돌아서 흐르고 있다. 강이 도시와 접촉하는 면적이 한성이나 공주에 비해 상당히 넓다. 부여의 절반 이상을 금강이 빙 둘러서 흐르고 있다. 그만큼 부여는 지리적인 안전도가 뛰어났다.

이런 금강이 부여에 가져다주었던 것은 군사적인 안전성만이 아니었다. 옛날에는 강이나 바다와 같은 물은 요즘의 고속도로와 같았다. 물 위에 아무 것도 없으니 배만 띄우면 물이 흘러가는 곳 어디라도 신속하게 이동할 수 있었다. 육로로 움직이는 것과는 비교할 수 없다. 그래서 부여처럼 강과 접촉하는 면이 넓으면 교통이 활발해지고, 그만큼 외부와의 교류도 활발해진다.

게다가 금강은 그냥 강이 아니었다. 서해안으로 곧바로 연결되기 때문에 금강은 강이면서도 바다였다. 따라서 부여는 내륙에 있으면서도 해양 도시와 같은 혜택을 누릴 수 있었다.

가장 큰 혜택은 멀리 동남아시아나 중국, 일본 등을 활발하게 돌아다니던 백제의 상선들이나 외국의 배들이 곧바로 수도 부여로 들어올 수 있었다는 점이다. 이는 부여에 엄청난 경제적 이익을 가져다주었을 뿐 아니라 수준 높은 해외 문화를 신속하게 공급해주었다.

서해안으로 연결되는 금강.

백제가 고구려나 신라에 비해 중국의 발달된 문화를 신속히 받아들이고, 빠른 속도로 자신만의 세련된 문화를 만들었던 데에는 바다 같은 금강이 결정적인 역할을 했다.

들어올 수 있다면 나갈 수도 있다. 금강을 통해 백제의 불교가 거의 실시간으로 일본에 전해졌다. 이는 수도 사비에서 금강을 따라 곧바로 일본으로 연결되는 교통로가 있었기 때문에 가능했을 것이다. 아마도 당시에는 부여에서 배를 타면 곧바로 일본에 갈 수 있는 항구가 만들어졌을 것이고, 항로도 확보되어 있었을 것이다.

그렇게 부여는 내륙에 있는 수도였음에도 국제항의 역할을 톡톡히 했을 것으로 추정된다. 그렇다면 국내외의 선박들이 오고 갔던

지금은 유람선만 오가고 있는 구드래나루터.

국제 항구는 부여의 어디에 있었을까? 아마도 왕궁에서 금강에 가장 가까이 붙어 있는 지점, 지금은 유람선들만 오가는 구드래나루가 당시 국제항이었을 가능성이 높다. 지금은 한적한 나루지만 백제 시대에 이곳은 엄청난 규모의 항구였고, 그만큼 왕래하는 선박의 양도 대단했을 것이다.

이 항구를 통해 인도와 동남아, 일본의 문화나 물자들이 활발하게 들어왔을 것이고, 백제의 문화나 물자들이 이들 나라로 많이 나갔을 것이다. 그런 활발한 문화 교류의 흔적을 잘 보여주는 것이 일본의 황실 창고인 쇼소인(정창원)에 보관되어 있는 바둑판과 바둑돌이다.

이 유물들은 지금까지 보아왔던 백제의 다른 유물들에 비해 매

일본에 보냈던 백제의 바둑판.

우 화려하고 정교해서 한 걸음 뒤로 물러나게 만들 정도다. 이 바둑판의 만듦새는 앞으로 살펴볼 금동대향로를 연상케 한다. 정교하고, 세련되고, 화려하다. 백제 장인들이 얼마나 솜씨가 뛰어났는지를 잘 보여준다. 이런 유물이 없었다면 아직도 우리는 백제의 문화가 자연스럽다느니, 소박하다느니 말하고 있을 것이다. 이 바둑판의 선이나 무늬 등 아이보리 색깔 부분들은 모두 동남아산 상아, 즉 코끼리의 어금니로 만들어졌다. 초콜릿색 부분은 역시 동남아산 자단목으로 만들어졌다. 이런 사실들로 이 바둑판은 백제가 동남아시아까지 교류했다는 것을 한눈에 입증해준다.

바둑판과 더불어 바둑알도 대단하다. 붉은색과 검은색을 배경으로 하고, 그 위에 화려한 새 모양이 그려져 있다. 모두 상아를 염색

상아로 만들어진 아름다운 바둑돌.

해서 만들어진 것이다. 화려하고 세련된 디자인 감각이 혀를 내두를 만한데, 모두 동남아와 일본을 두루 교류했던 백제의 활동 역량 덕분에 만들어질 수 있었다.

이런 뛰어난 제품들은 모두 교역이 활발했고 문화의 최전성기였던 부여에서 제작되었을 것이다. 아마도 왕궁 터 어딘가에 있었던 국가 직영 공장에서 여러 뛰어난 장인들이 만들지 않았나 싶다. 그렇게 만들어진 다음에는 구드래나루에서 배에 실려 금강을 통해 일본으로 보내졌을 것이다.

2차 방어선이자 최후의 보루

북쪽을 향한 부여의 방향을 놓고 보면 도시의 머리 부분이 금강과 만나는 곳에는 큰 산, 부소산이 솟아 있다. 그래서 이 산은 바깥으로부터 도시를 전면에서 보호하는 형세를 이룬다. 강을 1차 방어선으로 삼고, 강과 만나는 지점에 고지대가 수도를 보호하는 2차 방어선이 되도록 하는 전형적인 수도의 구조다. 강 쪽에서 보면 낙화암 절벽을 포함한 부소산이 거대한 병풍처럼 강을 막고 있어서 외부로부터의 어떤 공격 의지도 꺾어놓고 있다.

낙화암 쪽에서 보면 이 지형이 방어에 얼마나 뛰어난지를 절감할 수 있다. 강 쪽에서 보면 까마득한 절벽이지만, 절벽에서 내려다보면 조망이 아주 뛰어나다. 저 멀리까지 적이 어디서 어떻게 움직이는지를 샅샅이 다 살펴볼 수 있다. 도시를 방어하는 데에 더없이 유리한 지형이다. 다소 나지막한 지형이 들어서 있는 공주나 한성과는 차이가 아주 많이 난다. 도시를 방어하는 방어력은 부여가 월등히 뛰어났다.

　더구나 밖에서 보면 그냥 산이지만, 이 안에는 넓고 튼튼한 산성이 들어서 있다. 성을 산의 7~8부 능선에 둘러쌓았는데, 이중으로 쌓아서 방어력을 튼튼히 했다. 그래서 부소산성은 부여를 방어하는 2차 저지선일 뿐 아니라 수도가 함락되더라도 장기적으로 농성을 할 수 있는 최후의 보루 역할을 할 수 있었다.

　부여에는 낙화암에서 궁녀들이 떨어져 자살했다는 설화가 유명

병풍 같은 절벽이 수도 부여를 견고하게 방어하고 있는 낙화암과 부소산의 거대한 모습.

낙화암에서 내려다보이는 전경.

부소산성의 정문.

한데, 낙화암의 위치를 보면 부소산과 강이 만나는 접점에 있다. 1차 방어선인 강과 2차 방어선인 부소산성이 만나는 지점이니까 최전방이다. 그런데 군인도 아닌 궁녀들이 최전방에서 자살했다는 것은 상식적으로 이상하다. 이는 부소산성이 2차 방어선이자 최후의 요새로 만들어진 위치적 특징 때문이었다.

660년 백제가 멸망할 때를 상상해보자. 부여 전역이 적들에게 함락되면서 백제를 방어하던 세력들은 어쩔 수 없이 부소산성으로 쫓겨 들어갔을 것이다. 왕궁이 부소산에 바짝 붙어 있었으니 선택의 여지가 없었던 듯하다.

의자왕을 비롯한 백제의 수뇌부들은 부소산성에 고립되어 결사적으로 저항했을 것이다. 그러나 중과부적으로 성마저 함락될 위기에 몰리자 많은 사람이 부소산성 뒤쪽으로 쫓겨 물로 뛰어들 수밖에 없었다. 아마 궁녀를 비롯한 많은 사람은 죽으려고 물로 뛰어든 게 아니라 살기 위해서 뛰어들었을 것이다. 낙화암 위에 서 보면 그럴 수밖에 없었겠구나 싶다. 3천 궁녀의 비극은 부여의 도시 구조가 만든 참상이었던 것 같다.

그럼에도 사비 시대는 거의 120년을 지속하면서 전성기를 이루었으니, 결과만 보고 부정적으로 단정 짓기도 어렵다. 아무튼 왕궁 바로 뒤에 건설된 부소산성은 평상시에는 백제의 왕이나 귀족들이 아름다운 금강의 풍경을 즐기는 장소로도 많이 활용된 것 같다. 지금도 여기에는 사자루, 반월루, 영일루 등 금강의 아름다운 풍경을 조망할 수 있는 시설들이 있다. 사자루 자리는 백제 시대에 송월대가 있던 곳이고, 부소산 동쪽에 영월대와 서쪽에 송월대가 백제 시대에 있었다는 기록이 있다.

부소산과 부소산성은 백제의 영광과 슬픔을 모두 머금고 오늘도 유유히 흐르는 금강을 내려다보고 있다. 부소산성은 생각보다 규모가 크고 경사가 가팔라서 한번 둘러보는 데 꽤 시간이 걸린다. 지금은 흔적이 거의 남아 있지 않지만 백제 시대의 급박한 상황이나 여유로웠던 상황이 모두 스며들어 있는, 백제의 선조들도 밟았을 그 땅을 거닐어보는 것도 아주 의미 있는 일일 것이다.

사연 많은 부소산을 넘으면 김수근 건축가가 설계한 옛 부여박물관(현재 부여군 고도문화사업소)이 우뚝 서 있고, 바로 아래에는 조선 시대 관아 건물 몇 채가 복원되어 있다. 그 아래쪽으로 넓은 공터가

부여의 중심인 왕궁 터.

펼쳐져 있는데, 백제의 왕궁 터로 추정되는 관북리 유적이다.

이곳은 완만한 경사지라서 너무 높지 않고 아래로 내려다볼 수 있는 지형이라서 왕궁이 자리 잡기에 최적의 장소로 보인다. 게다가 이곳에서 연못 터나 창고 터, 큰 건물 터 같은 것들이 발굴되어 기대를 하게 만든다. 안타깝게도 왕궁을 입증해줄 확실한 유물은 아직까지 나오지 않고 있다. 하지만 드넓은 공터를 거닐면서 일부 발굴된 유적들을 보면 이곳에 왕궁이 세워졌을 거라는 확신이 든다.

유적지에는 땅을 파고 만들어놓은 목곽 창고가 있어 눈길을 끈다. 땅을 파고 나무로 틀을 짜 넣은 구조가 특이한데, 각종 과일의 씨가 함께 출토되어 식품을 보관하는 일종의 냉장고 같은 시설이었던

부소산 바로 아래에
광활하게 펼쳐져 있는
백제 왕궁 터.

왕궁의 식자재
창고였던 것으로
추정되는 목곽 창고.

것으로 추정된다. 왕궁이 아니라면 이 정도의 창고 시설을 만들 수
없었을 것이다.

이 외에도 몇몇 발굴된 유적들이 군데군데 복원되어 있기는 한
데, 아직은 이 넓은 공간을 상상으로 채울 수밖에는 없다. 아마 거대
하고 화려한 건물들이 가득 들어서 있었을 것이고, 수많은 사람이
왕래했을 것이다. 지금의 넓고 조용한 분위기와는 완전히 딴판으로
부여에서 가장 핫하고 번잡한 곳이었을 것이다. 그런 상상을 하기
위해서는 어설프게 복원하는 것보다 이렇게 넓게 비워놓는 것이 더
나을 수도 있겠다.

부여를 만든 성왕

관북리에서 부여 도심으로 가려면 로터리를 꼭 지나야 한다. 이 로터리 가운데에는 의자에 앉아 있는 동상이 크게 만들어져 있다. 광화문에 앉아 있는 세종대왕처럼 무언가 위대한 업적을 이룬 인물임을 짐작할 수 있다. 누군지 살펴보면 성왕이다. 이 로터리의 이름도 성왕로터리다.

성왕은 백제를 한성백제 시대의 전성기로 다시 올려놓은 뛰어난 왕이다. 그가 지금 성왕로터리 가운데에 앉아 있는 까닭은 왕이 된지 15년이 지난 538년에 수도를 부여로 과감하게 옮겼기 때문이다. 부여는 성왕이 탄생시킨 도시였다. 그래서 이 로터리를 지나가기 전에 성왕에 대해 반드시 짚고 넘어가야 한다.

성왕은 동성왕과 무령왕이 이루어놓은 업적들을 바탕으로 백제를 다시 근초고왕 시대에 육박하는 전성기로 올려놓았다. 이를 잘

성왕로터리에 세워져 있는 성왕 동상.

대통사의 당간지주와
대통사 터의 기와 유적.

보여주는 사례 가운데 하나가 대통사다.

성왕은 왕이 된 지 7년 후인 529년에 지금의 공주 땅인 수도 웅진 한복판에 대통사라는 절을 짓는다. 지금은 당간지주와 몇 개의 터만 남아 있지만, 대통사는 역사에 기록된 우리나라 절 가운데 터와 이름과 건립 연대가 분명한 가장 오래된 절이다. 성왕이 대통사를 지었다는 것은 백제가 중국에서 도입한 불교를 완전히 독자적인 스타일로 만들게 되었다는 것을 의미한다. 단순한 절 건축이 아니라 문명 수입국에서 문명 수출국으로 도약했음을 상징하는 사건이었다.

이런 역량을 확인한 때문인지 성왕은 대통사를 건립한 지 9년 후에 수도를 부여로 옮긴다. 앞서 살펴본 것처럼 부여는 그냥 살기 좋은 땅이 아니라 대단한 도시 계획과 빼어난 토목 기술을 발휘해서 만든 첨단의 도시다. 대통사는 어쩌면 성왕이 신도시 부여를 만들기 위한 예행연습이었는지도 모른다.

그렇게 수도를 옮기고 13년 정도가 지난 551년에 성왕은 신라와 연합해 한강 유역을 공격한다. 그래서 고구려가 지배하고 있던 백제의 옛 땅을 거의 회복한다. 공주로 쫓겨 내려가 수많은 고난의 세월을 겪으면서 절치부심했던 것을 생각하면 참으로 감격스러운 일이 아닐 수 없었다.

노리사치계가 일본으로 간 까닭은?

부여 시내에 있는 선화공원에는 특별한 비석이 하나 세워져 있다. 1972년에 일본 민간 불교 단체가 세운 것인데, 앞면에 '불교전래사은비佛敎傳來謝恩碑'라고 새겨져 있다. 불교를 전파해준 데에 대한 감사의 비석이라는 뜻이다. 이 비석은 성왕의 업적을 기리기 위해 일본 사람들이 직접 부여에 와서 만들어놓은 것이다.

『일본서기日本書紀』에는 '552년에 백제 성왕이 승려 노리사치계를 파견해 왜왕에게 금동석가불 1구와 번개(幡蓋, 불상 위를 덮는 비단) 약간, 경론經論 몇 권을 보냈다'는 기록이 있다. 하지만 현재 학계에서는 538년으로 보고 있다. 성왕이 부여로 천도하던 해다. 그 당시 일본에는 아직 불교가 진입을 하지 못하고 있었다. 성왕은 천도를 하느라 정신이 없는 와중에 일본에 불교를 전했다. 자기 코가 석

구드래조각공원에 있는 불교전래사은비.

자인 상황에서 일본에 불교를 전파했던 것이다. 아무리 불심이 깊었다고 해도 오지랖이 너무 넓었던 게 아닌가 싶다.

성왕이 보낸 불교 문화는 백제계의 후손으로 숭불파의 중심이었던 소가씨蘇我氏에게 전달되었다. 소가씨는 백제의 지원을 활용해서 일본 내에 불교 문화를 서서히 전파하면서 세력을 키워 나간다. 그렇게 세력을 탄탄히 한 소가씨는 토착 세력이었던 모노노베씨物部氏 중심의 배불파들과 3년 동안 치열한 결전을 벌인다. 그 결과 587년 친불파 세력이 배불파들을 완전히 물리치고 정권을 장악한다.

그러니까 성왕의 불교 전파는 도미노처럼 작용해 일본 내에서 백제계가 권력을 장악하는 결과를 낳았던 것이다. 성왕은 큰 그림을 그리고 있었고, 단지 오지랖이 넓은 사람이 아니었던 것이다. 성왕이 일본에 보낸 최초의 불교 관련 문화들은 나중에 배불파를 물리치고 정권을 장악했던 소가노 우마코蘇我馬子에게 전해져서 그의 자택에 만들어진 불전에 모셔진다. 이 불전은 배불파를 척결한 이듬해부터 지어지기 시작한 일본 최초의 절 아스카데라飛鳥寺로 발전한다.

유메도노夢殿에 있는 성왕

538년에 성왕이 일본에 전파한 불교는 빼어난 불교 문명의 시대인 아스카 시대를 열었다. 이러한 영향은 아스카 시대에서만 그친 게 아니라 이후로도 일본 정신의 중심이 되어 지금까지 일본 사회 속에 면면히 내려오고 있다. 그래서 많은 현대 일본인들이 부여까지 와서 성왕을 찬양하는 기념비를 세워놓은 것이다.

아스카 시대 당시 성왕은 일본에 불교를 전해준 성인으로 대단한 추앙을 받았다. 그 증거를 호류지法隆寺에 지은 불당인 유메도노에서 볼 수 있다. 호류지의 대문을 들어가면 팔작지붕의 작은 건물이 있는데, 이것이 유메도노다. 이 안에 '구세관음救世觀音'이라 불리는 불상이 보관되어 있다. 1년에 두 번, 봄가을에 잠시 보관함을 열어 개방하고 나머지 기간 동안에는 문을 닫아 놓기 때문에 아무 때나 볼 수는 없다.

일본에서는 구세관음상이 600년경에 쇼토쿠聖德 태자를 모델로

호류지에 붙어 있는
유메도노 건물.

만들어진 것이라고 주장한다. 그러니까 일본에서 만든 불상이라는
것이다. 재료가 한반도에 없는 녹나무이기 때문이다. 그런데 녹나무
는 우리나라 남부 지방에서도 자생하고 있기 때문에 이 근거는 설득

부드럽고 온화한 인상이
백제의 느낌을
한껏 느끼게 해주는
구세관음상.

력이 없다.

게다가 불상의 얼굴을 보면 온화한 표정이 당시의 다른 불상이나 이후 일본의 불상들과는 양식적으로 근본이 다르다. 그리고 금속으로 만들어진 화려한 관을 보거나 머리 뒤 광배의 화려한 장식과 몸체의 구조들을 보면 백제의 유물과 조형적으로 유사한 점이 한둘이 아니다. 그런 점에서 이 불상은 양식적으로 도저히 일본에서 만들어진 것으로 볼 수가 없다.

일본 고대 불교 서적인 『부상략기扶桑略記』를 보면 다음과 같이 기록되어 있다.

"금당에 안치된 금동 구세관음은 백제 국왕이 서거한 뒤에 국왕을 몹시 그리워하면서 만든 불상이다. 이 불상이 백제국에 있을 때에 백제로부터 불상과 함께 율론律論, 법복, 여승 등이 왜 왕실로 건너왔다."(스이코 원년조)

스이코 천황 원년이면 592년으로 위덕왕이 재위하고 있던 시기이다. 또한 호류지의 고문서 『성예초聖譽抄』에는 다음과 같이 기록되어 있다.

"백제 위덕왕은 서거한 부왕인 성왕을 그리워하여 그 존상尊像을 만들었다. 즉, 그것이 구세관음상으로서 백제에 있었던 것이다. 성왕이 죽은 뒤 환생한 분이 일본의 상궁上宮 쇼토쿠 태자이다. 상

백제 스타일의 장식으로 디자인된 구세관음상의 보관과 얼굴.

궁 태자의 전신前身은 백제 성왕이다."

일본 고문서들에는 이 구세관음을 백제의 위덕왕이 아버지 성
왕의 모습으로 만들어서 일본에 보내준 것이라고 정확하게 기록되
어 있다. 그렇다면 이 불상은 600년 근처가 아니라 성왕이 서거했던
554년 이후 얼마 안 된 시점에 부여의 중심지에서 만들어졌던 것이
분명하다.

이 보살상이 머리에 쓰고 있는 관을 보면 금속으로 매우 정교하
고 화려하게 만들어졌다. 관의 뚫어진 모양들을 살펴보면 공주의 무
령왕릉에서 출토된 금동 장식과 조형적으로 유사한 부분이 많다. 무
엇보다도 전체의 느낌이 부드럽고 우아하면서도 장식적이어서 전혀

일본적이지 않다.

　머리 뒤쪽에 둥글고 크게 만들어진 광배를 보면 아름다운 구름무늬 장식이 아주 많이 들어가 있어서 화려해 보인다. 이 구름무늬 장식들은 부여에서 출토된 전돌의 구름무늬와 구조적으로 같다. 그

정교하고 화려한 구름무늬로 장식된
구세관음상의 광배.

래서 이 불상이 백제에서 만들어졌다는 것을 더욱 공고히 해준다.

구세관음상의 전체적인 옷 구조나 자세가 부여 군수리 절터에서 발굴된 금동보살입상과 유사하다. 그러니 유메도노에 보관되어 있는 구세관음상은 부여에서 만들어진 것이 분명하다. 아마도 부여에서 발굴된 여러 절터의 어느 한 공방에서 정성 들여 만들어졌을 것이다.

백제가 멸망하고 난 이후나 불교가 억압을 받았던 조선 왕조 시기를 생각하면, 백제 시대에 만들어진 크고 뛰어난 불상들이 살아남을 수 없었을 것이다. 다행히도 구세관음상같이 일본에 전해졌던 것들이 아직까지도 살아남아 있어서 백제 시대의 찬란했던 불상의 모습을 알려주니 얼마나 고마운 일인지 모른다.

구세관음상은 키가 180.5센티미터로 거의 사람의 키와 비슷하게 만들어졌고, 불상의 얼굴도 일반적인 불상이 아니라 초상조각처럼 리얼하게 만들어졌다. 그렇다면 이 불상의 얼굴은 성왕의 살아생전 모습일 가능성이 크다.

이 불상의 가치는 백제 시대 불상 조각의 수준을 보여주는 정도에서 그치지 않는다. 당장 성왕로터리에 앉아 있는 성왕상의 얼굴을 이 모습으로 바꿔야 할 것 같다. 조선 시대의 왕들이 어떻게 생겼는지도 잘 모르는데, 그 옛날 성왕의 생전 모습을 볼 수 있으니 여간 소중한 유물이 아니다. 위덕왕이 아버지를 기리는 마음만큼 정확하게 만들었을 것이다.

국립부여박물관에 있는
금동보살입상은
구세관음상과 몸체가 유사하다.

첨단의 계획도시 부여

로터리를 지나 부여의 중심부로 들어가면 시장과 버스 터미널, 주택가도 모여 있어서 여느 지방 도시와 비슷하다. 그런데 조금만 걷다 보면 모든 것이 중심지에 상당히 집약되어 있는 듯한 느낌이 든다. 중요한 장소 거의 모두가 도보 거리에 있다. 시간만 넉넉하다면 교통편을 이용하지 않고 천천히 걸어 다니면서 모든 곳을 둘러 볼 수 있다. 그만큼 좁다는 뜻이기도 하지만 역사적으로 꼭 봐야 할 곳이 만만치 않게 많아서 하나하나 살펴보려면 시간이 꽤 걸린다. 거의가 백제 시대의 것들이니 더 많은 지식으로, 더 많은 생각을 하면서 봐야 한다. 부여는 살펴보면 볼수록 넓이보다 깊이로 파고들어야 할 곳이라는 것을 느끼게 된다. 피렌체나 베니스와 비슷하다.

그런 생각을 하고 거닐다 보면 부여 중심지에 있는 건물들이나 시설들이 왕궁 터에서 궁남지(부여서동공원)까지 이어진 직선도로

계획도시 사비(복원도)
Urban planning Sabi(Buyeo)(reconstructed)

금성산성

사비왕궁

부소산성

국립부여박물관에 전시된 부여의 복원도.

궁남지

를 중심으로 매우 질서 정연하게 세워졌다는 사실을 알 수 있다. 궁남지 바깥쪽부터는 이런 질서가 사라진다. 그래서 도시 안쪽과 도시 바깥쪽이 자연스럽게 구분된다.

지금 모습이기는 하지만, 부여는 백제 시대의 왕궁 터와 백제 시대에 만들어진 궁남지를 잇는 길을 중심으로 도시가 구성되어 있다. 건물만 달라졌지 이런 구조는 부여가 만들어졌을 때부터 형성된 것으로 보인다. 다만 성왕로터리에서 부여군청으로 이어지는 길이 중심인 지금과는 달리, 백제 시대에는 정림사지 바로 옆을 지나는 길이 왕궁 터와 궁남지를 이으면서 도시의 중심을 형성했다. 부여의 복원도를 보면 정림사지를 지나는 길을 중심으로 도시가 질서 정연하게 구성되어 있다.

이렇게 궁과 같은 중심 건물에 수직으로 길을 만들고 그 주변으로 절이나 큰 건물을 만드는 것은 일본의 나라나 교토에서도 흔히 볼 수 있다. 경주의 중심지도 그렇게 만들어졌다. 부여는 그런 체계적인 도시 중에서도 가장 앞서는 모범적 도시였다.

성왕은 단지 조금 넓은 곳으로 도시만 이전했던 것이 아니다. 그는 천도를 하면서 1만여 가구가 들어서는 부여를 전, 상, 중, 하, 후 다섯 부로 나누고, 각 부를 다시 다섯 항으로 나누었다. 도시의 하드웨어만 잘 만든 게 아니라 그 하드웨어의 질서도 상당히 정교하게 설계했다.

도시라는 것은 기본적으로 좁은 장소에 많은 사람이 사는 공간이다. 이럴 경우 자원과 공간을 효율적으로 사용해 시민 각각이 쾌적하게 생활하도록 해야 한다. 그러기 위해서는 도시 전체를 매우 체계적으로 디자인하고 관리해야만 한다.

공주보다 넓기는 하지만 금강으로 둘러싸인 부여 안쪽의 면적을 생각하면, 이 안에 1만 가구가 쾌적한 삶을 산다는 것은 쉬운 일이 아니었다. 성왕이 부여로 천도하면서 부여 도심을 5부로 나눈 것은 그 때문이었다. 그는 도시 전체를 일정한 영역으로 나누고, 왕궁을 바라보는 큰 길을 중심으로 건물들을 질서 정연하게 자리 잡게 함으로써, 부여에 사는 많은 사람이 제한된 공간을 가장 효율적으로 활용할 수 있게 했다.

단순한 생활용품, 화려한 장식용품

발전된 문화에서 만든 것일수록 표준화하려는 경향이 강하다. 많은 사람이 선호하기 때문이다. 국립부여박물관에 있는 유물들 가운데 부여의 시민들이 일상생활에서 많이 사용했던 물건을 보면 그런 표준화 경향이 뚜렷하게 드러난다. 대표적인 것이 토기다.

백제 시대의 유물들 중에서는 그릇 종류가 압도적으로 많다. 일상에서 많이 사용했기 때문에 그만큼 많이 남아 있는 것일 텐데, 그 수많은 백제의 그릇들을 보면 확실히 일관된 특징을 가지고 있다. 그것은 바로 단순한 모양과 아름다운 곡면이다.

현대 디자인에서는 곡면의 아름다움을 돋보이게 할 경우 방해되

곡면과 심플함이 돋보이는
백제 시대의 토기들.

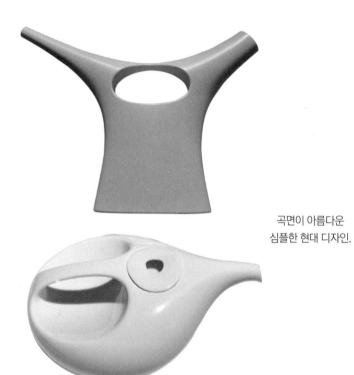

곡면이 아름다운
심플한 현대 디자인.

는 모든 요소를 제거한다. 그래서 심플해진다. 마찬가지로 국립 부여 박물관의 그릇들도 곡면의 아름다움을 잘 보이게 하다 보니 심플해 졌다고 볼 수 있다.

그렇다고 백제 사람들이 단순한 디자인만 선호한 것은 아니다. 부여에서 출토된 유물 중에서 화려한 장식으로 가득한 것도 많다. 절이나 왕실 등 특수한 영역에서 사용한 것들은 대체로 화려하게 만 들었다. 그러니까 일상생활에 사용한 것들은 군더더기 없이 깔끔하

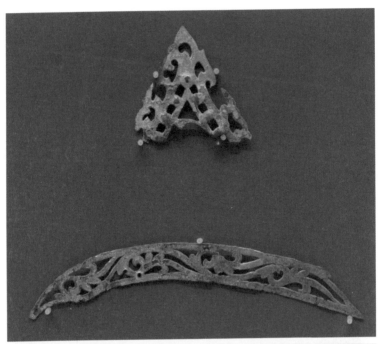

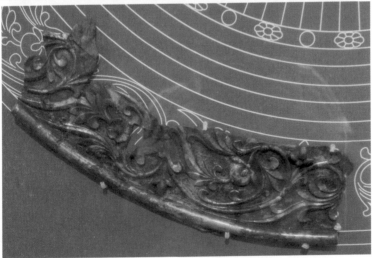

섬세하고 화려한 유물들.

게 만들었고, 특정한 공간에서 사용한 것들은 반대의 조형 원리로 만들었던 것이다.

첨단 도시의 흔적들

국립부여박물관에 있는 유물 가운데 토관이 있다. 둥근 파이프 모양으로 생겼다. 그다지 볼 만한 형태가 아니다 보니 많은 사람이 그냥 지나친다. 능산리 절터에서 출토된 것인데, 아마 절에서 썼을 것이다. 토관은 별 특징이 없는 토기 덩어리로 보이지만, 용도를 생각하고 보면 뭔가 심상치 않다. 이 유물의 용도는 하수용 파이프로 추정된다.

무엇보다 백제 시대에 이런 현대적인 하수 파이프를 만들어 썼다는 것이 놀랍다. 짧은 길이의 파이프 모양을 모듈로 해서 파이프 모양의 관을 여러 개로 연결할 수 있게 만들어졌다. 백제 시대의 것

능산리 절터에서 발굴된
배수용 토관.

으로 볼 수 없는 대단히 현대적인 디자인이다. 이런 구조의 관이라면 길이를 얼마든지 늘여서 부여 전체에 설치할 수 있었을 것 같다. 능산리 절터에서 발굴했으니 절에서 사용한 것으로 추정되지만, 아마 이런 토관은 수도 부여 전역의 건물에서 사용되었을 것이다.

국립부여박물관을 잘 살펴보면 철로 만들어진 짧고 둥근 파이프처럼 생긴 것이 있다. 이것은 백제 시대에 수레에 부착되어 있던 바퀴 축이다. 직경이 큰 것과 작은 것이 있어서 당시에는 마차가 대형과 소형으로 만들어졌음을 알 수 있다. 둘 다 쇳물을 형틀에 녹여 부어 대량으로 생산한 것으로 보인다.

백제의 바퀴 축을 보면 요즘 자동차처럼 당시에도 수레가 아주 많이 만들어졌다는 것을 알 수 있다. 그만큼 도로에는 마차가 많이 오갔을 것이다. 인적인 교류나 물류의 이동도 그만큼 활발했을 것이다. 나아가 부여의 경제 수준도 상당히 발전했음을 짐작할 수 있다.

무엇보다 수레 부품이 이렇게 표준화되고 대량 생산되었다는 것은 도로도 그렇게 표준화되어 만들어졌다는 것을 말해준다. 아마 부여 시내의 도로는 매우 정비가 잘 되어 있었을 것이다.

백제 시대의
마차 바퀴 축.

부여의 무게중심

대통사가 공주 시내 한복판에 만들어졌던 것처럼 부여의 중심에도 큰 절이 만들어졌다. 바로 정림사다. 1탑 1금당으로 구성된 전형적인 백제 양식의 사찰로 추정된다. 아쉽게도 지금은 빈 절터와 석탑만 남아 부여의 역사를 꿋꿋이 지키고 있다.

우리나라 탑의 역사에서 이 정림사지 5층 석탑은 매우 중요한 위치에 있다. 이 탑은 현존하는 석탑 가운데 두 번째로 오래되었고, 본격적인 석탑 양식을 가진 것으로는 가장 오래된 것으로 추정된다. 날렵하고 늘씬한 몸매를 보면 상당히 어려 보이는데, 실제로는 가장 어른인 것이다.

넓은 정림사 터에 홀로 솟아 있는 이 탑을 보면 당장이라도 하늘로 날아올라갈 것처럼 날렵하다. 돌로 만들어졌다는 것을 느낄 수 없을 정도로 가벼워 보인다. 멀리서 보면 한 마리의 제비처럼 세련

부여의 역사를 온전히 보존하고 있는 정림사지 5층 석탑.

되고 아름답다.

　그런데 이 탑의 아름다움은 어쩐지 가장 오래된 목조건물인 일
본 호류지의 목조탑과 비슷하다. 탑의 덮개와 몸통의 비례를 살펴보
면 그 이유를 알 수 있다. 두 탑 모두 덮개와 몸통의 폭이 크게 대비
가 된다. 그래서 날씬하고 세련되어 보이는 것이다. 모두 백제의 비
례다. 호류지가 고대 백제의 문화와 강하게 연결되어 있었다는 것을
비례를 통해 확신하게 된다.

덮개와 몸통의
대비가 심한
일본 호류지 오중탑.

부여의 여가 공간 궁남지

궁남지는 이름 그대로 왕궁의 남쪽에 있는 연못이다. 백제가 멸
망하고 난 뒤 많이 훼손되었을 것이고, 그 뒤로도 시간이 너무 오래
지나서 백제 시대의 흔적은 거의 찾아보기가 어렵다. 주변에서 기와
와 토기들이 출토되어서 별궁의 정원이었던 것으로 추정할 뿐이다.
현재의 궁남지는 1960년대에 새로 조성한 것인데, 원래 규모는 이
보다 훨씬 더 컸을 것으로 추정한다.

궁남지는 무왕 때 궁궐 남쪽에 만들었고, 물을 20여 리나 끌어
들여서 만들었다는 것을 보면 인공으로 조성한 연못이었던 것 같다.

궁남지의 아름다운 풍경.

중국 전설에서 신선이 산다는 삼신산 중 방장선산方丈仙山을 모방했다는 것을 보면 도교적 감각으로 만든 듯하다. 연못의 네 언덕에 버드나무를 심고 가운데에 섬을 만들었는데, 지형을 살려서 대단히 아름답게 조성했던 것 같다.

백제 후기에 만들어진 이 정원은 아마도 백제가 망한 후 통일신라 동궁의 정원, 즉 월지(예전에는 안압지로 불렸다)로 알려진 정원의 모범이 되었을 가능성이 높다. 궁남지를 만들었던 장인 집단의 경험이 그대로 동원되었을 것이기 때문이다. 한편으로는 일본에 건너가 일본의 고대 정원들에도 적용되었을 것이라고 추정된다. 그래서 통일신라 시대의 월지나 일본에 남아 있는 고대의 아름다운 정원들을 통해 궁남지의 원래 모습을 역으로 짐작해볼 수 있다.

이들을 보면 궁남지에도 큰 돌들을 장식으로 활용했을 것 같고, 아름다운 나무나 꽃들로 아기자기하게 꾸몄을 것으로 추측된다. 수로도 땅의 윤곽을 따라 자연스럽게 만들었을 것이다. 지금의 궁남지 모습과는 많이 달랐지 않을까 싶다. 이런 정원 주변으로는 대체로 별장들이 많이 들어선다. 그래서 궁남지 부근의 넓은 땅에는 왕실의 별궁과 함께 귀족들의 별장들도 많이 지어졌을 것으로 추정된다. 물론 시민들을 위한 휴식 공간들도 있었을 것이다.

이렇게 궁남지까지 더해지면 부여는 여가 공간까지 조성한, 당시로는 최첨단 도시의 면모가 만들어진다. 비록 지금은 흔적만 남아 있고 첨단도시의 위용을 상상하기에 너무 협소하지만, 백제 시대에는 기능적으로나 문화적으로나 대단히 뛰어난 도시였던 것 같다.

경주에 있는 통일신라 시대의 월지(위).
일본의 옛 정원(아래).

도시를 둘러쌓은 나성

부여 도심을 약간 벗어나면 한적한 산자락에 아주 잘 다듬어진 경사면이 나온다. 부여의 왕릉들이 모여 있는 능산리 왕릉원이다. 일곱 개의 능이 모여 있는 산중턱까지 이어진 경사면이 완만하면서도 광활하게 펼쳐져 있어 부여 시내에서 느꼈던 공간감과는 완전히 다른 느낌이다. 그런데 이 경사면의 맨 왼쪽으로 흘러 내려오는 산을 보면 다듬어진 돌을 쌓아 만든 성벽이 산의 흐름을 따라 장쾌하게 아래쪽까지 내려온다. 부여 도심을 방어했던 나성의 일부다.

첨단 도시 부여를 튼튼하게 방어했던 성벽을 두 눈으로 생생하게 볼 수 있다는 것은 아무리 생각해도 믿어지지 않는다. 나성은 중간에 보수하거나 다시 만들어졌을 수는 있겠지만, 기본적인 골격은 부여로 천도한 538년 전후로 만들어졌을 것이라고 추정된다. 지금으로부터 거의 1500여 년 전부터 이 성벽이 있었다는 것이다. 로마가 멸망한 게 1400여 년 전이라는 사실을 생각하면, 패전으로 백제가 망하지 않았더라도 나성은 수십 번, 수백 번 파괴되었을 만하다. 그 세월을 견디며 이렇게 성벽의 일부분이나마 장쾌한 모습으로 살아남아 있으니, 하늘에 감사할 기적이며 부여의 축복이다.

그렇다면 이 성벽은 원래 어디를 어떻게 지나면서 세워져 있었을까? 지금까지 확인된 사실로 보면, 부여의 나성은 총 8.4킬로미터로 부여 도심 전체를 빙 둘러 감쌌던 것 같다. 이렇게 도시 전체가 성채로 보호되는 경우는 찾아보기 어렵다. 15세기 유럽의 피렌체처럼

산의 흐름과 함께
장대하게 흘러 내려오는
부여 나성의 일부.

부여는 당시 가장 안전하고 발전된 첨단의 도시였을 것이다.

부여가 작고 한적한 도시지만, 이 정도의 면적을 성벽으로 보호하려면 산이나 물과 같은 자연 지형을 활용한다고 해도 어려운 일이다. 그렇게 생각하고 보면 부여의 면적은 결코 좁다고 할 수가 없다. 아마 도시 곳곳에서 능산리 성벽과 같은 위용을 가진 나성들을 볼 수 있었을 것이다.

이렇듯 체계적이고 안전한 도시의 인프라를 보며 살았던 부여

부여를 둘러싼 나성의 추정 지역.

시민들은 안정된 삶 속에서 대단히 현대적인 감각을 가졌으리라. 게다가 저 멀리 동남아시아의 문물까지 항구를 통해 들어왔으니, 피렌체나 베니스 시민들 못지않게 부여 시민들은 뛰어난 상업적 감각과 뛰어난 예술적 양식을 가질 수밖에 없지 않았을까 싶기도 하다.

능산리와 능사

왕릉원을 이루는 무덤은 7기 정도인데, 성왕의 무덤이 여기에 있는가는 논란거리였다. 지금까지는 성왕의 무덤이 공주에 조성되었다는 의견이 많았다. 내 생각에는 부여로 천도한 장본인 무덤을 이전하기 전의 수도에 만들었다는 것이 선뜻 이해가 되지 않았다. 최근 왕릉원의 무덤 가운데 하나가 성왕의 것이라는 의견이 나와 힘이 실리고 있다. 사실 성왕의 무덤이 왕릉원에 있든 없든, 이 왕릉원에서 가장 중요한 것은 바로 왕릉을 관리하고 죽은 사람들의 넋을 기리기 위해서 만들어진 절, 능사다.

이 절은 성왕의 아들 위덕왕이 아버지의 죽음을 애도하며 만든 것으로 알려져 있다. 나성 벽에 올라가서 아래쪽으로 내려다보면 능사 터 전체를 볼 수 있다. 큰 목탑이 하나 있었고, 그 뒤로 금당이, 그 뒤로 강당이 있는 전형적인 백제 스타일 절이다. 터만 남아 있어서 절의 규모를 제대로 알기는 어렵지만 만만치 않은 규모의 절이었음을 짐작할 수 있다.

골짜기에 넓게 자리 잡고 있는 능사 터.

    절 터 앞쪽에 절이 어떻게 세워졌는지를 알 수 있도록 만들어놓은 시설이 있어서 상상력을 발휘하지 않아도 된다. 골짜기 사이를 꽉 채울 정도로 절이 크게 만들어졌다는 것을 확인할 수 있다. 비명에 간 아버지를 추모하는 위덕왕의 마음이 그대로 반영된 것이 아닐까 싶다.

    부여 근교에 조성된 백제문화단지에 가면 이 능사가 실제 크기로 복원되어 있어서 더 실감 나게 체험할 수 있다. 건물 위로 솟아 오른 5층 목탑이 멀리서도 아주 인상적으로 보인다. 그 앞으로 절의 회랑이 길게 막고 있는데, 수직과 수평의 동세가 강하게 부딪히면서 절이 더욱 압도적으로 느껴진다. 절 안으로 들어가면 정문에서 탑으

↑ 절의 규모와 형태를 짐작하도록 만들어놓은 시설.
↓ 백제문화단지에 만들어진 능사.

로, 탑에서 금당으로, 금당에서 강당으로 이어지는 백제 특유의 공간
구조를 온몸으로 느낄 수 있다. 이런 구조는 나중에 일본에서 만들
어진 절들에서 그대로 찾아볼 수 있다.

국내에서는 볼 수 없었던 목탑의 위용을 실제로 느낄 수 있다는
것도 아주 감동적이다. 기록에 따르면 백제에는 높은 탑이 아주 많
았다고 한다. 이런 건축물들이 도심 곳곳에 있었던 부여의 도심이
얼마나 멋졌을지 상상해보면 지금의 부여가 다가 아니라는 것을 절
감한다.

백제의 네 번째 수도,
부여의 동생 아스카

능사를 세운 위덕왕은 일찍 죽은 아들을 위해 왕흥사도 창건했다. 뿐만 아니라 부여에서 발굴된 여러 절의 창건에도 직간접적으로 관련되어 있는 듯하다. 부여에 많은 절을 세운 위덕왕은 588년에 공사를 시작해서 596년에 완성된 일본 최초의 절 아스카데라를 세우는 데에도 적극적으로 참여한다. 당시 일본의 상황으로 봐서는 거의 만들어주다시피 했다고 볼 수 있다. 『일본서기』에 따르면 백제에서 건축가, 화가, 와박사(기와를 만드는 전문 기술자), 금속 장인 등을 보내줘서 아스카데라를 완성했다는 기록이 있다. 당시 백제의 왕은 위덕왕이었으므로 이들을 보낸 왕은 위덕왕이 틀림없다.

아스카데라는 화재 등 수많은 불행을 겪으면서 심하게 훼손된 상태라 지금은 상태가 그리 좋지 못하다. 아예 없어지지 않은 게 다행일 정도다. 이 절은 원래 사방으로 200미터가 넘어서 크고 화려했

일본 최초의 절 아스카데라의 현재 모습.

다고 한다. 당시 일본에는 이런 절을 지을 기술이나 인력이 없었다. 이에 백제의 위덕왕이 필요한 인적, 물적 자원을 적극적으로 보내줬고, 그 결과 일본에서 최초의 절이 만들어졌다.

아스카데라를 완성한 뒤에도 일본에서는 역사적으로 유명한 절이 집중적으로 많이 지어진다. 오사카의 시텐노지四天王寺, 교토의 코류지廣隆寺, 나라의 호류지 등이 모두 6세기 말~7세기 중엽에 세워졌다. 최초로 아스카데라가 세워진 지 거의 10~30년 사이에 건설

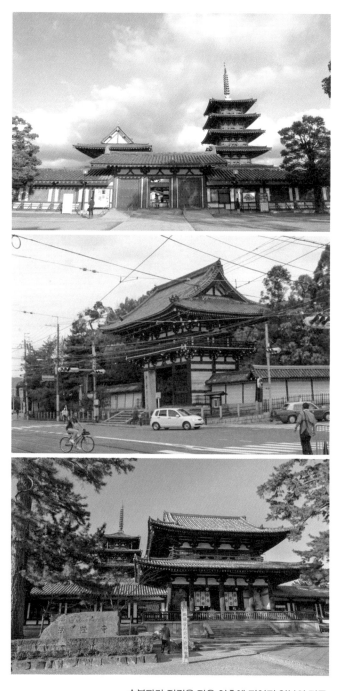

숭불파가 정권을 잡은 이후에 지어진 일본의 절들.

된다. 바로 직전까지 절집 하나 지을 수 없었던 일본을 생각하면 이 짧은 시간 안에 아스카 시대를 대표하는 걸작들이 만들어졌다는 것은 상식적으로 불가능한 일이다. 백제의 도움이 절대적이었음을 알수 있다.

　게다가 이 시간 동안 일본이 백제 불교를 완전히 소화해 자신의 스타일로 바꾸기에는 아예 불가능했다. 당시 백제 불교의 스타일이거의 그대로 일본에 건너갈 수밖에 없었다는 말이다. 절과 관련된 모든 것을 백제에서 건너간 사람들이 만들었으니 너무나 당연한 일이었다. 그러니까 당시 일본에 만들어졌던 유명 사찰들은 모두 부여에서 확립된 백제 스타일이 그대로 이식되었다고 봐도 틀림없다. 그

백제의 절 양식을 그대로 보여주는 시텐노지.

뒤에는 백제의 위덕왕이 있었다.

이를 잘 보여주는 사찰 중에 하나가 오사카에 있는 시텐노지다. 이 절은 비록 제2차 세계대전 때 전소되었지만 원형을 최대한 살려서 복원했다. 경내에 들어가면 대문과 목탑, 금당, 강당으로 구성된 백제 시대의 절을 그대로 볼 수 있다. 건물의 모양이나 비례 등에서 능사와 유사한 미적 유전자를 느낄 수 있는데, 시텐노지는 부여 궁남지 아래에 있었던 군수리사와 크기, 비례가 거의 흡사하다고 한다.

일본에 만들어진 아스카 시대의 문화가 비록 원형 그대로는 아니지만 복원돼 남아 있다는 것은 지금 우리에게는 다행스러운 일이다. 백제의 문화와 부여에 자리 잡고 있는 수많은 절터를 복원하는 데 큰 실마리가 되기 때문이다.

백제의 화려하고 뛰어난 불상

위덕왕이 일본에 가져다준 것은 절만이 아니었다. 호류지에 처음 가면 불상 하나 앞에서 매우 놀라게 된다. 우선 불상의 아름다움에 놀라고, 다음으로 불상 앞에 붙어 있는 이름에 또 놀란다.

보통 불상들은 머리를 크게 만든다. 그런데 호류지에 있는 이 불상은 전체 높이가 209.4센티미터로 키가 훤칠하다. 키만 큰 게 아니라 얼굴은 현대인이 좋아할 만한 크기로 작아서 8등신, 9등신에 가깝다. 요즘 아이돌 몸매에 가까워서 지금의 감각에 가장 아름다워 보이는 모습이다. 이렇게 멋진 불상 앞에는 '백제관음百濟觀音'이라는 이름이 큼직하게 붙어 있다.

이 불상의 원래 이름은 '허공장보살虛空藏 菩薩'이었는데, 18세기경부터 '백제관음'으로 불렸다고 한다. 일본의 고문서 『제당불체수량기 금당지내諸堂佛體數量記 金堂之內』에는 "허공장 보살은 백제국으로부터 도래하였다"라는 기록이 있다. 따라서 이 백제관음은 백제에서 만들어진 것이 확실하다.

백제관음상은 호류지 바로 옆에 붙어 있는 유메도노의 구세관음상과 만들어진 솜씨나 스타일이 비슷하다. 구세관음상과 함께 위덕왕이 보낸 불상일 가능성이 적지 않다.

더없이 우아한 백제관음상.

구세관음과 마찬가지로 백제관음도 금속판을 아름다운 장식으로 뚫어서 만든 관을 머리에 쓰고 있다. 이 관에 사용한 장식들은 무령왕릉에서 출토된 머리 장식 모양과 닮았다. 이것만 봐도 이 불상이 백제에서 만들어졌다는 것을 확신할 수 있다.

백제 스타일의 장식이 가득한
백제관음상의 보관과 광배.

신이 된 위덕왕

　백제관음상 외에도 호류지에는 백제의 흔적을 찾을 수 있는 유
물을 다량 보관되고 있다. 백제의 유물들과 비교해서 살펴본다면 백
제 시대의 문화를 복원하는 데 아주 큰 도움이 될 듯하다.

　아스카 시대에 위덕왕의 영향은 거의 절대적이었다. 그래서인지
당시 백제의 위덕왕은 아스카 정권의 정신적 지주가 되었다고 한다.
도쿄예술대학의 전신인 도쿄미술학교 창립자 오카쿠라 가쿠조岡倉
覺三에 따르면, 위덕왕이 죽자 일본 왕실에서는 그를 '대위덕명왕大
威德明王'이라고 칭하고 불법을 지키는 화엄신장華嚴神將으로 신격화

보스턴 미술관에 있는 대위덕명왕상.

하여 숭배했다고 한다. 이는 헤이안 시대에도 이어져서 위덕왕의 조각이나 그림이 많이 만들어졌는데, 보스턴 미술관에 그 흔적이 남아 있다.

머리가 세 개에 팔도 세 쌍, 사나운 표정이 위덕왕을 존숭하는 것인지 저주하는 것인지는 모르겠지만 일본에서 백제의 위덕왕을 얼마나 높이 평가했는지는 충분히 알 수 있다. 일본에서 불교가 발전하는 시점에 위덕왕은 우리가 상상하지 못할 만큼의 존재감을 드러내고 있었던 것이다.

능사의 최고 보물
백제 금동대향로

일본에서 위덕왕의 흔적을 쫓다 보면 다시 능사로 돌아오게 된다. 능사에는 정말 위대한 백제 문화의 흔적이 남아 있기 때문이다. 금당 터 뒤쪽의 왼쪽 건물 터에 가면 땅바닥을 파고 뭔가를 만들어놓았다. 위에 투명한 판이 덮여 있어 반사되는 빛 때문에 잘 안 보이기는 하는데, 가까이 가서 보면 뭔가가 묻혀 있다. 바로 백제 금동대향로다. 백제의 멸망과 함께 땅속에 묻힌 이 보물이 다시 빛을 본 것은 1996년이다.

1400여 년이 지난 뒤에 모습을 드러낸 백제 금동대향로는 그간 백제 문화를 두고 오가던 말들을 단번에 무색하게 만들었다. 백제 문화는 소박하니, 인간적이니 하는 말들이 찬란하게 빛나는 이 보물 앞에서는 아무런 힘을 쓰지 못하게 되었다.

백제 금동대향로는 앞발을 치켜든 용 한 마리가 연꽃 봉오리를

백제 금동향로가 묻혀 있던 자리.

찬란하게 빛나는 백제 금동대향로.

물고 있는 듯한 형상인데, 크게 세 부분으로 구성되어 있다. 맨 위의 봉황, 향로의 몸통, 용 모양 받침대. 각각의 부분들은 서로 다른 조형성으로 만들어졌다.

우선 맨 위의 봉황은 유려하게 흐르는 곡면을 중심으로 만들어져 있다. 봉황의 몸통에서부터 긴 꼬리까지 이어지는 곡면의 흐름은 페라리 같은 최고급 자동차를 연상시킬 정도로 뛰어나다.

향로의 몸통은 산 모양과 신선을 상징하는 인물, 동물들이 묘사돼 있어 좀 복잡하다. 멀리서 보면 장식적으로 보이는데, 가까이에서 보면 마치 요즘의 캐릭터 디자인처럼 귀엽고 친근하다. 하나의 형태로 두 가지의 상반된 이미지를 표현하고 있다. 몸통의 수많은 형상은 그냥 모여 있는 게 아니라 무언가 이야기를 해주고 있다. 그래서 자세히 살펴보게 되는데, 가만히 보다 보면 백제 시대의 판타지 세계로 빠져들게 된다. 하나하나가 참으로 대단한 표현이고 상당히 현대적인 조형 원리를 구현하고 있어서 놀랍다.

몸통을 받치고 있는 받침대 부분은 정말 대단한 조각적 표현을 보여준다. 우선 향로의 받침대를 용의 몸으로 만든 아이디어가 돋보인다. 그리고 그런 아이디어를 구체적인 용의 몸통으로 표현한 솜씨가 정말 대단하다. 용의 모양이 너무나 리얼하고 생동감으로 가득차 있다. 금방이라도 하늘로 올라갈 것 같다. 아마 백제 시대의 조각들은 이처럼 대단했을 것이다. 금속을 이 정도로 조각할 정도면 나무나 흙같이 다루기 쉬운 재료로는 정말 어마어마하게 잘 만들었을 것이다. 백제관음상이나 구세관음상이 백제에서, 부여에서 만들어

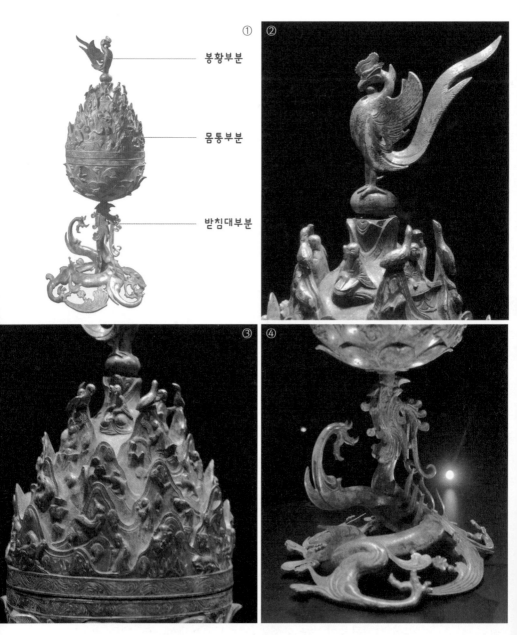

① 세 부분으로 이루어진 백제 금동대향로. ② 곡면의 흐름을 중심으로 만들어진 봉황.
③ 이야기가 담겨 있는 소박한 이미지의 향로 몸통. ④ 조각적인 아름다움이 뛰어난 백제 금동대향로의 받침대 부분.

봉황부분

몸통부분

받침대부분

졌다는 것이 전혀 의심되지 않는 이유다.

향로 하나를 이런 수준으로 만들었다면 다른 것들은 또 어떻게 만들었을까? 백제 금동대향로가 던져주는 남은 숙제다.

화려한 백제 문화

금동대향로가 연기를 피우고 있던 법당 안에는 어떤 불상이 있었을까? 법당 안은 또 얼마나 화려하게 만들어졌을까? 이런 것들을 생각하면서 백제의 모습을 그리다 보면 백제의 총체적인 모습이 드러난다.

아마도 화려한 금동대향로 앞에는 늘씬한 호류지의 백제관음상이나 유메도노의 화려한 구세관음상처럼 화려한 불상이 서 있었을 것이다. 법당 안은 거기에 맞게 금빛 찬란한 분위기에 종교적 엄숙함이 섞인 분위기로 만들어지지 않았을까 싶다. 그리고 구세관음상과 백제관음상의 관이나 광배에 만들어진 것과 비슷한 장식 무늬들도 한가득 그려지거나 만들어졌을 것이다.

절 건물 주변이나 마당은 아마도 부여의 외리 절터에서 출토된 전돌과 같은 보도블록들이 깔려 있었을 것이다. 두께와 크기는 요즘

금동향로와 함께 있는
구세관음상과 백제관음상.

의 보도블록과 비슷한데, 맑은 날은 물론이고 비가 올 때도 발을 더럽히지 않아 밟고 다니기에 좋았다.

전돌은 하나씩 징검다리처럼 바닥에 깔아 사용할 수 있고, 정사각형이라서 여러 개를 깔아 넓게 사용할 수도 있다. 여러 장을 깔면 흙을 아예 밟지 않으니, 비가 아무리 많이 와도 흙에 오염되지 않고 아주 청결하게 오갈 수가 있다.

부여에서 출토된 전돌들의 표면에는 아름답고 재미있는 형태들이 아주 얇게 조각되어 있어서 어떤 것을 어떻게 깔아놓는가에 따라 다양하게 표현할 수 있다. 넓은 절 마당이나 궁궐 마당에 이렇게 조각적인 보도블록들이 깔린다면 단지 기능적일 뿐 아니라 공간을 대

부여의 외리 절터에서
발굴된 전돌들.

넓게 깔았을 때 엄청난 아름다움을 자아내는 전돌들.

단히 아름답게 만들어주었을 것이다. 상상해보면 정말 장관이었을 듯하다. 당시에는 입식 생활을 했을 것이기 때문에 실외뿐 아니라 실내에도 깔았을 것이다. 표면에 조각이 있는 보도블록들이 자아내는 장관은 실내 공간이라고 해서 상쇄되지는 않았을 것이다.

아름다운 전돌이 깔린 절 마당만 상상해도 장관이 그려지는데, 당시 부여 곳곳에 세워진 사찰들은 보통이 아니었을 것 같다. 사찰이 이 정도였다면 왕궁이나 다른 관공서 건물들도 만만치 않았을 것이다. 물론 그 안을 채우고 있던 각종 시설, 물건들의 만듦새나 장식도 보통이 아니었으리라.

주택은 유물이 없어서 상상하기가 어렵기는 하지만, 국립부여박물관에 있는 다양한 크기와 다양한 모양의 그릇들을 보면 부여 사람들은 대단히 청결하고 윤택한 삶을 살았던 것 같다. 장식이 전혀 없는 그릇들을 사용한 것을 보면, 그들은 오늘날보다 더 심플하고 세련된 감각으로 도시 생활을 하지 않았을까 싶다.

섬세하고 아름답게 장식된 건물이나 시설 들을 체계적으로 만든 길들이 하나로 연결하고, 그 길 위로 수많은 사람과 짐들이 오가면서 도시에 활력을 불어넣었을 것이다. 길을 오가다 보면 높은 목탑이나 거대한 절 건물들이 시선을 끌면서 도시를 장식하고, 위치를 알려주는 랜드마크의 역할을 톡톡히 하고 있었을 것이다.

8킬로미터에 이르는 긴 나성은 이 아름다운 도시 전체를 빙 둘러서 보호하면서 성 안쪽과 성 바깥쪽의 삶을 구분했을 것이다. 성 안에는 독특한 삶의 방식이 유행하면서 세련되고 아름다운 라이프 스타일을 즐기지 않았을까 싶다. 절을 그렇게 지을 정도였다면, 당시 부여의 일반적인 문화 수준은 상당했을 것이다.

성 바깥 강 쪽에는 큰 항구가 있어서 수많은 배가 오가면서 많은 사람과 물자들을 활기차게 운송했을 것이다. 이 중에는 일본이나 중국, 동남아에서 온 사람들도 많이 있었을 것이다. 돛을 단 배들로 가득했을 금강도 대단한 장관이었을 것이다. 그것을 보면서 여유를 즐겼던 시민도 많이 있었을 것이다.

이런 여러 가지들을 고려하면서 부여를 생각하면, 지금 부여와는 완전히 다른 부여가 나타난다. 지금은 한적하고 여유가 있어서 좋지만, 백제 시대에는 복잡하고 활기찼던 첨단의 도시라서 좋았던 것 같다. 다시 그때로 돌아갈 수는 없지만, 한적한 부여를 거닐면서 그 화려했던 시대를 여행해보는 것은 또 다른 즐거움이다.

1박 2일 여행 가이드

또 다른 부여를 찾는
부여에 들어있는

부여는 눈에 보이는 모습 보다는 눈에 보이지 않는 모습을 찾아 시간여행을 할 때 대단한 매력으로 다가오는 지역이다. 그것을 위해서는 체계적으로 부여를 둘러보는 것이 중요하다. 넓지는 않은 지역이지만 그렇게 시간여행을 하려면 1박 2일도 부족하기 때문에 여유를 가지되 신속하게 이동하면서 살펴볼 필요가 있다. 다음의 루트를 채택한다면 꽤 흥미로우면서도 효율적인 시간여행이 될 것이다.

● 오전 9시 - 오후 12시 ▷ 부소산성 일곽 → 낙화암 → 고란사 → 구드래나루

관북리 유적에서 부소산성으로 오르는 길을 택해 산성 영역을 둘러보면 생각보다 크고 단단한 백제시대의 성을 느낄 수 있다. 천천히 걷다 보면 낙화암에 다다르게 되는데, 전혀 비극적이지 않은 훌륭한 경치를 만나게 된다. 3천 궁녀가 설 자리도 없었다는 것을 확인하고 바로 아래로 깎아 지르는 절벽을 내려가면 고란사가 새처럼 좁은 면적에 앉아있다. 고려 시대에 백제 후손이 세웠다고 하는데, 가히 백제의 마지막을 위로할 만 한 위치이다. 여기서 조금만 내려가면 구드래 선착장으로 가는 유람선을 탈 수 있다. 유람선을 타고 가면서 사비시대에 엄청나게 많은 배가 오갔던 풍경을 상상하면 전혀 다른 부여가 보이기 시작한다. 구드래나루에 내려서는 이곳이 부여의 도심 국제 항구였다는 것도 잊지 말자. 세계 여러 곳에서 온 배들이 정박해 있었을 것이고, 아마 동남아 사람들, 일본 사람들, 중국 사람들이 지금의 공항처럼 북적댔을 것이다. 배가 고플 때가 되었으니 근처에서 점심식사를 하고 오후 일정에 나서자.

● 점심은 구드래나루에 바로 붙어있는 장원 막국수가 좋다. 일반적으로 생각하던 막국수와는 차원이 다른데, 국물의 새콤, 달콤한 맛은 오전의 피로를 한 번에 날려줄 만하다. 다만 줄을 길게 서야

되는 단점이 있다.

구드래나루에서 동네와 만나는 지점에 있는 오두막집은 가격대
비 괜찮은 음식점이다. 매운탕도 좋지만 닭도리탕이 좋다. 같이
나오는 푸짐한 반찬들이 오전의 여행으로 피곤해진 몸과 마음을
아주 활기차게 해준다.

● 오후 1시 - 오후 6시 ▷ 관북리 유적지 → 정림사지 → 왕궁리

김수근 건축가가 설계해놓은 전 부여박물관과 조선시대 관청건
물들이 서있는 아래로 넓은 관북리 유적이 텅 비어 있다. 각자 건
축가가 되어서 이 공터에 왕궁을 세워보자. 그게 관북리 유적의
관람방법이다. 그리고나서 길을 건너 정림사쪽 길로 걸어가면 금
방 정림사지의 벽을 만나게 되고 곧 정문으로 들어가게 된다. 텅
빈 정림사지가 아주 인상적인데, 물리적으로는 텅 비어있지만 양
쪽으로 나누어진 연못과 석탑, 그 뒤에 있는 금당이 있어서 옛 모
습을 상상으로 채우게 한다. 위쪽에 있는 정림사지 박물관에서는
온전했던 모습의 모형이 있어서 좀 더 확실하게 알 수 있다. 시간
이 너무 지나기 전에 좀 멀리 떨어져 있는 왕궁리로 이동한다. 왕
궁리는 넓은 두 골짜기의 경사면에 왕릉과 절터가 있어서 광활한
공간을 즐기면서 백제를 느낄 수 있다. 7기의 무덤이 만들어내는
위용을 느끼고, 복원된 능사 터를 보며, 이 절을 상상해 보는 것은
큰 재미다. 절터 왼쪽 산능선을 따라 백제시대에 만들어진 나성을
보는 것이 이 곳의 하이라이트라 할 수 있다. 나성은 부여일대를

빙 둘러서 세워져 있었다고 하니, 부여를 다닐 때는 항상 이런 성을 염두에 두어야 한다. 그렇게 보다 보면 저녁놀이 물들어 오고 일정을 마치게 된다.

저녁은 부여 시내에 있는 우즈베키스탄 식당 율두스YULDUS 2를 들러보는 것도 좋다. 백제의 수도에 중앙아시아의 식당이 무슨 말인가 싶지만, 신기하게도 있다. 이주 노동자의 영향력이 부여에도 대단하다는 것을 느낄 수 있는데, 종업원들과 말이 잘 통하지 않는 것을 보면 내국인들을 위한 식당이라기보다는 우즈베키스탄 노동자들을 위한 식당인 게 분명하다. 하지만 다들 아주 잘생겨서 눈이 즐겁다. 그리고 들어가 보면 우즈베키스탄 사람들만 있어서 외국에 간 것 같은 느낌을 한껏 즐길 수 있다. 그 만큼 우즈베키스탄의 오리지널한 음식 맛을 볼 수 있다는 뜻인데, 생각보다 정말 맛이 좋다. 양고기가 참 맛있는데, 말고기도 있어서 특이한 음식 체험을 해보고 싶은 사람들에게는 좋은 기회가 될 수 있다. 백제시대에도 국제적 교류가 많아서 이런 외국인들을 위한 식당들도 많이 있었을 것이다. 이 식당을 통해 당시 백제의 국제적 교류를 상상해 보는 것도 아주 재미있을 것 같다.

숙소로는 관북리 유적지에 바로 붙어있는 구드래 한옥 민박이 좋은데, 많은 사람들이 숙박하기는 어려운 단점이 있다. 주인 내외분이 한옥을 새로 지어 주거를 하면서 민박을 하기 때문에 그렇다. 명절이 되면 아들, 딸들이 지내는 방 두 개를 민박으로 내놓고 있는데, 집 주인 분들과 가족처럼 지낸다는 게 아주 좋다. 집도 정성들여 지었기 때문에 현대 한옥의 맛을 한껏 느낄 수 있고, 무엇보다 조용하다. 주인아주머니와 많은 수다를 떨 수 있는 것도 큰 장점이다.

2일차

오전 9시 - 오후 12시 ▷ 궁남지

물안개 피어오른 궁남지를 감상하려면 좀 일찍 나가는 것도 좋다. 생각없이 아름다운 수 공간과 아름다운 연꽃을 천천히 거닐면서 백제시대를 느껴보자. 워낙 훼손이 많이 되어서 백제시대에 이 곳에 어떤 정원이 있었는지 확인할 길은 없다. 일본의 정원이나 안압지를 연상하면서 완전히 다른 정원을 그려 보는 것이 도움이 될 것 같다. 적당히 여유로운 시간을 가지고 나서는 박물관으로 이동한다. 부여박물관은 대단히 좋은 유물들이 전시되어있다. 백제 시대 이전의 선사시대, 청동기시대의 유물들도 상당히 뛰어나서 어떻게 사용했는지를 생각하고 보면 매우 재미있다. 백제시대의 유물들은 생활용품을 중심으로 전시되어있어서, 건축, 그릇, 절터 유물 등을 나누어서 보면 재미있다. 이 박물관에서 가장 중요한 유물은 두 말 필요 없이 능사지에서 출토된 금동 대향로이다. 직접 보는 감동이 무엇인지를 잘 보여준다. 이런 유물은 백제의 비밀을 밝히려는 듯 하나도 빠짐없이 꼼꼼히 살펴보는 것이 좋다. 죽간이나 와당들도 눈여겨 볼만하다. 그렇게 살피다 보면 부여 박물관의 또 다른 명품 전돌을 만나게 된다. 백제시대의 보도블럭이다. 그것을 생각하고 살피면 이 유물의 묘미를 잘 느낄 수 있다. 그릇들은 곡면을 잘 살펴보아야 한다. 핵심적인 백제의 아름다움을 잘 느낄 수 있다. 그렇게 보다보면 백제시대의 사람들이 어떻게 살았는지 대략 느껴진다.

지방으로 갈수록 맛있는 먹을 거리들은 재래시장에 다 모여 있다. 부여중앙시장에서 정림사지와 가까운 끝 자락부분에 자리 잡고 있는 김중만의 만두래에 들러 다양한 만두를 맛보는 것도 추천할 만하다. 정식 음식점은 아니지만 여기서 맛있는 만두를 사서 가까운 유적지에 자리를 잡고 앉아 먹으면서, 백제의 옛 모습을 상상해 보는 시간을 가지는 것도 아주 좋다.

오후 1시 - 오후 6시 ▷ 백제문화단지

백제 문화단지는 부여 중심지로부터 좀 떨어진 곳에 조성되어있다. 백제테마파크라 할 수 있는데, 백제 역사문화관에는 한성백제시대부터 부여시대까지의 역사가 다양한 시각자료들과 함께 잘 설명되어있다. 다만 백제 문화의 최전성기를 보낸 부여, 사비시대를 멸망해간 시대로 보는 시각은 좀 문제가 있어 보인다. 부여를 돌아보고 여기에 와야되는 이유이다. 여기에서 눈여겨봐야 할 것은 바로 능사이다. 전날 왕릉원에서 본 능사터를 복원해 놓아서 원래의 절을 체험할 수 있다. 특히 복원된 목탑은 지금은 모두 소실되어 전혀 알 수 없었던 목탑을 실지로 느낄 수 있어서 거대했던 부여의 옛 모습을 상상하는 데에 아주 큰 도움이 된다. 그리고 대문에서 탑으로, 탑에서 금당으로 이어지는 전형적인 백제양식의 절을 거닐 수 있는 것도 큰 즐거움이다. 그런데 사비궁은 좀 아쉽다. 터도 없는데 건물을 추정해서 만들다 보니 리얼리티가 많이 떨어진다. 그래도 이렇게 실지 건축물을 통해 부여를 체험해 볼 수 있는 것은 망실된 백제의 문화를 추정해 보는 데에 많은 도움이 된다. 이렇게 부여를 둘러보면 어느 새 보이지 않았던 부여가 지금의 부여를 덮으며 거대하게 다가올 것이다.

저녁은 부산 자락에 있는 백강 막국수가 어떨까 싶다. 장원 막국수가 맛있더라는 말에 택시 기사님이 약간 눈을 아래로 깔고 부여 사람들은 막국수 먹으러 여기에 간다고 추천 받았던 집이다. 위치가 강을 사이에 두고 장원 막국수와 대치하고 있는 형국인데, 이 집의 막국수는 물과 비빔 두 가지 종류가 있다. 곱빼기와 보통의 가격이 같다는 것이 특이한데, 막국수와 함께 숯불고기가 같이 나오는 것이 아주 고맙다. 고기와 함께 면을 먹으면 정말 맛있다. 식사를 하면서 커다란 창을 통해 백마강이 흘러가는 것을 볼 수 있다는 것도 큰 장점이다.

숙소로는 백제 문화단지에서 가까운 롯데 리조트 부여가 가장 좋을 것 같다. 가격이 비싸다는 게 좀 흠이긴 하지만, 전통과 현대가 잘 어울린 건축과 공간 디자인이 인상적이다. 조용한 리조트 한 곳에서 둘러보았던 부여의 모습들을 곱씹으면서 백제의 옛 모습을 가슴에 새기는 작업을 하는 것도 좋을 것 같다.

장원 막국수 : 041-835-6561
충남 부여군 부여읍 나루터로 62번길 20

오두막집 : 041-836-4449
충남 부여군 부여읍 나성로 117-13

율두스YULDUS 2 : 041-833-1468
충남 부여군 부여읍 중앙로 6-3

구드래 한옥 민박: 010-2245-2988
충남 부여군 부여읍 나성로 111

김중만의 만두래 : 041-835-2855
충남 부여군 부여읍 중앙로 13

백강 막국수 : 041-835-5500
충남 부여군 규암면 진변로 116 1층

롯데 리조트 부여 : 1588-4355
충남 부여군 규암면 백제문로 400

2.
부여로 동기 부여하니,
여부가 있겠습니까

정길화

한국국제문화교류진흥원장

부여를 부여안고…[1]

언제부터인지 '핫 플레이스'라는 말이 범용어가 되었다. 통상적으로는 음식이 맛있거나 인테리어가 예쁜 식당 등의 매장을 이르는 말이라고 한다. 여기에는 랜드마크급 전통적인 관광 명소도 포함된다. 그런데 교과서적으로 말하자면 '핫 플레이스'는 콩글리쉬에 해당하고 'popular place'가 올바른 영어라고 한다. MZ세대의 인스타그램과 함께 부상한 이른바 '인싸 문화'의 소산이다. 서울에서는 전통의 홍대 입구를 필두로 경리단길, 가로수길 등을 꼽는 모양이다.

핫 플레이스는 이미 경향 각처에 즐비하다. 지역에서는 대표적으로 제주도를 꼽을 수 있다. 제주도는 넷플릭스 드라마 〈오징어 게임〉에서 탈북 소녀 강새벽이 '조선(한국) 같지 않은 곳'이라고 말할 정도

---

1) 부여안다: '두 팔로 힘껏 안다'의 뜻.

로 빼어난 풍광을 갖고 있다. 다만 이제는 정점에 달해 과잉 단계에 이르렀다는 얘기도 들린다. 비행기가 아니면 제주도 출입이 거의 불가능해 날씨에 취약한 근본적인 문제도 있다.

그래서 떠오르는 곳이 강릉이다. 강릉은 서울에서 고속버스로는 2시간 50분, 자가운전으로는 2시간 반 남짓(명절 때 교통 체증 말고)이면 닿는다. 게다가 강릉선 KTX 덕분에 기차로는 1시간 50분, 즉 2시간 이내로 능히 주파할 수 있다. 서울-제주를 비행기로 오간다고 할 때 공항 이동 시간 등을 포함해 2시간 이상 걸린다고 보면, 강릉이 제주보다 원활한 접근성을 확보하고 있다.

이제는 강릉도 늦었다는 소식이다. 눈썰미 있고 발 빠른 서울 사람들이 바다가 잘 보이고 산천경개 좋은 곳을 찜했다는 것이다. 정동진은 옛말이고, 동해안 안목항 카페의 커피값도 만만치 않다는데…. 자칫 상투를 잡았다가는 낭패를 본다. 바다 건너 제주도, 태백산맥 넘어 동해안의 강릉, 이런 곳들이 차고 넘치면 시야를 다른 곳으로 돌릴 수밖에 없다.

대안을 구하기 위해 유사한 조건을 적용해본다. 서울(일단 서울을 기준으로)에서 2시간 내외 소요, 법석거리는 거리를 떠나 서울에서 느낄 수 없는 휴식과 재충전을 할 수 있는 곳. 현재의 도로망이나 인프라를 고려해 예의 제주도와 동해안이 아닌 곳에서 대체지를 찾는다면…. 일단 북위 36도선 부근에서 후보 장소를 물색할 수 있을 것이다.

볼거리, 즐길 거리, (히)스토리 '3리'가 있는 부여

왜 36도선인가? 대한민국 수도 서울의 위도는 북위 37.5도다. 수도권에 인접한 북위 37도선은 평택, 충주, 제천을 연하는 선이다. 경기도와 서해안 쪽은 각종 산업 시설로 포화 상태다. 공장과 빌딩이 즐비하다. "열심히 일한 당신 떠나라"고 했는데, 서울에서 거리와 시간이 멀지 않아 그런 기분을 느끼기는 어렵다. 내륙으로 들어가면 아직은 교통 여건상 2시간을 넘길 우려가 있다.

조금 더 남하해 36도선의 서해안이나 충청남도 쪽이면 이런 부분에서 만족감을 얻을 수 있다. 원래 북위 36도선은 군산(전북)-포항

북위 36.16도에 위치한 부여군 부여읍.

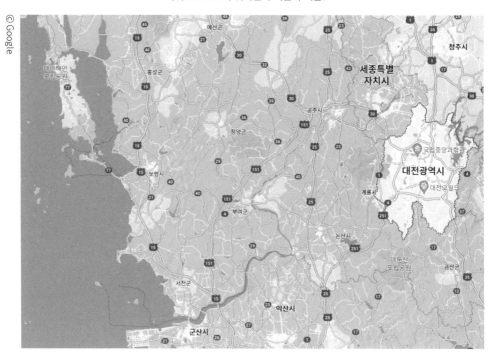

(경북)선이다. 소요 시간 2시간대를 맞추려면 그 윗선에서 찾아야 한다. 지도를 놓고 서쪽에서 동쪽으로 보면 36도선 바로 위는 대략 서천-부여-논산-계룡-대전으로 이어진다. 대전, 계룡, 논산 등은 시 단위 이상의 행정구역이다.

부여군은 현재의 교통 상황에서 자가운전으로 약 2시간, 고속버스로 2시간 내외다. KTX를 이용하면 용산역 – 논산역 – 버스와 같이 노선을 엮을 수 있고, 약 2시간 내외의 소요 시간이 나온다. 서천은 자칫 2시간대를 넘길 수 있다. 군 소재지인 부여읍은 북위 36.16도, 동경 126.56도 지점에 자리 잡고 있다. 백제의 고도古都이면서 시가 아닌 군을 유지하는 곳이 부여다. 유레카, 아니 답은 이미 나온 것인가.

제주도도 아닌 동해안도 아닌, 다른 방향에서 서울에서 2시간 내외의 대안을 물색한다면 후보 장소 중의 하나로 부여를 꼽고, 여기에 의미와 동기를 부여附與하는 것은 자연스럽다. 물론 다른 곳도 찾을 수 있겠으나 오늘의 행선지는 부여다. 볼거리, 즐길 거리가 있고, 여기에 무엇보다 (히)스토리가 있는 곳. '3리'의 지역이다. 핫 플레이스 부여군. 과연 그럴까? 백문이불여일견(百聞不如一見, '백 번 듣는 것이 한 번 보는 것만 못하다'는 뜻)이다. 우리는 지금 부여를 화두로 부여안고 남부여대하여 부여로 간다.[2)]

---

2) 남부여대(男負女戴)는 원래 '남자는 짐을 지고 여자는 짐을 인다'는 뜻이나 여기서는 '부여'라는 발음을 이용하려는 '아재개그'로 사용되었다.

부여 역사를 부여잡다 [3]

내가 아는 부여, 당신이 아는 부여

부여는 백제의 마지막 왕도다. 백제 성왕이 538년 웅진성에서 사비성으로 천도한 이래로 백제가 멸망하는 660년까지 6대 123년 동안 백제의 마지막 도읍지였다는 것은 두루 아는 역사적 사실이다. 백제의 역사는 한성백제 – 웅진백제-사비백제로 이어진다. 부여(사비)는 백제 역사의 마지막 장을 닫은 곳이다. 대부분의 한국인이 알고 있는 부여는 여기서 멈춘다. 내가 아는 부여, 곧 당신이 아는 부여다.

백제는 고구려에 밀려 한성을 포기하고 웅진으로 천도했다가, 63년 만에 마침내 사비성으로 옮겨 왕도의 기치를 든다. 부여가 왕

---

3) 부여잡다: '두 손으로 힘껏 붙들어 잡다'는 뜻

도인 기간이 공주보다 길다. 그런데 어쩐지 항간에 알려지기로는 공주가 부여보다 세 보인다.[4] 그도 그럴 것이 공주는 시고, 부여는 군이다. 부여에 대한 인식은 곧장 백제 망국의 역사로 이어진다. 이곳에서 백제가 멸망했기 때문이다. 나당 연합군의 침공, 황산벌, 사비성, 부소산, 낙화암, 의자왕으로 이어지는 비감한 망국의 엘레지가 이어진다.

그런데 역사에서 부여는 이것이 전부가 아니다. 슬기로운 기억력을 가진 이라면 학창 시절 국사 시간에 배운 '부여夫餘'를 떠올릴 수 있다. 고조선이 망한 이후 그 일대에 여러 나라가 성장했는데 이때 부여, 고구려, 옥저, 동예, 삼한 등이 등장한다. 부여라는 이름은 이미 여기에 올라 있다. 교과서적인 설명을 빌리면 부여는 서기전 2세기경부터 494년까지 북만주 지역에 존속했던 예맥족濊貊族의 국가를 일컫는다.[5]

부여의 한자 표기는 夫餘, 扶餘, 扶余, 夫余로 쓰인다. 주로 중국의 문헌에는 夫餘로, 한국의 문헌에서는 扶餘로 표기되어 있다고 한

---

4) 공주(公州)는 삼국 시대에는 웅진(熊津)으로 불렸으며, 475년부터 538년까지 백제의 수도였다. 통일신라 시대에는 웅천주라고 불렸다. 고려 태조 23년(940년)에 공주로 개칭하여 지금의 읍호를 갖게 되었다. 조선 시대에는 한때 충청도가 충공도, 청공도라고 불렸는데, 이때 '공'은 공주를 말한다. 1986년 1월 1일 공주읍이 공주시로 승격되었고, 이후 1995년 1월 1일 도농 통합에 따라 공주시와 공주군이 통합되어 새로운 공주시가 되었다. 이렇듯 공주는 역사적으로 부여보다 강세를 보였다고 할 수 있다. 결정적으로 부여보다 서울에서 가깝다. 한국민족문화대백과사전, 나무위키, 위키백과 등 참조.
5) 이후 '부여'에 대한 역사적인 기록과 내용은 한국민족문화대백과사전 참조.

부소산.

다. 옛 지명이 그렇듯 이두식 한자 차음 표기일 가능성이 많은데, 평야를 의미하는 '벌'에서 유래되었다는 설(육당 최남선)과 '사슴'을 뜻하는 만주어에서 왔다는 설(자치통감 등)이 있다.[6) 지형의 특성이나 수렵, 토템과 연관되었다는 얘기다. 이는 역사 전문가가 아닌 나에겐 비정比定에 한계가 있고, 우리 독자들에게는 TMI가 될 것이다.

어원에서 보듯 부여는 북만주 평야 지대에 위치해 농경과 목축에 유리했다고 한다. 5부족 연맹 왕국으로 왕권이 미약했고, 왕 아래 마가馬加·우가牛加·저가猪加·구가狗加 등의 관인이 있었다. 가加는 수장으로서 독자적인 세력 기반이 있었다. 부여는 매년 12월이면 영고迎鼓라는 제천祭天 행사를 열어 풍요로운 삶을 기원했다. 그외 부여의 습속으로는 순장殉葬 제도, 형사취수兄死就嫂 제도 등이 기록되어 있다.

'영고' 하니 생각난다. 바로 고대 사회의 제천 행사다. 부여 영고,

---

6) '부여', 위키백과.

부여의 대표적인 명소 백마강.

동예 무천, 고구려 동맹…. 학창 시절에 무슨 내용인지도 잘 모르면서 주입식 교육에서 시험에 대비해 주야장천 이렇게 외웠다. '부영, 동무, 고동…' 앞 글자를 따서 외우는 비장의 속성 암기법이다. 맞을 영迎에 북 고鼓니 제천 행사에 타악기인 북이 동원되었을 것으로 유추할 수 있다. 드넓은 만주 벌판에 일제히 북소리가 들리면서 장엄한 행사가 진행되는 것을 보는 듯한 기시감이 엄습한다.

한때 백제의 국호는 '남부여'

명칭으로서의 부여는 만주 일대의 고대국가가 먼저다. 그런데 이 이름은 나중에 백제 성왕 때 국호를 '남부여南扶餘'로 바꿀 때 다시 등장한다. 『삼국사기』에 이르기를 성왕 16년, 즉 서기 538년에 도읍을 사비로 옮기고 국호를 '남부여'로 했다는 것이다. 모름지기 국호는 한 나라가 지향하는 바를 압축해서 보여주는 장치다. 사비로 천도한 이후 백제 왕실은 국호 개칭을 통해 백제가 부여를 계승한 국가임을 표방한 것이다.[7]

학계 전문가들은 국호를 '남부여'로 바꾼 이유로, 백제가 475년 웅진으로 천도한 이후 공주를 비롯한 금강 유역권에 근거를 둔 세력이 대두한 것을 주목한다. 한족(여기서는 韓族)의 영향력이 확대되고, 494년에는 만주에 있던 부여가 고구려에 멸망당함으로써 부여 정통성 계승 의식의 원천을 잃게 되었다는 것이다. 이에 성왕이 부여족의 권위를 회복하고자 부여의 이름을 소환했다고 분석한다. 또한 백제 왕족의 성씨는 '부여扶餘'씨라는 설이 유력하게 전한다.

백제 왕실의 성씨가 부여씨라는 것은 흥미롭다. 한국민족문화대백과사전을 보면 "(백제의) 왕족은 부여족의 일파로 남하해 와서 건국한 온조계 집단으로 이루어졌으며, 왕비족은 한성도읍기 전기에

---

7) 김영실, 「새로운 지배 이념의 확립과 체제의 정비」, 성정용 외, 『신편 사비백제사 1: 사비시대를 연 성왕과 사비도성』, 논형, 2022.

는 진씨, 후기에는 해씨가 되었다. (…) 초고왕은 정치의 중심지를 하남위례성河南慰禮城으로 옮기고 국호를 '백제'로 개칭하였다. 이후 백제의 왕계는 온조계의 부여씨扶餘氏로 고정되었다"로 명기하고 있다.[8]

부여씨는 다 어디로 갔을까

우리가 아는 백제의 왕족들, 가령 성왕의 아들 여창의 이름은 부여창이며, 무왕은 부여장이다. 의자왕의 아들 태는 부여태, 나중에 백제 부흥 운동 시기에 왜국에서 나타나는 의자왕의 아들 풍은 부여풍이라고 한다. 의자왕의 이름은 의자라고 하니 부여의자인 셈이다.

그런데 아무리 백제가 패망했다고 한들 그 잘나가던(?) 부여씨는 다 어디로 갔을까? 과문한 탓인지는 모르겠지만 내가 알기로 성씨가 두 글자인 가문에서 부여씨라고는 들어본 적이 없다.

부여씨가 모두 사라진 요인 중에 가장 비근한 것은 '변성설變姓說'이다. 예를 들어 고려가 멸망한 이후 왕조의 성씨인 왕씨들이 걸어간 행보를 보자. 위화도 회군 이후 역성혁명으로 등장한 이씨 조선 초기에 고려 왕조의 왕가王家인 개성 왕씨王氏가 어떤 수난을 당했을지는 불을 보듯 뻔하다. 이때 왕씨들이 멸족령을 피해 왕王과 비슷한 글자인 전田, 전全, 옥玉, 차車, 신申 등으로 성씨를 바꾸었다는

---

8) '백제(百濟)', 한국민족문화대백과사전 참조.

설이 공공연하다(여기에는 심지어 琴, 馬, 金, 崔도 들어가 있다). 이런 맥락에서 백제의 부여씨도 그러하지 않았을까 하는 추론이 가능하다.

그렇다면 부여씨는 어떻게 되었을까? 일설에 따르면 백제 멸망 이후 백제 부여씨들은 당나라로 끌려가거나 일본으로 망명했다고 한다. 이후로 '부여씨'라는 성씨를 그대로 쓰는 사람은 더 이상 한중일 3국의 기록에서 찾아볼 수 없다고 한다.

한편으로 부여 서씨扶餘 徐氏, 의령 여씨宜寧 余氏가 부여씨의 후예라고 알려져 있다. 부여扶餘씨에서 서徐씨, 여余씨가 되었다는 얘기다.[9] 항간에 개그맨 서승만 씨가 부여 서씨라고 한다. 이 글을 위해 확인 차 서승만 씨와 직접 통화했는데 "그 말이 맞다"는 것이다. 그는 부여 서씨로서 자부심을 가지고 있다고 힘주어 말한다.

부여에 대한 재평가, 백제에 대한 재평가가 이루어지고 있다면 장차 서씨나 여씨 중에서 부여씨로 복성復姓하는 경우도 나오지 않을까 섣부른 예상을 해본다. 그런 일이 없으란 법은 없다. 고려 왕씨 중에 옥씨玉氏로 성을 바꾸었던 이가 나중에 왕씨로 돌아간 일도 있다고 한다. 고려 왕씨의 경우 흥망성쇠를 고려 왕조와 같이했다고

---

[9] 오명규, 「백제 마지막 왕자 융(隆)의 후손 부여 서씨, 예산 신양 오리울 거주」, 『국민일보』, 2021년 8월 2일. 이 기사에도 "부여 서씨(扶餘 徐氏)의 시조는 백제 의자왕의 아들인 서융(徐隆)이다. (…) 서기웅 씨는 "왕손의 위엄을 기억하고 지키는 가운데, 조용히 왕의 후손으로 살아왔고 또 그렇게 살아가고 싶다"고 전했다고 썼다. 부여 서씨의 시조는 부여융(扶餘隆), 의령 여씨의 시조는 부여풍(扶餘豐)이라고 한다. 한편 부여 서씨의 집성촌은 충청남도 논산시 가야곡면 육곡리, 전라북도 완주군 화산면 승치리, 평안남도 덕천시 풍덕면 율곡리로 알려져 있다. 거리로는 논산이 부여에서 제일 가깝다. '부여씨' 관련 부분은 위키 백과, 나무 위키 등 참조.

하는데, 오늘날 왕씨가 면연히 계승되는 것을 보면 부여씨도 능히
그럴 수 있다는 생각을 해본다. 다만 이것은 해당 문중에서 결정할
고유의 사안이라 다른 성씨가 함부로 할 얘기는 아닌 것 같아 말을
줄인다.

남부여와 고려

부여의 멸망이 494년, 남부여의 등장이 538년이면 시차가 46
년이다. 뉴스 속보도 없고 인터넷도 없는 시절에 딱 그 만큼의 지체
현상을 반영하는 것일까? 성왕이 남부여라고 명명한 것은 이제 '오
리지널 부여(혹은 원부여)'가 없으니 그 정통성은 우리에게 있다는 의
식의 발현으로 해석할 수 있다. 사비백제가 '남부여'라면 이에 대칭
되는 만주의 부여는 방위상 '북부여'(혹은 '북방 부여')가 될 것이다.[10]
백제인들은 이미 여러 경로로 '자신들의 근원이 고구려와 함께
부여에서 나왔다'는 것을 강조해왔다. 부여국의 시조인 동명왕에 대
해 고구려와 백제의 왕들이 제사를 지냈다는 기록도 있다. 필경 역
사적 정통성을 놓고 숙명의 라이벌인 고구려와 경쟁의식이 있었던

---

10) 나는 고대사 전문가가 아니다. 이 글에서 '남부여'에 대칭하는 '북부여' 또는 '북방
부여' 그리고 만주에 있었던 부여가 멸망한 후에 이를 '오리지널 부여' 또는 '원부
여'라고 이르는 것은 학문적으로 검증된 용어가 아니다. 단지 서기 538년 성왕의 사
비 천도에 등장한 국호인 '남부여'와 구분하기 위한 임의적이고 수사적인 표현이다.

것으로 보인다. 더욱이 백제는 고구려의 침탈로 한성에서 웅진으로, 그리고 사비로 밀려 내려온 것이다.

이런 판국에 성왕이 국호를 '남부여'로 한 것은 분명한 어떤 의지의 표현이다. 이는 부여계 계승 의식의 선언으로 파악된다. 다만 연구자들은 각종 사료를 종합해볼 때 남부여라는 국호가 대내외적으로 널리 사용되지는 못한 것으로 판단한다. 성왕의 아들 위덕왕(창왕)이 570년에 북제로부터 '백제왕'으로 책봉되었다는 기록이 있다는 것이다.[11] 어떻든 성왕이 국호를 '남부여'로 채택한 것은 부여계의 정체성을 유지하려는 마지막 안간힘으로 풀이된다.

이 대목에서 고려 국명이 자연스럽게 생각난다. 태조 왕건은 고구려를 계승한다는 사실을 밝히기 위해서 나라 이름을 고려라고 정했다. 250년 전에 멸망한 국가의 이름을 다시 사용한 것은 왕건 스스로 그 나라를 계승한 것임을 천명했다는 말이다. 백제 성왕의 시도(538년)를 380년 뒤에 왕건이 재현(918년)한 것이다. 10세기 말 거란의 침입 때 서희와 소손녕의 담판에서 알 수 있듯 고려 시대에는 이 같은 의식이 오랜 기간 공유되었는데 비해, 남부여 시대에는 그렇지는 않았다는 것이 차이점이다.[12]

---

11) 김영실, 「새로운 지배 이념의 확립과 체제의 정비」, 성정용 외, 『신편 사비백제사 1: 사비시대를 연 성왕과 사비도성』, 논형, 2022.

12) 안병우, 「고려는 고구려를 역사적으로 계승한 국가이다」, 정책브리핑, 2004. 고려 건국(918년) 이후 75년이 지난 시점인데, 고려 문신 서희는 소손녕에게 "고려가 고구려의 옛 땅을 차지하고 있으며, 그 때문에 나라 이름도 고려라고 하고 평양을 도읍지로 삼았다"고 반격했다.

중국에도 '부여'가 있다

∞∞∞∞∞∞∞∞∞∞∞∞∞∞∞∞∞∞∞∞∞

　　남부여(혹은 백제) 시절에 왕도의 이름은 사비였다. 이 지역은
백제가 나당 연합군에 멸망하면서 신라에 예속되었고, 경덕왕대
(742~765)에 부여군扶餘郡으로 개칭되었다고 한다. 나당연합군 치하
에 곤궁해진 사비성 사람들은 산간벽지로 떠났다는 기록이 있으니
요즘 식으로 말하면 '점령지 원주민 강제이주'에 해당할 수 있겠다.

　　한국민족문화대백과사전에는 "부여의 명칭은 성왕이 이곳으로
천도할 때 남부여南扶餘라고 한 데서 유래된다"고 설명한다. 부여가
국가명에서 지역명으로 바뀌어 현실 세계에 재등장한 것이다.[13] 이
때를 시작점으로 하면, 부여라는 지명의 역사는 줄잡아 1250여 년
이상이다. 기원전 2세기인 '원부여'까지 거슬러 올라가면 2200년
이 넘는 유서 깊은 지명이다.

　　부여라는 명칭의 유래와 역사를 알기 위해 무리하게 '역덕(역
사 덕후)'의 시늉을 내보았다. 정리하면 부여는 '나라 이름'이기도 했
고 '지역 이름'이기도 하다. 국명으로 2200년이 넘고, 지역명으로도
1250년이 넘는다. 오늘의 한국에서 사용하는 지자체 시군 단위의

---

13) 신라가 이곳을 차지한 뒤 사비주(泗沘州, 또는 所夫里州)를 설치했고(문무왕 11),
　　신문왕 때 군으로 바꾸었다. 경덕왕 때 부여군(扶餘郡)으로 바꾸어 웅주(熊州, 지금
　　의 공주시) 관할 아래 두었고, 석산(石山)·열성(悅城)의 두 현을 예속시켰다. 부여
　　의 명칭은 성왕이 이곳으로 천도할 때 남부여라고 한 데서 유래한다. 출처: '사비성
　　(泗沘城)', 한국민족문화대백과사전. 다만 명칭을 부여로 정한 정확한 연도는 검색
　　되지 않는다.

중국 부여(푸위)역 외관.

이름으로는 역사가 제일 오래되지 않았을까 하는데, 눈 밝은 전문가
가 고증을 해주셨으면 좋겠다.[14]

　재미있는 일은 중국 동북 지방에 '부여'라는 지명이 살아 있다는
것이다. 나도 이번에 알았다. 인터넷을 검색하다가 중국 지방을 여
행하던 한국인들이 '부여'라는 지명을 보고 깜짝 놀랐다는 포스팅
을 발견했다. 다름 아닌 중국 지린吉林성 쑹위안松原시의 '부여시'다.
'북부여역'으로 명기된 사진도 볼 수 있다. 지도를 보면 지린성의 동
쪽 끝으로 창춘과 하얼빈의 중간에 위치하는데, 하얼빈에 좀 더 가
깝다.

---

14) 경주(慶州)는 '서라벌' 또는 '계림'을 기원으로 삼을 경우 시작점이 기원전 57년이
　　되며, '경주'라는 명칭으로 따지면 935년 고려 태조 때가 된다고 한다.

부여 출신 한 인사는 이를 보고 "(중국에서) 고향의 이름을 발견하는 것이 얼마나 감격적인 일이었는지 모른다"고 술회하고 있다.[15] 중국 부여의 한자는 '扶余'다. 영문 위키피디아에 따르면, 이는 '扶餘'의 간체자 표기라고 한다. 중국어 발음으로는 '푸위Fuyu'다. 푸위시 인구는 대략 80만 명이다. 중국의 동북공정이 위키피디아에도 손길이 미쳤는지 'The city name comes from Buyeo(Fuyu), an ancient kingdom located in parts of Northeast China'(도시 이름은 중국 동북부에 위치한 고대 왕국 부여(푸위)에서 왔다)라고 기술되어 있다.

---

15) 김진환, 「만주 부여역을 지나며…」, 『e부여신문』, 2015년 12월 8일.

우리는 지금 부여로 간다

'부여' 이정표에 가슴이 뛴다?

"장승백이 삼거리에는, 봉천동 방면과
신림동 방면을 화살표로 갈라놓은
이정표가 걸려 있다, 그 봉천奉天을 볼 때마다
나는, 가슴이 설레었다, 아, 나는,
몇 번이고 마음의 두만강을 건너간다,
그 푸른 물, 그 모래 바람, 그 갈대밭을"
- 황지우, 「파리떼」 중에서

시인 황지우는 시 〈파리떼〉에서 "장승백이 삼거리에는, 봉천동
방면과 신림동 방면을 화살표로 갈라놓은 이정표가 걸려 있다, 그

부여 방향을 가리키는 도로 표지판.

봉천奉天을 볼 때마다 나는, 가슴이 설레었다, 아, 나는, 몇 번이고 마
음의 두만강을 건너간다. 그 푸른 물, 그 모래 바람, 그 갈대밭을 마
음으로만 건너간다"고 했다. 시인이 말한 봉천은 중국의 선양瀋陽
이다. 서울 장승배기 이정표 '봉천'에서 가슴이 설레는 사람이 한국
의 충남에서 '부여' 이정표를 본다면 심장이 격동해도 모자랄 것이
다.[16] 그런데 그 부여가 지금도 중국에 있다니….

---

16) 봉천은 지금의 중국 선양(瀋陽, 심양)이다. 선양은 1625년 청의 누르하치가 이곳으
   로 천도하면서 성도라는 이름으로 개칭했다. 만주어로는 '묵던(Mukden)'이다. 청
   조가 1657년 선양에 봉천부를 설치하면서 공식 지명은 봉천이 되었다(奉天, 펑텐).
   이후 한때 다시 선양으로 부르다가 1932년 만주국 시기에 봉천으로 이름을 바꾸었
   다고 한다. 제2차 세계대전이 끝난 후 지금의 선양시가 되었다.

그런데 황지우 시인이 봉천을 보고 가슴이 설렌 것은 '만주는 우리 땅'과 같은 '국뽕' 때문이 아니다. 그것은 일제 강점기 시절 "고향을 버리고 처자식 노부모를 버리고 제 목숨까지 버리고 그 기약 없는 길로 떠난" 순국 선열에 대한 외경과 숭모의 뜻이다. 장승배기 이정표상의 봉천이 시인에게 그 기억을 소환한 것이다. 확실히 고구려 땅의 고토를 회복해야 한다는 식의 '다물 정신' 같은 것과는 결이 조금 다르기는 하다.

어떻든 한국의 시인이 서울 도로 표지판 '봉천'에서 가슴이 설렜다면, 부여의 이정표에서도 그러지 말라는 법은 없지 않겠는가. 요컨대 '부여'를 보면서 서기 538년에서 660년까지 123년 동안 백제의 도읍지 부여만 생각하지 않을 수 있다는 것이다. 사람에 따라서는 일제 강점기 만주 벌판을 떠올릴 수도 있고, 더 거슬러 올라가 기원전 예맥족의 고대국가 부여를 소환할 수도 있는 것이다.

송국리 청동기 문화를 아시나요?

이름은 그렇다 치고 지역으로서의 부여는 어떤가. 네이밍과 상관없이 장소가 가진 역사도 있다. 북위 36.16도, 동경 126.56도 지점 일대(부여읍) 그 자체에도 당연히 내력이 있지 않겠는가. 부여군청의 설명에 따르면, 부여는 금강을 끼고 있으며 북쪽으로 성태산과 조공산, 서쪽으로 만수산, 월명산, 비홍산, 옥녀봉이 있고, 동북쪽에

송국리 전경.

서 차령산맥이 서남으로 뻗치고 있는 천혜의 자연환경을 갖고 있다.
이만한 조건을 가진 곳에 일찍부터 모듬살이가 발달하지 않았을 리
없다.

　아니나 다를까. 이곳에서 청동기 시대 유적과 유물이 대량으로
발견되었다. 바로 부여군 초촌면 송국리다. 1974년 주민 신고로 도
굴꾼을 수사하는 과정에서 비파형 동검을 발굴하면서 역사학계가
흥분했다. 삼국 시대로 치면 금관이 출토된 것에 비견될 만한 일이
라고 한다. 고조선의 상징인 비파형 동검과 우아한 곡선미를 자랑하
는 달걀 모양의 단지가 출토되었다.[17]

　송국리는 남한 최대의 청동기 시대 유적지로 밝혀졌고, '송국리

---

17) 문화재청 국가문화유산 포털.

문화'로 명명되었다.

송국리 문화는 부여 송국리에 있는 청동기 시대 집터 유적을 토대로 밝혀진 한국 청동기 시대 중기의 대표적인 문화를 말한다. 원형 집터와 송국리형 토기를 지표로 하는데, 기원전 7~6세기 전에 만들어진 것으로 추측된다. 송국리 유적은 청동기 시대 사람들의 생활상을 보여주는 중요한 자료로 평가된다고 한다. 백제 왕도로만 알고 있던 부여의 다른 면모다. 부여군청 홈페이지에는 이를 다음과 같이 기술하고 있다. "부여는 약 2500여 년 전 청동기 시대를 대표하는 송국리 문화가 개화했던 유서 깊은 도시다."

송국리 유적과 관련해서는 현재 기념관 건립, 세계유산 등재를 위한 노력이 이어지고 있다고 한다. 사실 교과서에까지 실린 한반도 청동기 시대 대표적 유적이라고 해도 일반인들이 학술적 가치를 시청각적으로 체감하기는 쉽지 않다. '역사 덕후'가 아니고서는 송국리 유적을 재미로 답사하기는 너무 학구적인 곳이다. 앞으로 송국리 유적 발견 50주년 기념행사(2024년)나 송국리 유적 축제 등을 통해서 세계유산으로서의 가치를 알리는 노력이 더욱 필요할 것으로 보인다. 현재의 군수에게 주어진 과제다.

중요한 것은 이 일대에 대한 지명과 상관없이 일찍부터 이곳에 사람이 살고 문화가 있었다는 점이다. 송국리 문화유적이 의미하는 바는 곧 '백제 이전의 부여' 역사다. 선사 시대에 이 지역을 어떻게 불렀는지에 관한 기록은 찾기 어렵다. 송국리는 아마도 나중에 생긴 지명일 것이다. '사비'라는 명칭은 6세기 초반에 나왔고, '부여'라는 지명은 앞서 살펴본 것처럼 8세기 중반 통일신라 시대에 등장했다.

백제 이전의 부여, 백제 이후의 부여

미술사학자 유홍준의 책 『나의 문화유산 답사기 6』에는 2009년에 저자가 만난 당시 김무환 부여군수가 등장한다.[18] 김 군수는 사람들이 부여에 와서 백제 유적을 보고 가면서, '멸망한 나라의 유적' 타령만 하는 것에 아쉬움을 토로하고 있다. 그는 "백제 이전에도 부여가 있고 백제 이후에도 부여가 있다"고 역설한다. 당시에 현직 부여군수인 그는 사람들에게 '백제 시대의 부여만 생각하지 말고 그 이전, 이후의 부여에도 역사가 있고 볼거리도 많다'고 말하고 싶은 것이리라. 특히 '멸망한 왕조의 수도'라는 낙인 효과(?)에서 벗어나고자 하는 것으로 보인다.

김 군수가 '세계 역사도시 시장군수 대회'에서 했다는 말은 흥미롭다. 대회에 참가했는데 "부여에서 왔다"고 하니까 모두들 멸망한 나라의 수도에서 왔다고들 하더란다. 그래서 화가 나서 "멸망하지 않은 고대국가가 어디 있습니까?"라고 응수했다는 것이다. 옳은 말이다. 제아무리 영화와 태평성대를 누린 수도인들 마침내 망하지 않은 곳이 어디 있겠는가.

---

18) 유홍준, 『나의문화유산 답사기 6: 인생도처 유상수』, 창비, 2011, 359~366쪽.

유홍준 교수는 백제와 부여의 이미지가 고착된 것에는 계백 장군과 의자왕 이야기, 백마강과 낙화암의 비뚤어진 전설이 한몫했다고 보았다. 특히 '3천 궁녀설'은 부여가 망도亡都의 이미지로 비치게 하는 결정적인 요소로 작용한다. 그는 "전설이 산란하게 만들어 풍광을 즐기는 것을 방해한다"고 말한다. 무릇 역사는 승자의 역사고, 승자는 자신의 승리를 정당화하며 때로는 패자를 조롱하고 모욕한다. 낙화암 '3천 궁녀'도 이와 무관하지는 않을 것이다.

말이 나온 김에 '3천 궁녀'에 대한 새로운 해석을 시도해본다. 유홍준 교수는 '의자왕에게 궁녀가 3000명이 있을 수도 없는 일이고, 또 3000명이 뛰어내릴 정도로 낙화암의 스케일이 크지도 않다'고 간명하게 정리한다. 그런데 오래된 전설은 강한 선입관을 만들어 후세의 사람들이 이를 뒤집기란 쉽지 않다. 여기에 덧붙여 나는 '영웅호걸英雄豪傑식 계산법'을 제안해본다.

옛 기록에 따르면 영웅호걸에 대해 이르기를, 재능에 있어 만 명을 당해내는 사람을 영英이라 하고, 1000명을 당해내는 사람을 웅雄, 100명을 당해내는 사람을 호豪, 10명을 당해내는 사람을 걸傑이라고 정의했다.[19] 이 방식으로 하면 가령 호가 30명만 있어도 3000명, 걸이 300명만 있어도 3000명에 해당한다. 사비성에 여호, 여걸이 없었겠는가. 그렇다면 '3천 궁녀'가 물리적으로 꼭 3000명이 아닐 수도 있는 것이다. 호사가들이 백제의 멸망을 더욱 극적으로 비

---

19) 중문 검색 사이트 百度(Baidu, 바이두), 英雄豪傑 참고.

치게 하기 위해 요즘말로 MSG를 가했을 개연성이 크다.[20]

대조사大鳥寺 보살상을 지나 성흥산 사랑나무로

부여를 '백제 이전의 부여', '백제 시기의 부여' 그리고 '백제 이후의 부여'로 대별할 수 있다면, '백세 시기의 부여'는 당연히 사비성에 해당한다. 왕도 부여의 히스토리는 이 책에 실린 다른 저자의 글에서 충분히 음미할 수 있을 것이다. '백제 이전의 부여'는 앞에서 말한 초촌면 송국리 청동기 문화다. '백제 이후의 부여'로는 무엇을 들 수 있을까. 유홍준 교수는 고려 시대 유적지인 대조사, 무량사, 장하리 석탑을 들고, 조선 시대 유적지인 홍산 관아를 꼽는다. 그중에서 요즘 떠오른다는 대조사(부여군 임천면)를 들여다본다.

대조사는 이름에서 알 수 있듯 새와 관련된 전설이 있다. 고려 때 한 스님이 큰 바위 아래서 수도 중이었는데, 관음조觀音鳥 한 마리가 날아와 그 바위 위에 앉았다고 한다. 스님이 놀라 잠을 깨니, 바위가 관음보살상으로 변해 있었다는 것이다. 대조사라는 이름의 유래

---

20) 김형수 신동엽문학관장은 '3천 궁녀'가 아니고 '3천녀'일 가능성을 제기했다. 660년 당나라 군대가 사비성을 함락하고 마구 도륙(屠戮)하는 과정에서, 남자들은 저항하다가 섬멸되고 아녀자들은 쫓기다가 투신했을 것이라는 얘기다. 이때 하나의 상징적인 수치로서 3천녀가 나왔는데, 이것이 후세에 '3천 궁녀'로 각색되었다는 것이다. 김형수,『금강이 부여를 지날 때』, 부여군 · (사)신동엽기념사업회, 2019.

대조사.

다.[21] 전설에서 알 수 있듯 대조사에서 대표적인 볼거리는 보살상이다(미륵보살로 칭하는 경우가 많으나 확실하지는 않다).

　유홍준 교수의 설명에 따르면 대조사 석조보살상은 얼굴이 사각형으로 넓적하고 코와 입이 작다. 그래서 기이한 느낌을 주면서 장승 같은 이미지를 띤다. 오래전 '고우영 만화'에서 비슷한 얼굴을 본 것 같기도 하다. 유 교수는 똑같은 양식인 논산 관촉사의 은진미륵상과 연결해서 답사할 것을 권장한다. 충남 지방에 이 같은 석불이 많은 것은 당시 이 일대에서 유행한 미륵 신앙에서 연유했다고 하는 해설도 있다. 미륵 신앙은 내세에 나타난다는 미륵을 믿어 현세의 어려움에서 벗어나려는 신앙이다.

---

21) 대조사와 관음보살상에 대한 설명은 두산백과 참조.

대조사 석조보살입상.

그런데 이즈음 대조사를 찾는 관광객, 답사객들의 관심은 석조
보살상에 있지 않은 것 같다. 대략 주마간산走馬看山, 아니 주차간불
走車看佛이다. 보살상은 대충 보고 서둘러 산 위를 향한다. 바로 성흥
산성이다. 백제 시대부터 내려오는 산성인데, 옛 이름은 가림성이라
고 한다. 이곳에 오르면 부여, 논산, 강경, 한산, 홍산 일대가 한눈에
들어온다. 관광객들은 불상 대신 산성에서 보는 일망무제의 풍경을
원할 수도 있겠다.

　정작 그들의 목표 지점은 따로 있다. 성흥산성에는 유명한 '인생
사진 성지'가 있기 때문이다. 산성 위로 가면 늙은 느티나무 한 그루

성흥산 사랑나무. '인생 사진 성지'로 각광받고 있다.

가 보인다. 이 나무는 외견상 키 22미터, 가슴 직경 125센티미터, 수령 400여 년으로 관측된다. 바로 '성흥산 사랑나무'다. 자연 경관과 학술적인 면에서 가치를 인정받아 천연기념물 제564호로 지정되었는데 그것이 전부가 아니다.

화제의 발단은 SBS 드라마 〈서동요〉(2006년)다. 최초의 백제 역사 사극인 이 드라마에서 서동과 선화공주가 국경을 초월한 사랑을 키우는 장면에 느티나무가 나오면서 주목을 받았다. 또 KBS 드라마 〈대왕 세종〉(2008년)에서 마지막에 두 사람이 서 있는 엔딩 장면을 이곳에서 촬영했다고 한다. 그러면서 언제부터인가 '사랑나무'로 불렸다. 김춘수 선생의 시처럼 우리가 그의 이름을 '사랑나무'로 불러주었을 때, 그는 우리에게로 와서 빛깔과 향기에 알맞은 '사랑나무'가 되었다.

이후 이 나무가 배경으로 등장하는 영화와 드라마가 한두 편이 아니다. 〈계백〉, 〈일지매〉, 〈여인의 향기〉, 〈신의〉, 〈대풍수〉, 〈육룡이 나르샤〉 등등. 특히 2019년 〈호텔 델루나〉 촬영지로 알려지면서 단숨에 '노을 맛집'의 사진 성지로 자리 잡았다고 한다. 그로부터 성흥산을 찾아 인생 샷을 찍으려는 젊은 청춘 남녀들이 폭발적으로 늘어났다. 나무는 한 그루인데 스마트폰을 이용해 반전을 시키면 하트(♡) 모양을 만들 수 있다. 인스타 감성과 인싸 문화를 중시하는 젊은이들이 줄지어 기다린다.

기실 성흥산 사랑나무는 서 있는 풍경부터 예사롭지 않다. 노을 지는 일몰이나 역광 실루엣을 찍기에 적격이다. 여기에 각종 K-콘텐츠에 주요한 장면으로 등장했다는 내력이 풍성한 스토리텔링을 이룬다. 이것이 서로 어우러져 '인생 사진 성지'가 되었다. 성흥산 사랑나무는 지금 '부여 핫 플레이스' 중의 하나다. 다만 그 옛날 서동왕자와 선화공주가 대조사와 이 느티나무에서 사랑을 속삭였다는 식의 마케팅은 역사적인 고증상 다소 무리한 얘기가 아닌가 싶다.

누가 부여 하늘을
보았다 하는가

성흥산 사랑나무를 보려고 대조사를 거쳐 가림성, 즉 성흥산성에 올
랐다면 부여의 동서남북을 어느 정도 알게 된다. 산성에 서면 금강
하류 일대를 한눈에 조감할 수 있다. 정북 방향으로는 부여읍이 보
인다. 남쪽에서부터 북상하면 백마강, 궁남지, 부소산, 백제문화단지
등을 차례로 볼 수 있다. 이제 읍내로 갈 차례다. 부여군청 홈페이지
에는 부여 10경을 소개하고 있는데, 제1경이 부소산 낙화암이다.[22]

부여군의 설명을 들여다본다. 해발 106미터 고도의 부소산은
부여읍 쌍북리, 구아리, 구교리에 걸쳐 있는 부여의 진산鎭山이다. 진
산이란 각 고을의 뒤, 주로 북쪽에 있는 큰 산으로, 주산主山이라고도

---

22) 부여 10경은 다음과 같다. 부소산 낙화암, 정림사지 5층 석탑, 궁남지 사계, 부여 왕
릉원, 천정대 백제보, 백마강 수상 관광, 백제문화단지, 만수산 무량사, 서동요 테마
파크, 성흥산 사랑나무.

백제문화단지 야경.

한다. 부소산은 평지에 돌출했으며, 동쪽과 북쪽은 가파르고 백마강과 맞닿았다. 부소산의 산 이름은 『세종실록지리지』의 기록에 처음 선보이며, '부소扶蘇'의 뜻은 백제 시대 언어로 '소나무'의 뜻이 있어, 부소산을 '솔뫼'라고 보는 학설이 유력하다. 부소산 서쪽 낭떠러지 바위를 가리켜 낙화암이라 부른다.[23]

부소산성은 사비백제 시절 수도의 배후 산성이다. 통상 사비성이라고 말하고 있지만, 웅진 시절의 공산성과는 달리 배후 성으로 만들어져 부소산성만을 두고 사비성이라고 말하기에는 부족한 측면

---

23) 부여군청 홈페이지.

낙화암 백화정.

이 있다고 한다. 사비성의 주요 시설이 관북리에 있다. 그래서 부소산성이 유네스코 세계문화유산에 지정될 때도 관북리 유적과 함께 지정되었다. 부소산은 산이라기보다 평지에 솟아 있는 잔구殘丘에 가깝다.[24] 그래도 낮은 곳에서부터 오르려면 꽤 가파른 곳도 있다.

일찍이 부여를 주목한 것은 일본이다. 7세기 백제·왜 연합군이 나당 연합군과 격돌했던 백강 전투(663년)까지 거슬러 올라가기는 너무 멀고, 일제 강점기 때까지만 소급해봐도 그렇다. 일제는 부여에서 자신들의 문화적 원류를 발견했을 것으로 본다. 조선총독부는 부여에 신궁神宮을 두려 했다고 한다. 김형수 신동엽문학관장은 일본이 부여에서 자신들의 뿌리를 찾고 내선일체의 정당성을 모색했을

24) '부소사', 한국민족문화대백과사전.

© 전홍규

궁남지.

것으로 분석한다. 말하자면 식민 정책의 당위를 부여하려 한 것인데, 이는 '부여에 대한 일본의 역사 공정'이라는 것이다.[25]

일제 강점기에 조선총독부는 유수한 조선인 작가들에게 부여 기행문을 쓰게 했다고 한다. 김형수 관장에 따르면 최남선, 이광수, 김동환, 유치진, 이병기, 박영희 등 이름만 들어도 알 만한 많은 문인이 부여 기행문을 집필했다는 것이다. 조선총독부는 식민 치하에서 주요 인사로 활동하려면 부여를 반드시 방문하도록 강제했다. 김 관장은 일제가 문인들에게 부여 기행문을 쓰게 한 것은 유신 시절 음반에 건전가요를 넣게 했던 것에 비견할 만하다고 했다.

---

25) 김형수, 『금강이 부여를 지날 때』, 부여군 · (사)신동엽기념사업회, 2019.

"부여는 하늘이 가장 큰 도시"

어떻든 내로라하는 문인들이 앞서거니 뒤서거니 부여에 대해 글을 썼으니 건질 만한 대목도 없지 않을 터. 그중 인상적인 내용은 춘원 이광수가 부여 기행문을 쓰면서 "눈을 들어 쳐다볼 산이 없다"고 말한 대목이다.[26] 실제로 부여의 가장 큰 특징은 높은 산이 없다는 점이다. 부여의 부소산은 해발 106미터, 금성산은 120미터에 불과하다. 그런데 자연물뿐만 아니라 인공물도 그렇다. 높은 건물이 없다. 1917년의 부여가 오죽했겠는가.

이는 105년이 지난 지금도 마찬가지다. 문화재보호법에 따라 고도 제한이 엄격하다. 그러다 보니 부여읍 전체가 사실상 보존 지구다. 높은 산은 원래 없고, 눈을 들어 쳐다볼 만한 높은 빌딩도 없다. 하늘이 넓고 클 수밖에 없다. 부여의 하늘은 높고 하늘빛은 눈부시다. 김형수 관장은 "부여는 우리나라에서 하늘이 가장 큰 도시"라고 한마디로 정리했다.

무릇 고층 빌딩이 즐비한 대도시는 하늘이 좁다. 서울 중심가의 뒷골목을 보라. 고산준령이 하늘을 찌르는 산악 지대에 가면 역시 하늘이 좁다. 나는 왕년에 군 복무를 했던 전방 지역에서 높은 산이 많으면 하늘이 좁다는 것을 실감한 바 있다. 김 관장은 "건물이 다

---

26) 춘원의 이 글은 『매일신보』의 제안으로 시작한 답사 연재다. '오도답파여행(伍道踏破旅行)'으로 불린 이 기행문은 1917년 6월 26일 남대문역을 출발해 공주, 부여, 강경, 군산 등지를 거쳐 8월 18일 경주까지 54일 동안 계속된다.

©전홍규

부여 전경.

야트막해서 많은 사람이 부여에 들어오면 아주 편안한 느낌을 갖는
다"고 말했다. 그래서인지 부여에 머무르는 동안 느긋하고 여유로웠
다. 위압감을 주는 자연물도 인공물도 보이지 않는다.

부여의 하늘을 보고 자라며, 부여의 하늘을 노래한 시인이 있다.
부여 출신 신동엽(申東曄, 1930~1969)이다. 그는 1930년 충청남도
부여군 부여읍 동남리 269번지 초가에서 신연순의 장남으로 태어
났다.[27] 부여초등학교를 졸업하고 상급 학교 진학 등으로 전주와 서

---

27) 이하 시인의 생애는 신동엽문학관 사이트, 연보 등에서 발췌 및 재구성했다.

울 등 대처를 오갔으나 향리인 부여가 근거지였다. 1959년 1월 장시長詩「이야기하는 쟁기꾼의 대지」로『조선일보』신춘문예에 가작 입선해 본격적으로 시와 산문을 발표하기 시작했다.[28]

4·19혁명의 격동기를 거쳐 1967년 "향그러운 흙가슴"을 바라며『껍데기는 가라』를 발표하고, 이듬해 장편 서사시「금강」으로 문학사적 위치를 공고히 했다. 이어서「임진강」이라는 또 다른 장편 서사시를 쓰려고 했으나 뜻을 이루지 못했다. 간염이 발병해 악화되었고, 결국 1969년 서울 동선동 집에서 간암으로 요절했다. 한국전쟁 당시 국민방위군으로 징집되어 전쟁터로 끌려갔다가 죽을 고생을 한 것이 건강을 해친 치명적인 이유로 추정된다.

신동엽 시인의 '하늘'

1979년 신동엽 서거 10주기를 맞이해 창작과비평사에서 유고 시집을 펴냈다. 시집의 제목은『누가 하늘을 보았다 하는가』. 시집에는 동명의 시 작품이 실려 있는데, 발표되지 않은 유작시 중의 하

---

28) 이 작품은 장시 장르로 우리나라 신춘문예의 역사에서 독보적이라고 한다. 비유하자면 'K팝스타에 판소리를 들고 나온 셈'이라는 것이다. 김형수,『금강이 부여를 지날 때』, 부여군·(사)신동엽기념사업회, 2019. 한편 이 해에 신동엽과 함께 가작 입선한 시인은 김재원으로, 작품은 내성적 서정시 계열의「문(門)」이다. 전혀 성격이 다른 두 작품을 가작으로 공동 당선시킨 당시 심사위원들의 고뇌가 엿보인다.

나라고 한다. 통상 대표적인 시가 시집의 제목이 된다. "누가 하늘을 보았다/ 하는가 누가 구름 한 송이 없이 맑은/ 하늘을 보았다 하는가.// (…) 아 엄숙한 세상을/ 서럽게/ 눈물 흘려/ 살아가리라/ 누가 하늘을 보았다 하는가,/ 누가 구름 한 자락 없이 맑은/ 하늘을 보았다 하는가. (…)"

　독일의 문호 괴테는 "하늘이 푸르다는 것을 알기 위해 온 세계를 다닐 필요는 없다"고 했다. 「누가 하늘을 보았다 하는가」에 나오는 '구름 한 송이 없이 맑은 하늘', '구름 한 자락 없이 맑은 하늘'은 어디일까. 무릇 하늘에 경계는 없으니 굳이 지상의 동네를 따지는 것은 무망한 노릇이다. 그럼에도 어쩐지 그의 하늘은 어릴 때부터 이고지고 살았던 고향 마을의 하늘이 아닐까 싶다. '하늘이 맑은 것'을

신동엽문학관.

알기 위해서 시인 신동엽에게는 부여의 하늘로 족했을 것이다. 시인의 원체험은 작품에서 명징한 메타포로 나타난다.

교과서적인 해석에 따르면 이 작품에서 반복적으로 등장하는 '하늘'은 "자유와 평화를 누리며 인간 본연의 삶을 누릴 수 있는 세상"을 표상하는 것으로 설명된다.[29] 물상으로서의 하늘이 추상으로서의 하늘로 승화되는 것이다. 이러한 신동엽의 '하늘'을 다시 만나는 것은 불후의 명작 서사시 「금강」에서다. "우리들은 하늘을 봤다/ 1960년 4월/ 역사를 짓눌던, 검은 구름장을 찢고/ 영원의 하늘을 보았다.// 잠깐 빛났던,/ 당신의 얼굴은/ 우리들의 깊은/ 가슴이었다. (…)"(「금강」)

서사시 「금강」의 원래 제목은 '하늘을 보아라'였다고 한다. 제목을 두고 토론하던 가운데 친구들의 반대가 심해 그 제목을 못 쓰고 '금강'으로 바꾸었다는 것이다.[30] 참 좋은, 멋있는 친구들이다. 제목이 최종적으로 '금강'이 된 것은 문학사적으로 큰 다행(?)이다. 내가 보기에도 '금강'이 함축성, 상징성, 확장성 측면에서 훨씬 좋은 제목이다. 더욱이 백제 정신과 동학혁명을 주제로 하는 서사시가 아닌가. 그래도 '하늘을 보아라'에서 시인의 속뜻을 알 수 있어 좋다.

---

29) 유튜브 〈수능특강 : 방동진의 EBS 분석노트〉

30) 당시 후보 중에는 대서사시의 제목으로 어울리지 않는 것들도 많다. '내일 뜨는 해는 더 높고 아름답게 빛난다', '반도는 꽃피는 내일도 사람', '우리가 만져본 반도의 깊은 샘' 등. 김형수, 앞의 책. 아무리 초안(草案)에 가제(假題)라고 해도 이건 너무 아니다 싶기도 하다.

신동엽 시인의 생가.

김형수 관장에 따르면 「금강」에서의 '하늘'은 민중, 버림받은 사
람들, 대지의 사람들이라고 한다. 지상에 출현한 생명체, 인간 자체
가 다 하늘이라는 것이다. 이것은 후천개벽 사상에 이른다는 것인데
문득 인내천人乃天, 즉 '사람이 곧 하늘'이라는 동학사상이 떠오른다.
이렇게 신동엽 시인은 서사시 「금강」에서 과거 일제가 친일 문인들
을 동원해 도모한 역사 공정을 장쾌하게 뒤집어엎었다는 것이다.

부소산 아래 신동엽문학관. 주소는 부여군 부여읍 신동엽길
12(동남리 501-21)에 해당한다. 신동엽 생가는 시인이 1935년부터
1969년까지 살았다고 한다. 본디 초가를 1989년에 기와로 바꾸었
다가, 2021년 다시 초가로 복원해 원래의 모습에 가까워졌다. 방안
에는 앉은뱅이책상과 밀짚모자가 보인다. 방문 위로 보이는 현판에
는 '생가'라는 시가 새겨져 있다. 부인 인병선 시인의 작품을 미술가

신동엽문학관
야외마당에 있는
임옥상 화백의
설치미술 작품
〈시의 깃발〉.

임옥상이 투조透彫 형식으로 만들었다. 생가 다음의 동선은 문학관
으로 연결된다.

신동엽문학관이 표방하는 주제는 "그는 지나간 추억이 아니라
살아 격돌하는 현재"다.[31] 건축가 승효상의 작품인 이 문학관에는
신동엽의 초등학교 1학년 때부터 성적표, 생활기록부, 반장 임명장,
신분증 등 각종 유품과 자료들이 전시되어 있다. 상설 전시 외에 기
획 전시도 열린다.[32]

전시관을 나와 열린 공간인 옥상으로 가려다 보면 한쪽에 화가
임옥상의 설치미술 작품이 보인다. 〈시의 깃발〉이다. 신동엽의 시가
바람에 나부끼는 형상을 특유의 방식으로 보여준다. 신동엽의 문학
과 임옥상의 미술이 본격적으로 만나는 현장이다.

---

31) 신동엽문학관 사이트에서 발췌하고 재구성했다.
32) 내가 답사를 갔을 때는 '박홍규의 동학이야기_누가 하늘을 보았다 하는가' 기획전이
    열리고 있었다.

땅과 흙의 미술가 임옥상

임옥상(1950~)은 부여 출신 미술가다. 그는 부여에서 태어나 송간초등학교를 나왔다. 그 뒤 부여중학교에 재학하다가 서울로 전학을 했다고 한다. 그의 부여 시절 원체험은 정림사지 5층 석탑이다. 부여중학교는 석탑 바로 옆에 위치했는데, 지금도 그렇다. 당시에는 정림사지박물관이 없었고 엉성한 철조망이 있어 개구멍으로 무시로 드나들었다고 한다. 중학생 임옥상은 미술 시간에 정림사지 5층 석탑을 수시로 그렸다고 한다. 그는 부여에서 돌과 흙과 그림을 만났다.

신동엽이 부여의 하늘로 서사를 써 나갔다면 임옥상은 부여의 땅, 부여의 흙으로 그려 나갔다. 미술가의 길을 걸어가던 어느 날, 대학원을 졸업하고 부여에서 두 달간 머무른 적이 있다고 한다. 이때 그의 화두는 '그림은 소통해야 한다'는 것이었다.

때는 바야흐로 1970년대 중반, 추상적인 현대미술을 하고 있던 그는 더 이상의 작업이 가당치 않다고 생각했다. "6년의 학창 생활을 마무리한 나는 캔버스와 물감 대신 삽과 곡괭이를 들고 대지로 나섰다. 대지에 직접 작업을 하기 위해서였다. 땅 위에 그림을 그려 보겠다는 생각이었다."[33]

당시 그에게는 자신이 어떻게 태어나고 성장했는가를 성찰하고, 자신이 자랐던 기반 속에 작가인 자신을 결합하는 것이 과제였다고

---

33) 이은주, 「"나는 나무처럼 살고 싶었다" 화가 임옥상」, 『중앙일보』, 2021년 2월 17일.

미술가 임옥상.

한다. 이때 그는 자신이 딛고 있는 땅, 대지에서 힘을 받았다. 땅의 힘이 자신을 밀어 올렸다고 한다.

그는 고향 부여의 흙을 작품에 섞어 쓰기도 했다. 정체성을 확인하는 행위였다. 땅을 소재로 삼았던 작가의 작업은 흙이라는 재료로 자연스럽게 이어졌다. 특히 동학과 금강은 임옥상의 주제를 이루는 튼실한 버팀목이 되었다. 신동엽문학관에 임옥상의 작품이 설치된 것은 아름다운 콜라보라는 생각이 든다.

대표작 〈대지-어머니〉(1993) 당시에는 전시장에 직접 흙을 가져왔다. 이로써 땅에서 흙으로, 나무로, 바람으로 이어지는 그의 작품이 본격적으로 전개되기 시작했다. 허구와 추상의 세계보다 고향이나 정서와 같은 구상의 세계를 추구하게 되었다. 임옥상의 전시 이력을 보면 '일어서는 땅', '철의 시대 흙의 소리', '물과 불의 노래', '토탈아트 : 물, 불, 철, 살, 흙' 그리고 '흙의 소리 흙의 침묵' 등으로 그의 작업이 심화되고 있음을 볼 수 있다.

그는 최근에 국립현대미술관 서울관에서 전시회를 개최했다 (2022년 10월 21일~2023년 3월 12일). 이번 전시회에서 단연 눈길을 끄는 것은 12미터 높이의 흙벽 작품으로, 전시회 제목과 같은 〈여기, 일어서는 땅〉이다. 추수가 끝난 논에서 이미지를 만들고 탁본하 듯이 흙을 떠냈다고 한다. 이렇게 해서 가로 2미터, 세로 2미터의 패 널 서른여섯 개로 흙벽을 짜 맞추고 전시장 벽에 설치했다. 그야말 로 글자 그대로 '일어서는 땅'이 되었다.

이 작품의 흙은 파주 장단 평야의 논에서 왔다고 한다. 아마도

임옥상의 흙벽 작품 〈여기, 일어서는 땅〉(2022).

분단의 현장으로서 상징성이 크고, 작업의 편의성도 작용했을 것이
다. 물론 고향땅 부여의 흙이었다면, 이 책의 스토리텔링에는 더 좋
았겠다. 어떻든 반세기 가까이 추구해온 흙에 대한 작가의 진정성을
이해하기에는 손색이 없다.

아직도
'꿈꾸는 백마강'

부여는 '하늘이 가장 큰 도시'다. 이광수의 '목가적 하늘'(이라고 말하고 '몰역사적'이라고 써 본다)은 신동엽에게는 '후천개벽의 하늘'로 완성된다. 동시에 부여는 영감의 원천으로서 땅의 도시, 흙의 도시다. 신동엽과 임옥상의 만남을 통해 이를 느꺼이 확인하고 받아들일 수 있다.

그런데 그것만이 아니다. 부여에서 반드시 짚고 넘어가야 할 것이 있다. 그것은 강이다. 바로 백마강이다. 이로써 부여는 화룡점정이 된다. 부여는 백마강의 도시다. 백마강이 부여고 부여가 백마강이다. 암, 여부가 있겠습니까.

무릇 문명의 발상지 혹은 국가의 도읍지는 강을 끼고 있다. 우리가 아는 대부분의 문명이 그렇다. 부여 또한 백마강을 끼고 있어 백제의 왕도가 될 수 있었다. 강은 천혜의 방어 지세를 제공하고, 주운

백마강의 수륙양용버스.

舟運과 용수用水의 근원을 이룬다. 나일강, 티그리스 유프라테스강, 인더스 갠지스강, 황허강까지 갈 것 없이 한강, 금강, 예성강 등이 다 그렇다.

　금강은 부여에 이르러 백마강이 된다. 백마강의 원류는 금강이다. 비단결 같은 강물이 흐른다 하여 금강錦江이 되었다고 하는데, '곰나루-웅진熊津'의 사례에서 보듯 원래는 곰내熊川, 즉 곰강이었는데 차음借音하는 과정에서 금강이 되었다는 학설도 있다. 이 금강은 전라북도 장수에서 시작해 충청북도와 충청남도를 흘러 서해로 들어가는데, 부여에 이르러 비로소 백마강(호암리 천정대부터 세도 반조원리까지 16킬로미터)으로 불린다.[34]

백마강이라는 이름과 관련해 그동안에는 당나라 장수 소정방이 백마의 머리를 미끼로 용을 낚았다 하여 조룡대釣龍台와 백마강이라는 이름이 나왔다는 설이 알려져 왔다. 그러나 6세기 초 무령왕 시대에 이미 금강을 '백강白江'으로 표기했던 사실이 있다고 한다. 또한 역사적으로 말馬을 '크다'는 뜻으로 써온 것을 감안할 때, 백마강은 곧 '백제에서 가장 큰 강'이기에 붙여진 이름으로 봐야 한다는 것이 최근의 정설이다.

백마강이 '이구아수'라면 믿으시겠습니까

백마강이 '나라에서 가장 큰 강'이라면 나의 뇌리를 스치는 것이 있다. 남미의 이구아수Iguaçu다. '이구아수' 하면 장엄한 폭포부터 생각나겠지만, 실제로는 브라질, 아르헨티나, 파라과이 3국의 접경에 흐르는 이구아수강(브라질에서 발원해 파라나강으로 흘러간다)이 먼저다. 이 강의 하류에 위치한 것이 세계 7대 자연경관에 들어가는 이구아수폭포다. '이구아수'라는 말은 토착어인 과라니Guarani어로, '큰 guaçu 물y'이라는 뜻이다.

지명에는 그곳에서 살아가는 사람들의 삶과 인식, 역사가 반영된다. 남미 과라니족이 이구아수강을 '큰 물'로 받아들인 것이 당연

---

34) 이하 '백마강'은 부여군청 사이트, 민족문화대백과 사전을 참조하고 재구성했다.

하다면, 백제 부여 사람들이 백마강을 '큰 강'으로 인식한 것도 자연스러운 일이다. 크기는 상대적인 것이다. 악마의 목구멍으로 쏟아지는 이구아수폭포의 장대한 물살과 유장하게 흐르는 백마강을 어찌같이 비교할 수 있겠느냐고 하실까 봐 지레짐작으로 밑밥을 깔아본다. 어떤가, 백마강이 이구아수강과 같다면 지금 흐르는 저 물살이달라 보이지 않겠는가. 폭포가 없다 해도 말이다.

꿈꾸는 백마강 넘어서기

지금 내 귀에는 〈꿈꾸는 백마강〉의 선율이 가득하다. 부여 관광코스의 하나인 황포돛배를 탔던 까닭이다. 배를 타고 있는 동안 주구장창 흘러나온 이 노래가 남긴 잔음殘音이 너무 강하다. 망국의 슬픔을 노래하는 비탄조의 가사와 선율은 앞서 낙화암의 서사처럼 부여를 '망국의 왕도'라는 이미지에 가둔다.

"백마강 달밤에 물새가 울어/ 잊어버린 옛날이 애달프구나/ 저어라 사공아 일엽편주 두둥실/ 낙화암 그늘에 울어나 보자// 고란사종소리 사무치면은 …(하략)…." 1940년에 나온 이 노래는 조명암작사, 김근식 작곡, 이인권 노래로 기록되어 있다.

노래는 백마강, 낙화암, 고란사가 반복되는 가운데 울다, 잊어버리다, 애달프다, 사무치다, 찢어지다, 탄식, 달빛 등 고르고 골라 낙망과 비탄의 감정을 이끌어내는 단어로 점철되어 있다. 가사는 애상적

고란사.

인 트로트 곡조와 어우러져, 부르는 사람이나 듣는 사람을 비감하게 만든다. 이 노래가 일제 강점기 조국을 잃은 한탄에 잠긴 민중의 상실감을 달래주었는지는 모르지만, 이제는 이 '꿈꾸는 백마강'의 정조情調를 넘어서야 하지 않을까 싶다.

이것은 부여를 위해서다. 앞서 말한 '백제 이전의 부여'와 '백제 이후의 부여'까지를 생각한다면 당연히 그럴 것이다. 차제에 백마강을 소재로 한 다른 노래가 나오는 것도 좋겠다. '이슈는 이슈로 덮는다'고 했으니, '콘텐츠는 콘텐츠로 덮는다'는 것도 말이 된다. 가령 일본계 미국인 작가가 쓴 『요코 이야기』가 역사적 진실을 호도했을 때, 마침내 한국계 미국인 작가가 쓴 『파친코』가 나와 세계인의 인식을 바로잡은 사례가 있지 않은가.[35] 장차 더 좋은 노래가 나와 새롭게 '백마강의 꿈'을 함께 부를 수 있기를 바란다.

한편 몸으로 백마강을 체험하는 것은 새로운 인식을 가능하게 하는 지름길이다. 부여군청 사이트에 따르면, 백마강에는 세 군데의

백마강의 황포돛배.

선착장(구드래, 고란사, 수북정)에서 유람선을 운행하고 있다. 고증을 거쳐 건조한 황포돛배는 수상 관광의 즐거움을 제공하고 있다.

또 백마강교 밑에서는 매년 6~10월 카누·요트 체험 교실을 운영하고 있다. 시원한 강바람을 맞으며 즐기는 카누와 요트는 아이들에게 인기가 좋다고 한다. 그뿐이 아니다. 국내 최초로 땅과 강을 넘

---

35) 일본계 미국인 작가 요코 가와시마 왓킨스가 쓴 『요코 이야기(So Far from the Bamboo Grove)』(1986)가 미국 학교에서 독서 교재로 채택되고 있는 것이 2007년 한국에 알려지면서 논란이 되었다. 내용은 1945년 패전 직후 일본인 가족이 만주에서 한반도를 거쳐 고향으로 돌아가던 중 모진 고생을 했다는 얘기다. 사실관계에서 일부 의혹이 제기되었고, 특히 일본의 책임에 대한 인식이 부재한 가운데 '피해자 코스프레'를 한다는 지적이 나왔다. 이에 재미 한국 교포들이 교재 채택 반대 운동을 전개하기도 했다. 이후 한국계 미국인 작가 이민진이 소설 『파친코』(2017)를 발표했는데, 일제 강점기에서 해방 이후까지 3대, 4대에 걸친 재일 동포 가족의 수난과 고생을 다루었다. 이 작품이 2022년 애플TV+에서 극화되어 방송되면서 한일 간의 역사적 진실이 환기되었다. 그러자 "『파친코』가 『요코 이야기』를 넘어섰다"는 평이 나왔다. 콘텐츠로 콘텐츠를 극복한 사례라고 할 수 있다.

나드는 이색적인 수륙양용 버스도 있다. 백제문화단지에서 출발해 백마강에서 낙화암과 고란사를 바라볼 수 있는데, 좋은 볼거리이자 즐길 거리다.

백마강을 '역사 시계'로 걷기

지도를 보면 흥미로운 것을 볼 수 있다. 부여군청을 중심으로 백마강을 끼고 동심원을 그려본다. 지도상 백마강이 5시 방향에서 시작해 시계방향으로 돌아 1시 방향까지 부여읍을 에워싸고 있다. 달리 말하면 1시 방향에서 5시 방향까지 강이 없고, 5시 방향에서 1시 방향까지 나머지에는 다 백마강이 흐르고 있다.

이 시계는 물리적 공간의 시계이면서 동시에 역사의 시계다. 백

역사 시계

한국국제문화교류진흥원의 아우르기 단원들이 궁남지 카누 체험을 하고 있다.

마강은 부여에 역사 시계를 부여한다. 강을 따라 또는 강을 끼고 답파踏破를 하면서 부여를 360도 조망하는 역사 시계를 돌려보는 것은 어떨까. 과거와 현재를 오가며 대화할 수 있는 코스다.[36]

가령 숙소를 굿뜨래 웰빙마을에서 글램핑으로 예약한다면 시계 방향으로 도보 답사가 가능하다. 서동공원과 궁남지에서 시작해 선화공원을 지난다. 이후 백강로를 걸어 구드래 조각공원과 구드래 선착장에 이른다. 여기서 황포돛배로 백마강을 돌아본 후 고란사에서 하선한다. 그런 다음에는 부소산을 돌아 정림사지 5층 석탑이나 박물관을 거쳐 신동엽문학관에 이른다.

그 사이 카페에서 연꽃차를 들고 막국수나 연잎밥으로 식사를 해결하는 것도 좋겠다. 방부제를 쓰지 않는 부여 특산 연꽃빵을 곁들일 수도 있다. 아니면 강 건너 나루터에서 하선할 수 있다면 백제문화단지를 답사하는 방법도 있다. 과거와 현재가 치열하게 대화하

---

36) 이 코스에 대해 영감을 준 이는 애널리스트 민경진이다.

는 양상이다.

부여는 특히 읍내에서는 대부분의 장소를 도보로 이동할 수 있다. 지도 하나 들고서 작정하고 걷기로 하면 충분히 걸을 수 있는 곳이다. 송국리 선사 취락지, 대조사, 무량사 정도를 제외하면 대부분 보행으로 답파가 가능하다. 참고로 부여군청이 추천하는 도보 여행 코스로는 백마강길 코스(24킬로미터, 소요 시간 10시간)와 사비길 코스(13.4킬로미터, 소요 시간 6시간)가 이미 나와 있다.[37] 위에서 말한 시계 방향 답사는 내용상 사비길 코스에 가깝다.

그 외에도 "산성을 걷다 보니 백제가 보인다" 또는 "시인 신동엽과 부여를 걷다"와 같은 다양한 답사 코스가 나와 있다. 내가 말하는 '역사 시계로 걷기'는 하나의 아이디어일 뿐이다. 누구나 자신의 방식으로 걸으면 된다. 순서와 경로는 각자의 사정과 취향에 맞출 일이다. 보행의 역사는 자유를 찾아 나서는 역사이자 즐거움의 의미를 정의하는 역사다.[38] 하늘이 큰 도시에서 땅의 냄새를 맡으면서 역사와 현재, 과거와 오늘을 생각하고 편하고 안전하게 걸을 수 있는 곳으로 부여만 한 곳이 없다고 생각한다.

---

37) 사비길 코스는 다음과 같다. 부여시외버스터미널 – 신동엽 생가 – 궁남지 – 부여왕릉원 – 금성산 – 국립부여박물관 – 정림사지 – 부소산성 – 구드래 조각공원 – 부여시외버스터미널(원점 회귀). 한편 부여군에서는 당일, 1박 2일, 2박 3일 코스의 모델을 제시하고도 있다. 이중 당일 코스를 보면 부여 왕릉원–국립부여박물관 – 정림사지박물관 – 부소산–궁남지 코스다. 1박 2일 코스는 부여 왕릉원 – 국립부여박물관–부소산–정림사지박물관–궁남지 – 백제문화단지 무량사로 이어진다.

38) 리베카 솔닛, 김정아 옮김, 『걷기의 인문학』, 도서출판 반비, 2017.

부여,
여부가 있겠습니까

'반교노인 유홍준'의 부여 사랑 16년

부여가 누리꾼, 답사꾼들에게 어필하게 된 계기는 여럿 있겠지만, 그중에서도 특히 유홍준이 쓴 『나의 문화유산답사기』의 영향력을 빠뜨릴 수 없을 것이다. 이 책으로 말하자면 출판사 스스로 "전국에 답사 열풍을 몰고온 인문서 초유의 밀리언셀러"로 부를 정도의 베스트셀러로 자리매김했다. 『나의 문화유산답사기』에 나오는 그 유명한 "사랑하면 알게 되고 알게 되면 보이나니, 그때 보이는 것은 전과 같지 않으리라"는 말은 순식간에 당대의 한국 사회를 풍미하는 슬로건이 되었다.

아마 출판사도 저자도 이 시리즈가 대박을 하고 계속 시리즈로 나오게 될 줄은 몰랐을 것이다. 국내편을 서너 권쯤으로 생각하고 시작했다는데, 1993년 이래 10권이 나왔고, 최근 서울 편 2권을 추가해 도합 12권이 발간되었다('산사 순례'편을 포함할 경우 13권). 저자는 장차 '국토박물관 순례'를 마지막으로 이 시리즈를 끝낼 계획임을 밝혔다. 여하튼 분명 시리즈 전체를 처음부터 작정하고 기획했다면 문화유산으로서의 중요도, 시대나 분야별 안배, 교통 접근성 등에 따라 순서가 조금은 달라질 수도 있었을 것으로 생각한다.

책이 나오기 전 제1권이 어디를 대상으로 할지는 궁금했는데, 저자와 출판사는 첫 번째로 수도권에서 멀리 떨어진 '남도답사 1번지' 강진과 해남을 배정했다. 그 바람에 이 동네가 대박이 났다. '남도답사 1번지'는 어느새 '국토답사 1번지'가 되어버렸다. 답사 여행을 가려면 여기부터 시작해야 하는 것처럼 말이다. 강진과 해남은 지금도 그 울력을 누리고 있다. 부여는 조금 섭섭할 순서(?)인 여섯 번째 '인생도처유상수' 편에 등장한다(국내편으로는 네 번째).

1993년에 처음 나온 『나의 문화유산답사기』는 북한편, 제주편, 서울편으로 계속 범위를 넓혀갔다. 물론 사이사이 일본편, 중국편도 나왔지만 국내편으로 어지간한 곳은 다 나왔다. 그러다 보니 금수강산 대한민국에 어디 안 좋은 곳이 없게 되었다. "무관심 속에 방치된 문화유산의 객관적 가치에 대한 관심"을 환기하고자 시작한 『나의 문화유산답사기』는 소외된 곳이 없도록 전국 곳곳을 어루만지는 바람에(?) 독자들에게 선택의 괴로움을 안겨주었다.

때마침 코로나 팬데믹으로 거의 2년 반 동안 한국인들은 해외여행이 묶였다. 이것이 국내 여행 업계에는 더없이 좋은 기회로 다가 왔다. 그렇다 하더라도 어차피 사람들은 제한된 여가 시간에서 목적지를 선택해야 한다. 도대체 어디부터 가야 한단 말인가. 『나의 문화유산답사기』 저자에게 독자들이 가장 많이 묻는 질문이 있다면 '어디가 제일 좋은가요?', '어디부터 가면 되나요?' 등일 것이다. 이 끝없는 질문에 명쾌한 답이 나왔다.

결정에 어려움을 겪는 독자들에게 선택의 중요한 근거가 제시되었다. 유홍준 교수가 서울이 아닌 지방에 세컨드 하우스를 마련한 것이다. 얼마나 좋으면 천하의 유 교수가 집을 지었을까. 그곳이 바로 부여다. 2006년 그는 오랜 숙려 끝에 부여군 외산면 반교리에 '휴휴당'을 짓고 이른바 오도이촌伍都二村을 선언했다.[39] 일주일에 5일은 서울에서, 2일은 시골인 부여에서 지내겠다는 것이다. 마치 예수의 기적 '오병이어伍餠二魚'를 연상시키는 이것은 삶에 지친 도시민들을 구원하는 복음으로 들릴 수도 있겠다.

그가 집을 구하기 위해 세운 기준은 "듬직한 산자락 아래 양지바른 곳에 옹기종기 모여 사는 동그만 마을… 마을 앞에는 실개천이 흐르며 대를 이어 농사짓는 논과 밭… 철 따라 곡식과 채소가 자라는 농촌마을… 그리고 집 가까이에 아름다운 절집이 있어야 하고, 차로 이삼십 분 거리에 박물관이 있는 곳"이었다.[40] 그래서 생각난 것이 금산도, 평창도 아닌 부여라는 것이었다. 무량사와 박물관이 있

39) 최성욱, 「문화재가 된 돌담길 따라 동네 한바퀴~」, 『서울경제』, 2020년 6월 9일.
40) 유홍준, 『나의 문화유산답사기 6』, 창비, 2011. '반교노인(盤橋老人)'은 반교리에 살게 된 유 교수가 생각한 자호(自號)인데, 아직 사용하지 않고 있다고 한다.

는 부여가 적지로 선택된 것이다. 이렇게 해서 부여는 그에게 제2의 고향이 되었다.

유홍준 교수의 오도이촌은 그가 러시아 방문 시 구 소련의 시골 협동농장인 다차Dacha에서 영감을 얻어 벤치마킹한 것이라고 한다. 그는 이를 '우리나라 농촌 리모델링'의 한 기본 개념이 될 수 있다고 보았다. 유 교수는 기회 있을 때마다 이것을 주장했고, 마침내 부여를 적지適地로 골라 스스로 실천에 옮긴 것이다. 그의 '오도이촌'으로 시골에 집을 구하는 방식은 최근 우리나라에서 유행하는 '○○에서 한 달 살기'의 원형으로 볼 수 있지 않을까 한다.

사실 연고가 없는 시골에서 마음에 드는 폐가를 찾아 리모델링해서 도농 2가구를 유지하는 것은 보통일이 아니다. 말하자면 유홍준 교수쯤은 되어야 가능할 것이다. 이때 현실적인 대안으로 떠오르는 것이 '한 달 살기'다. 한 달을 살기지만 집은 구해야 지내기가 조금은 수월할 것이다. 살다 보면 한 달이 두 달 되고 그러다가 반년, 1년이 될 수도 있는 것이다.

'오도이촌'이든 '한 달 살기'든 교통 접근성이 매우 중요할 것으로 생각한다. 서울에서 2시간은 심리적 마지노선이다. 그래서 이 글의 첫머리에 북위 36도선인 군산(전북)-포항(경북)선에서 조금 윗선인 서천-부여-논산-계룡-대전에서 2시간대 전후로 갈 수 있는 곳을 찾아보자는 얘기를 집요하게(?) 했던 것이다. 자가운전이나 KTX를 이용할 경우 서울-부여는 소요 시간이 현재 약 2시간 내외로 나온다. 부여읍은 북위 36.16도, 동경 126.56도 지점에 있다.

어떻게 부여를 부여잡을까

글머리에서 나는 부여를 제주도와 강릉을 대체할 수 있는 '핫 플레이스'로 제안했다. 부여를 볼거리, 즐길 거리와 (히)스토리가 있는 '3리'의 고장으로 보았던 것이다. 유네스코 세계문화유산의 현장인 부여에 이미 볼거리는 즐비하다. 즐길 거리에는 먹을거리와 각종 체험 코스가 포함된다. 이 책에는 이와 관련한 재미있고 믿을 만한 정보가 가득하다. (히)스토리는 내가 시종일관 강조하는 내용이다. 아직도 부족하시다면 부여군청 홈페이지를 추천해드린다.

어떻게 부여를 부여잡을까. 부여는 당일치기에서 1박 2일, 2박 3일까지 얼마든지 능소능대하게 코스를 짤 수 있다. 특히 볼거리와 즐길 거리를 찾을 경우 충분히 만족감을 추구할 수 있다. 최근 부여에는 관광객을 위한 체험 코스가 많이 개발되고 있기도 하다. 궁남지 카누 체험을 비롯해 백마강을 도강하는 수륙양용 버스 체험, 산악오토바이 체험도 있다. 국내에서 유일하다는 열기구 자유비행은 어떤가. 열기구는 구드래나루터를 중심으로 반경 10킬로미터 이내에서 백제의 고도 부여 하늘을 비행한다. 단, 기상 조건에 많은 영향을 받기 때문에 허탕을 치는 경우가 많다.

이러한 체험 코스는 백제의 왕도로만 부여를 생각하던 사람에게는 혹시 이질적으로 느껴질 수도 있다. 황포돛배에 카누까지는 몰라도 수륙양용 버스, 산악오토바이에 하늘을 나는 열기구라니. 여기가 터키 카파도피아도 아닌데… 하는 '교조적 저항감'이 엄습하는 것이

© 부여군

열기구.

다. 하지만 이런 요소는 부여를 1400년 전 '백제 시절의 부여'로만 규정하지 않고, 현재를 호흡하는 부여로 자리매김하려는 부여 군민의 노력으로 풀이하고 싶다. 박제된 부여가 아닌 과거와 오늘이 함께 약동하는 부여를 지향하는 것이다.

미국의 역사학자 대니얼 부어스틴은 영어 단어 '여행travel'이 원래 문제, 일, 고뇌를 뜻하는 고통, 즉 트라베일travail에서 유래했다고 말한다.[41] 고통이란 말이 나중에 여행으로 되었다는 얘기는 그 과정에 무언가 노동이 필요하고 골치 아픈 일을 하는 것을 의미했다고 볼 수 있다. 그런데 18세기 이후 이를 대체하는 말이 나타났다. 바로 '투어(tour, 관광)'다. 이 말의 어원은 '원을 그리는 도구'를 가리키는

41) 대니얼 부어스틴, 정태철 옮김, 『이미지와 환상』, 사계절, 2004.

규암리 자온길 풍경.

라틴어 토르누스tornus라고 한다. 무언가 재미있어 보이지 않는가.

요컨대 여행자는 무언가 '일을 하는 사람'이고, 관광객은 무언가 '즐거움을 찾는 사람'이라는 얘기다. 현대인들은 머릿속에서 관념적으로 여행travel을 추구하지만, 사실 밤하늘의 별을 보고 길을 가던 시절의 여행은 이제 가능하지도 필요하지도 않다. '여행의 로망'은 '관광tour의 소비'로 바뀐 지 오래다. 다만 우리는 인위적으로 만들어진 투어일망정 여기서 휴식과 재충전을 얻고 때로는 치유와 성찰의 기회를 얻기도 한다. 현대 사회에서는 어차피 여행이 관광이고, 관광이 여행이다. 각자 하기에 달린 것이다.

그런 점에서 부여는 우리에게 기분 전환과 힐링을 부여하기에는 맞춤하다. 무엇보다 부담스럽지 않다. 부여에서는 여행과 관광을 굳이 구분하지 않아도 된다. 특히 도보로 하는 일정은 자기주도적 관점으로 관광적인 수동성을 극복할 수 있게 한다. 그래서 '하늘이 가장 큰 도시' 부여에서 땅을 밟고 흙냄새를 맡을 수 있기를 추천한다. 오도이촌이 어려우면 '부여 한 달 살기'가 현실적인 대안이 될 수 있다.

내가 하고 싶은 부여 체험은 사실 이것이다. 한 달을 살 만한 마땅한 집을 구할 수 있을지는 모르겠다. 가능하다면 부여 읍내보다는 최근 새롭게 떠오르는 규암리 어간에 웬만큼의 거처를 구할 수 있으면 좋겠다. 규암리에 관심이 있는 독자들은 바로 이어지는 글에서 홍경수 교수가 지역재생과 함께 핫 플레이스로 떠오른 이곳의 매력을 펼쳐 보이고 있으니 재미와 정보를 능히 얻게 될 것이다. 부여에서는 어떻게든 충분한 보상을 받을 수 있을 것으로 생각한다. 그도

여의치 않으면 신발 끈을 동여매고 5시 방향에서 시계방향으로 오후 1시 방향까지 역사 시계에 맞추어 백마강을 따라 도보 답사를 나설 일이다. 갈 수 있나요? 암, 여부가 있겠습니까.

조경전문가 김인수 소장이 추천하는 부여 1박 2일

환경조경연구소 그륀바우 김인수 소장은 부여를 사랑하는 사람이다. 서울 생활을 정리하고 부여로 귀촌한 그는 부여의 정원을 가꾸는 사람들의 이야기를 담은 책『정원도시 부여의 마을 동산바치 이야기』를 펴냈다. 백제의 수도였던 부여의 정원이 일본 정원의 원형이라는 사실을 사료로 밝혔고, 부여의 정원과 자연의 아름다움을 계속 탐색하는 중이다.

부여를 누구보다 사랑하는 김인수 소장이 부여 1박 2일 여정을 추천했다. 부여군 전체를 소개하는 여정이라 대중교통보다 승용차로 이동하는 독자들에게 적합한 코스이다. 다음은 김인수 소장의 안내 글이다.

부여는 세계문화유산으로 지정된 역사 문화 도시이다. 부여를 방문해서 역사유적을 찾는다면, 5세기 화려했던 사비 부여의 흔적은 부여가 멸망할 때 나당 연합군의 계획적인 방화로 소실됐거나 땅속 어딘가에 묻혀 있어 실체를 볼 수가 없다. 누군가는 환상을 가지고 부여를 방문하지만 떠날 때면 아쉬움만 남는다고 한다. 부여는 유적이나 유물의 실체보다 마음으로 느껴야 한다.

한 가지 더. 그 오래전 왜 부여가 수도로 자리 잡았을까? 자연환경이 수려하고도 편안한 때문이 아닐까? 부여 출신인 신동엽 시인의 「누가 하늘을 보았다 하는가」 시 구절을 마음에 새기면서 하늘이 넓은 부여를 즐기기 바란다. 부여는 백제의 역사만이 아니다. 1박2일 여행의 시작은 백제와는 직접 관련이 없지만 무량사에서 시작해 보면 어떨까?

1일차

오전 11시 ▷ 외산면 만수리 무량사

무량사는 김시습이 말년에 설잠(雪岑)이라는 승려로 지내다 입적한 곳이다. 조선 시대 목조 2층 전각 극락전과 고려 초기 5층 석탑, 설잠이 거주하던 토굴 자리라고 전해지는 삼성각 자리, 청한당은 꼭 봐야 한다. 왜 명당인지 보는 순간 누구나 느낄 수 있다. 사계절이 모두 아름답지만 만수산의 가을 단풍이 절경이다.

오후 12시 30분 ▷ **점심식사**

사하촌 삼호식당의 우렁된장이 같이 나오는 산채비빔밥이나 광명식당의 산채비빔밥과 표고버섯덮밥을 추천한다. 삼호식당은 옛 외할머니 댁 집밥이 생각나고, 광명식당은 어딘가 모던한 밥집이다. 광명식당은 화요일에 쉰다.

오후 1시 30분 ▷ **외산면 반교리 카페 금반향**

외산면 반교리는 돌담길이 예쁘다. 마을 높은 곳에 위치해 최고의 전망과 함께 아름다운 정원에서 휴식을 취할 수 있다. 음료수나 디저트의 맛은 물론 주인장 내외의 최고 서비스는 덤이다. 수요일, 목요일에 쉰다.

오후 1시 ▷ **규암면 신리 왕흥사지, 낙화암**

백제의 왕실 사찰로 백마강을 건너 물길이 바로 절 앞까지 연결되어 있었다고 한다. 흔적 외에는 아무것도 볼 수 없지만 여기에서 건너편 낙화암을 바라보면 3천 궁녀 이야기의 처연함이 느껴진다.

오후 4시 ▷ **부여읍 정림사지, 국립부여박물관**

국보 정림사지 5층 석탑은 무조건 최고다. 박물관의 백제 금동대향로와 함께 백제의 전통 와전, 와당을 이곳만큼 많이 볼 수 있는 데는 전 세계 어디에도 없다.

오후 5시 30분 ▷ 부여읍 전통시장

현대화된 시설이라 아쉬움은 있지만 시골장의 풍경이 남아 있다. 아직도 남아 있는 부여의 오일장은 5일, 10일에 열린다.

오후 6시 ▷ 저녁식사

부여읍에는 한우, 순댓국, 돌쌈밥, 칼국수 등이 맛있는 알려진 식당이 많다. 다만 대부분 일찍 문을 닫는다.

숙박은 롯데리조트나 부여읍 모텔에서 할 수 있다. 모텔은 시설이 그리 좋다고 할 수는 없지만 숙박료는 다른 곳보다 저렴한 편이다. 3~4개월 전에 미리 여행 계획을 세우고 예약할 수 있다면 세도면 동사리 수리재펜션이나 구룡면 현암리 돌담집펜션을 추천한다. 두 곳 모두 편안하고 주변이 자연으로 한적하다. 집 자체도 황토집이나 서까래가 보이는 한옥으로 특이하면서도 아름답고, 정성으로 가꾸는 예쁜 정원을 덤으로 즐길 수 있다.

수리재펜션은 동물을 좋아하는 사람은 매우 좋아할 곳이다. 야생에서 닭이 알을 품고 병아리로 부화하는 모습은 물론 고양이와 강아지, 산양도 볼 수 있다. 펜션에서 숙박한다면 일찍 숙소에 들어가고 다음날도 가능한 늦게 출발하면 즐거움이 더해진다.

오전 9시 ▷ 아침식사

아침식사는 숙소에서 간단하게 해결할 수 있다. 혹 빵을 좋아한다면 부여읍의 '갓구운 식빵'을 추천한다. 깔끔하고 맛있다. 음료 가격도 적당하고, 회전이 빨라 원두가 늘 신선하다. 식빵 20여 종을 팔고, 일요일은 쉰다.

오전 10시 ▷ 부여읍 궁남지(부여서동공원)

우리나라 최초의 인공 정원으로 백제 무왕 시절 조성되었다. 7월 중순에는 우리나라에서 가장 오래된 정원에서 '부여서동연꽃축제'가 열린다. 은은하고 우아한 연꽃 향은 새벽해가 뜨기 전이 가장 좋다. 연꽃을 제대로 즐기려면 새벽에 방문해야 한다.

오전 11시 30분 ▷ 부여읍 백마강변 대붓뚝 습지 억새밭

백마강은 규암면 호암리 천정대에서 세도면 반조원리까지 부여를 관통하여 S자로 흐르는 16킬로미터의 금강 구간을 특별하게 부르는 이름이다. 부여 사람들이 흔히 대붓뚝으로 부르는 백마강변 고수부지 습지는 금강 구간에서 폭이 가장 넓다. 이곳의 일부는 억새밭으로 조성되었는데, 부여대교에서 임강사지까지 5킬로미터에 이른다. 가을 억새밭뿐 아니라 사계절 모두 아름답다. 일부 구간을 꼭 걸어보기를 권한다. 구룡 평야 쪽 석양이 아름답다.

오후 1시 ▷ 점심식사

내뜨리네는 깔끔하고 모던한 식당으로 우렁쌈밥 한 가지만 판다. 솜씨 좋은 주인 덕분에 밑반찬이 품격 있고 다양하다. 모든 음식은 주인이 직접 만들어 세상에 단 하나뿐인 도자기에 담아서 낸다. 원두커피가 무료로 제공되고, 아름다운 정원도 구경할 수 있다. 일요일은 쉰다.

오후 2시 30분 ▷ 충화면 가화리 덕용저수지 습지

부여의 숨은 비밀 정원이다. 특히 가을날 새벽에 안개 속에서 동트는 풍경은 비경이다. 이동하면서 충화면 행정복지센터를 지나 충화초등학교에서 좌회전하면 바로 오른쪽으로 빨간색의 동화 같은 옛 정미소도 볼 수 있다. 충화면은 한국전쟁이 끝나고도 한참 후에야 전쟁이 난 것을 알았다는 우스갯소리가 있을 만큼 오지 마을이다. 이동하면서 계백 장군의 출생지로 전해지는 천당리 마을과 사천소류지 등 오지 풍경을 즐길 수 있다.

오후 4시 ▷ 휴식

세도면 간대리 카페 킴앤초이스나 임천면 칠산리 떡방앗간 카페에서 취향에 따라 휴식을 즐길 수 있다. 어느 곳을 방문해도 인상 좋고 친절한 주인의 환대를 받을 수 있고, 맛있는 음료가 기다린다. 칠산떡방앗간에서는 레트로한 분위기에서 떡을, 킴앤초이스에서는 모던한 분위기에서 수제 케이크와 르뱅 쿠키를 즐길 수 있다. 떡방앗간 카페는 화요일과 수요일에 쉬고, 킴앤초이스는 화요일에 쉰다.

오후 5시 30분 ▷ 임천면 군사리 가림성 사랑나무

정상에 오르면 부여는 물론 주변의 논산, 강경, 한산, 서천 일대가 한눈에 들어오고 익산, 군산까지 이어지는 금강 줄기를 볼 수 있다. 천연기념물 느티나무와 바위틈에서 자라는 문화재급 소나무도 명물이다. 석양이 아름다워 해 질 녘 방문을 추천한다. 주차장에서 천천히 걸어도 15분이면 정상에 도착한다.

3.
규암을 걷다

홍경수

아주대학교 문화콘텐츠학과 교수

부여의 과거와 현재,
미래로 떠나는
시간 여행

부여는 걷기에 좋은 도시다. 인구의 도시 집중으로 생존을 고민해야 하는 소멸 위기 지역은 아니지만, 북적북적 대는 번잡한 곳이 아니기 때문이다. 군 전체의 인구는 줄고 있지만, 부여에서 유일하게 인구가 늘어나는 곳이 있다. 바로 규암면이다.

2018년 이후 부여군과 부여읍 인구가 각각 4.0퍼센트, 6.3퍼센트 줄어든 데 비해(2022년 9월 현재 부여군 인구 62,642명) 규암면 인구는 4.2퍼센트 증가했다(규암면의 인구 12,000여 명). 규암면의 인구는 이웃 청양군 군청소재지인 청양읍과 맞먹는 수준이며, 충남 관내 군에 있는 면 중 1위라고 한다. 부여의 인구 감소를 막아내고 있는 1만 2000여 명 규모의 규암면에는 정중동의 움직임이 느껴진다. 그 중심에는 외부에서 이주해 온 사람들이 있다.

규암이 이름을 알게 된 것은 박경아 대표가 2018년 규암의 오래된 집을 책방, 카페, 한옥민박 등으로 개조하면서부터다. 그는 스스로 '자온길'이라는 이름을 붙이고 다양한 지역 재생 프로젝트를 추진했다. 그 덕분에 사라질 위기에 처한 오래된 건물들을 보존할 수 있게 되었다.

박 대표는 가까운 한국전통문화대학교를 다니며 규암의 매력을 발견했다고 한다. 그녀는 문화마을을 만드는 것을 목표로 옛 건물을 매입하여 개조했으며, 직접 운영할 수 없는 가게들은 외지에서 들어온 청년들에게 임대했다. 이 가게들은 마을의 중요 거점으로 기능하고 있다.

같은 해에 '123사비 청년 공예인 창작 클러스터 조성 사업'이 실시되었다. 사비는 백제가 멸망하기 직전까지 123년 동안 백제의 수도였다. 이 사업으로 열한 개의 공방을 운영할 장인들이 외지에서 규암으로 들어왔다. 이들은 자발적으로 '공예마을 규암'이라는 협의체를 만들어 마을 곳곳을 실핏줄처럼 연결한다. 패션, 서점, 염색, 목공, 전통공예 등 다양한 공방에서 마을 소식을 접할 수 있고 간단한 체험도 제공한다. 공예마을 규암은 공방들 사이 유기적인 협업이 특징인데, 매달 마을 광장에서 플리마켓을 자체적으로 주최하고 있다.

이 외에도 귀촌한 청년들의 공동체인 '부여안다'를 중심으로 농사, 목공, 식당, 카페, 대장간 등 다양한 업에 종사하는 젊은이들이 규암의 또 다른 축을 형성하고 있다. 이들은 로컬 매거진 『부여안다』라는 잡지를 출간해, 부여에 귀촌해서 사는 삶이 어떠한지 공유하며 끈끈한 공동체를 꾸리고 있다. 여기에 부여에서 태어나고 자란 청년들의 활동까지 더해지면서 규암은 부여의 새로운 미래를 만들어가고 있다.

규암, 물류의 중심에서 문화 기지로

규암이 외부인의 관심을 받게 된 데에는 역사적 배경이 자리한다. 고려 시대 이후로 부여군 천을면으로 불렸던 규암은 백마강을 사이에 두고 부여읍과 맞닿아 있다. 규암나루는 강을 건너 부여로 들어가는 중요한 교통로였다. 1914년 지명이 규암면으로 바뀌었고, 일본으로 쌀을 반출하기 위해 정미소가 들어섰다. 규암은 동양척식주식회사가 있을 만큼 물자 수송의 후방 기지 역할을 하는 식민지 수탈의 거점이 되었다.

1960년대 중반까지는 부여와 장항을 잇는 육로로 배다리가 있었고, 군산 앞바다에서 공주에 이르는 내륙 수로 구간에 규암나루가 있어 각종 물품의 교류가 활발했다. 물산이 집중되었던 오일장이 섰고, 강경포구를 잇는 금강의 수로로서 규암나루의 기능이 절정을 맞이했다.

하지만 1968년 백제교가 개통되면서 규암은 옛 영화를 잃기 시작했다. 극장과 백화점이 있었고, 술집과 요정이 63개나 있을 만큼 화려했던 규암의 영화는 수십 년간 정지됐다. 마을은 쇠락했고, 사람들도 마을을 떠났다. 빈집이 넘쳐나고 오래된 집은 허물어졌다. 부여읍이 백제의 역사유적 지구여서 개발이 극도로 제한된 데 비해, 예부터 물류의 중심지였던 규암은 가치를 아는 외부인에게 새로운 문화 기지 역할을 하기에 좋은 터전이 된 것이다. 그래서 규암에 가면 백제의 역사와는 다소 다른 한국 근현대사의 흔적을 만날 수 있다.

부여 여행은 부여읍을 중심으로 한 백제의 역사문화 답사와 규암을 중심으로 한 근현대 마을 걷기가 양대 축을 이룬다. 부여가 멋진 관광지인 근거 역시 백제와 근현대사를 동시에 느낄 수 있는 시간 여행의 성지이기 때문일 것이다. 그럼 근현대가 농축된 규암으로 떠나보자.

의자왕의
자온대와 수북정

부여 시외버스터미널 앞 우체국에서 211번 버스를 타고 5분쯤 가다 백마강을 가로지르는 백제대교를 건너면 도착하는 곳이 바로 규암이다. 백제대교 옆 백제교는 차가 다니지 않는 공원 공간으로 조성되어 있다. 백제브릿지파크다.

백제대교를 건너면서 다리 왼쪽에 보이는 10층 높이의 바위가 바로 엿바위다. 먹는 엿과 관련 없고, 툭 튀어 나와서 엿보는 것 같은 형상 때문에 붙은 이름이다. 엿바위를 한자로 바꾸니 엿볼 규窺, 바위 암巖 규암이다. 나당 연합군이 사비성을 침략할 때, 당나라 초병이 사비성 쪽의 동태를 살피던 곳이었다는 이야기도 전해진다. 규암은 백제 말기 나당군이 쳐들어왔을 때는 피비린내 나는 전쟁터였으며, 사비성이 점령된 뒤에는 백제 부흥군의 무대였다. 사비성을 휘감아 도는 반월성과 백마강이 한눈에 보이는 지리적 특성 때문이다.

↑ 부여읍과 규암면을 연결하는
  백제교는 백제브릿지파크로
  조성됐다.
← 규암 가는 211번 군내 버스.

이 바위 아래쪽에는 자온대自溫臺라는 한자가 새겨져 있다. 스스로 따뜻해지는 바위라는 뜻으로, 송시열이 『삼국유사』의 기록을 보고 엿바위 아래에 글씨를 새겼다고 한다. 송시열이 참고한 『삼국유사』 남부여 · 전백제조의 내용은 다음과 같다.

"백마강 건너 왕흥사에 예불드리러 갈 때 자온대에서 바라보며 망배하였는데 바위가 저절로 따뜻해져 온돌바위燠石라고 했다."

이 전설은 위덕왕, 법왕, 무왕의 깊은 불심을 예찬하는 데서 기인했을 것이다. 왕흥사는 위덕왕이 죽은 왕자의 명복을 빌기 위해 세

규암의 상징 엿바위.

운 후, 법왕과 무왕 37년에 완공한 호국 사찰이었다.[1]

『삼국사기』에 따르면, 법왕이 30명을 출가시켜 왕흥사 승려가 되게 했다고 한다. 강가에 있었던 이 절은 채색과 장식이 장엄하고 화려했으며, 법왕은 자주 배를 타고 이 절에 들러 향불을 올렸다고 한다. 왕흥사는 백제 왕실의 비호 아래 대찰의 면모를 유지했으나 백제의 멸망과 함께 폐허가 된 것으로 추정된다.

백제가 멸망하기 전 이 절의 승려들은 큰 배 같은 것이 물을 따

1) 양기석, 「백제 흔적을 간직한 이야기들」, 『사비백제사』 제3권, 237~238쪽, 논형출판사, 2022.

라서 절 문 안으로 들어오는 것을 보았다고 한다. 660년(의자왕 20
년) 백제가 멸망한 후 이 절을 기점으로 항거하던 백제 잔병이 신라
의 무열왕에게 7일 만에 700명이나 사살되면서 절도 폐허가 되었
다고 전한다. 이후 근대에 이르기까지 절의 정확한 위치조차 파악되
지 않고 있었으나, 1934년에 '왕흥王興'이라는 명문이 새겨진 기와
조각이 수습되면서 사지寺址, 즉 절터임이 밝혀졌다.[2]

　하지만 자온대의 위치는 엿바위가 아니라 구드래나루의 넓은 바
위였다는 주장도 제기된다.[3] 왕흥사가 규암에 있기 때문에 배를 타
기 전에 먼저 인사하고 강을 건너는 것이 타당하기 때문이다. 이뿐
만 아니라 전설의 내용도 백제 왕이 '국정을 보살피기 위해 불사를
행하는' 것에서 '의자왕이 백마강에서 놀다가 바위에 올라오기 전에
애첩이나 간신이 불을 피워 바위를 덥혀놓고 왕의 능력에 탄복해 따
뜻해졌다고 교언한다'로 바뀌었다. 이 전설은 백제 패망 이후 의자
왕에게 책임을 돌리려는 설화의 왜곡된 전승 의식으로 설명할 수 있
다.[4] 승리자 관점의 역사는 자연의 감화라는 전설의 내용을 향락에
빠진 무능한 왕을 비판하는 내용으로 바꾸기까지 한 것이다.

　서사의 왜곡 탓에 백제와 의자왕이 오랫동안 역사적인 평가를
제대로 받지 못한 것을 생각하면, 규암으로 들어가는 초입부터 안타

---

2)　'왕흥사지', 한국민족문화대백과사전, 한국학중앙연구원.

3)　황인덕, 「의자왕 관련 전설의 전개 양상」, 『백제문화』 33호, 2003.

4)　양기석, 「백제 흔적을 간직한 이야기들」, 『사비백제사』 제3권, 238쪽, 논형출판사,
　　2022.

← 옛바위 위에 세워진 수북정.
↓ 규암과 부여읍 사이를 가로지르는
　백마강.

까운 마음이 든다. 현재, 부여 읍내에는 성왕의 동상과 계백장군의 동상이 서 있다. 백제의 가장 마지막 왕이었고, 가장 유명한 왕인 의자왕의 동상을 세워야 할 때라고 생각해본다.

　옛바위 위에는 멋진 정자 수북정이 있다. 수북정은 조선 광해군 (1608~1623) 때 양주 목사 김흥국이 건립했다고 하며, 그의 호 수북정을 따라서 이름 붙였다. 김흥국은 김장생, 신흠 등과 친교가 매우 깊었으며, 지금도 신흠이 쓴 팔경시판八景詩板이 걸려 있다. 수북정의 구조는 정면 세 칸, 측면 두 칸의 팔작지붕집이다.[5]

　수북정에 올라 백마강과 백마대교, 부여읍을 바라보며 백제의

---

5)　부여군 홈페이지.

유구한 역사와 패망으로 인해 파괴되고 왜곡된 백제의 역사를 눈으로만 보지 말고 상상하면서 규암으로 들어가자. 다음 글은 내가 직접 규암을 여러 차례 방문하여 독특한 장소를 지키는 사람들과 이야기를 나누며 취재한 답사기다.

부여만물상
유광상 대표

2022년 뜨거운 7월 중순. 부여에서 규암 가는 버스를 타고 규암 마을 입구에 내려서 들어갔다. 읍내에서 다리만 건넜을 뿐인데, 분위기는 사뭇 다르다. 육교를 건너자 바로 모서리 집 간판이 눈에 띈다. "민속품 옛날 물건 경매장 매주 토요일 오후 1시부터 옛날 물건 사고팝니다"라고 쓴 녹색 바탕에 노란색과 흰색 글씨가 보인다. 간판 아래에는 "철거 시공 상담"이라는 또 다른 간판이 붙어 있다.

어슬렁거리며 안으로 들어가자, 예닐곱 사람이 사무실 앞에 모여서 이야기꽃을 피우고 있다. 오래된 액자를 들고 설명하는 사람과 듣고 질문하는 사람들이다. 액자 속에는 금속 촉이 달린 화살 몇 개가 들어 있다. 어디선가 구해 온 옛날 물건을 경매하기 전에 가까운 사람들에게 소개하는 것처럼 보였다. 경매 시간이 가까워지고 있어서인지 낯선 방문객을 경계하지 않는 것 같다.

부여만물상 유광상 대표.

경매장의 주인인 듯한 분에게 접근해서 이런저런 질문을 가볍게 던졌다. "오늘 경매 몇 시에 시작하나요?" 오늘은 조금 늦게 1시 30분에야 시작할 거라고 답변했다. 대답한 사람은 유광상 대표로, 창고에 소장하고 있는 고문서와 동양화 표구 등을 보여주기 시작했다. 건축 일이 주업인데, 집을 철거하다 보면 사람들이 오래된 가구나 그림들을 마구 버리는 것이 속상하고 안타까워 경매장을 열게 됐다고 알려준다.

"저는 옛날 물건이 좋고, 옛날 책 같은 것도 좋아합니다. 그래서 경매일을 하게 되었어요"

처음에는 고물상이 아닌가 싶었는데, 옛날 물건을 좋아해서 스스로 경매장을 열었다는 이야기에 궁금증이 더해졌다. 30여 평 되는 경매장 안에는 의자가 50여 개 놓여 있고, 무대 쪽으로는 오래된 물건들이 쌓여 있다. 화려하고 고급스러운 것과는 거리가 있지만, 경매장의 기본 구조는 같았다. 경매장에는 몇 명이 이미 와 있었다. 대부분 부여 사람들로 보였고, 충청도와 전라도 일대의 전문 수집상들도 눈에 띄었다. 경매장에 얼마나 사람들이 모일까?

"한 70명에서 80명이 오는데, 수익은 나지 않아요. 그래도 사람들이 매우 좋아해요. 일종의 힐링 코스예요."

거래가 성사되면 판매가의 10퍼센트를 파는 사람에게서 수수료로 받아서 운영하는 경매장의 수익 구조는 좋아 보이지 않았다. 그래도 사람들이 좋아하고, 힐링할 수 있는 공간이라고 말하는 유 대표에게서 지속 가능성의 힘을 발견했다.

수묵화가 많이 나오는데, 몇십만 원이나 몇백만 원에 가격이 형성되어야 하지만 실제로는 몇만 원에 팔리고 있어서 속이 상한다는 그는 특히 젊은이들에게 우리 그림이 인기를 끌지 못하는 것이 아쉽다고 했다.

"여기서는 1만 원짜리가 10만 원도 되고, 10만 원이 1만 원도 돼요."

가치를 아는 사람은 1만 원짜리를 10만 원의 가치로 사용하겠지만, 반면에 10만 원짜리도 1만 원도 안 되게 팔린다며 삶의 진리를 불쑥 털어놓았다. 내 삶의 소중한 것을 혹시 값싸게 넘기는 일은 없었는지, 다른 사람이 1만 원짜리를 10만 원처럼 쓰는 것을 보고 부러워만 한 것은 아니었는지 잠시 되돌아보았다.

유 대표와 이야기하는 사이에 골동품을 가득 실은 작은 봉고 트럭이 도착했다. 전북 익산에서 왔다는 노부부는 단골인 듯 유 대표와 이야기를 나눴다. "애끼는 것 있다고 했잖아." 대표는 가벼운 충

경매에 참석한 수집상의 자동차.

청도 말투로 할머니에게 툭 던졌다. 할머니는 "애끼는 것은 못 가져와. 애끼는 것을 사장님이 사준다면 몰라도"라고 응수했다. 짐칸에는 오래된 자수 베개와 아궁이에 공기를 불어넣는 수동 풀무 등 생활 민속품이 가득했다. 경매에 내놓은 짐들을 차근차근 풀어놓았다. 이분들은 오늘 얼마나 팔아서 갈 수 있을지 궁금했다.

카페에 가서 차 한잔 마시고 더위를 식힌 다음에 2시 넘어 다시 찾았다. 이미 경매가 한창 진행 중이었고, 열기도 뜨거웠다. 객석에는 30~40명이 앉아 있었고, 앞에는 경매사가 무선 마이크를 볼에 붙이고 땀을 뻘뻘 흘리며 경매를 이끌었다.

"만, 만 원배끼 모르네. 자, 출발. 1만 갑니다. 서랍도 좋구먼, 서랍 이렇게 생겼어요. 오동나무로. 밑에 서랍, 위에 서랍. 해도 너무 허네, 만만 수십 명이네. 자, 2만, 2만 갑니다. 자, 3만. 3만. 자, 2만 5천 낙찰. 자, 밖으로 내다 둘게요."

경매는 경매사가 물건의 특징을 설명하며 제품 가격을 1만 원부터 호가를 부르기 시작한다. 두 명 이상이 응하면 다시 가격을 올리다가, 최고가를 부른 한 명에게 낙찰하는 방식이다. 제품은 거의 1만 원~3만 원 이내에서 결정되었다. 경매장에 떨어지는 수익은 1000원~3000원 이내인 셈이다. 그렇다면 경매사에게 가는 수익은 더욱 적을 수밖에 없다. 그럼에도 무더운 경매장을 식히는 대형 스탠드 선풍기 바람의 잡음을 뚫고 경매를 이어간다.

"일수 사장님 꺼. 자, 이거 구이예요. 뚜껑까지 있어 갖고 천년도 구워 먹겠네. 일당 25만 원 기술자가 하루에도 못 만들어. 이틀은 만들었겠네. 3만 출발합니다. 자, 없어요? 5만. 자, 8만. 주인은 7만 원 생각하고 있어요. 5만에서 안 올라가네. 5만에 손해보고 드린대요." 제법 괜찮아 보이는 수제 바비큐 그릴이 5만 원에 팔려 나갔다. 물건을 가져온 수집상은 최소한 7만 원은 기대했지만, 2만 원이나 적은 액수에 만족해야 했다. "이미 판 물건잉게 미련은 버리드라고." 경매사는 생각보다 낮은 가격에 안타까워하는 주인을 달랬다. 하지만 주인의 얼굴은 좀처럼 펴지지 않았다.

경매에 참여한 사람들은 생각보다 큰돈을 쓰려 하지 않았다. 싸게 사서 다른 곳에서 비싸게 팔고 싶어 하는 수집상이나 마을 주민이 많아 보였다. 재미 삼아 구경 와서 큰돈을 쓸 의지가 많지 않은 사람들이었다. 경매사는 좀처럼 올라가지 않는 호가에 맥이 빠진 듯했

부여만물상의 경매 장면.

다. 이어서 오래된 떡집에서 사용한 떡판, 남원에서 만든 목제 밥상, 자전거, 식품 건조기 등 종류를 가리지 않고 경매에 올랐지만, 가격은 5만 원을 넘지 않았다.

"다음 할 것 주세요. 날은 덥지, 짜증 나지. 경매사가 경매할 수 있게 물건을 딱딱 줘야 하는데." 경매사는 애먼 경매 주최 측에 짜증을 냈다. 가격이 오르지 않는 상황에 불만이 가득해 보였다. 인색한 고객들을 향한 항의처럼 보이기도 했다. 이번에는 중고 공기청정기를 들었다.

"공기청정기. 자, 1만 갑니다. 공기청정기 1만. 공기청정기 1만도 안 해요? 부여가 공기가 좋아서 안 팔리나 보네." 객석에는 웃음이 쏟아졌다.

부여만물상은 온라인 애플리케이션인 당근의 고전 버전이다. 우

↑ 건축과 경매를 홍보하는 부여만물상의 현수막.
← 부여만물상에는 오래된 고서화가 가득하다.

리가 고물상에 내다 판 생활 잡화, 그림, 책 등이 여기에서 소비자와
직접 만나는 시장이다. 요즘 보기 어려운 옛날 물건과 실생활에 쓸
생활 잡화 등이 어떻게 팔리는지 보는 재미가 쏠쏠하다. 다음에 자
동차를 가져와서 뭐라도 사 가고 싶었다. 이색 풍물을 기대하는 관
광객에게도 흥미로운 볼거리다. 경매장은 2022년 8월부터는 규암
면 LH 임대 아파트 앞으로 확장 이전했다.

부여만물상
- - - - - - - - - - -
충남 부여군 규암면 내동로 37
041-835-6111
*매주 토요일 1시 경매 시작

자온길을 만들다,
책방 세간
박경아 대표

부여만물상을 지나 규암농협 쪽으로 걸어왔다면 이제 규암의 메인스트리트에 들어선 것이다. 옛 건물들을 리노베이션한 건물들이 보이고, 그중 눈에 띄는 곳이 바로 '책방 세간'이다.

임 씨 할아버지네 담배 가게였던 공간을 새롭게 책방과 카페로 바꾸었다. 집을 고칠 때 나왔던 자녀들의 상장과 할머니가 쓰시던 그릇 등을 세간 박경아 대표가 정리해서 카페에 남겨 놓았다. 임 씨 할아버지가 쓰시던 자전거와 금고는 관광객의 눈길을 사로잡는다. 책방이라기보다 생활사 박물관을 연상케 한다. 안쪽에 카페도 운영하고 있어 책을 매개로 한 생활문화 박물관으로 보인다.

건너편에 예전 규암백화점 건물이 있고, 그 뒤로는 백마여관이었던 큰 건물도 있기에 책방 세간은 규암의 랜드마크라고 해도 과언이 아니다. 다양한 블렌딩 차와 간식거리도 준비해놓은 세간은 소품

이나 의류 등도 함께 판매하고 책도 볼 수 있는 공간으로, 한숨 돌리며 규암 마을의 분위기를 파악하기에 적당하다.

규암이 처음 대중에게 알려지기 시작한 것도 박경아 대표가 책방 세간을 열고 마을 곳곳에 카페와 식당, 숙소 등을 만들면서부터다. 규암 마을에서 가까운 곳에 위치한 전통문화대학교를 졸업하고, 서울 인사동 쌈지길에서 가게를 운영하다가 임대료의 급격한 상승으로 철퇴를 맞고 고민했다.

그녀는 '오랫동안 유지될 수 있는 문화적인 거리를 만들고 싶다는 생각으로' 쇠락한 마을인 규암을 선택했다. 문화유산도 훌륭하고

박경아 대표.

자연도 아름답지만, 젊은 사람들이 건강하게 놀 수 있는 콘텐츠가
부족하기에 이것을 채우면 좋겠다는 판단이었다. 그래서 만든 것이
자온길.

"규암에 자온대라는 바위가 있어요. 백제 시대의 왕이 그 위에서
놀면 스스로 따뜻해졌던 그런 바위가 있거든요. 우리의 움직임으로
마을에 다시 온기가 있었으면 좋겠다고 생각했어요."

한적한 마을에 온기를 불어넣기 위해 중요한 스팟을 만들어서
이어주는 지주 작업을 시작한 것이다. 집주인들을 찾기 위해 빈집
의 우편함을 뒤져가며 주소를 찾아 만나거나, 동네 어르신들을 공들
여 만나는 것이 필수적인 작업. 대학과 대학원 다닐 때 실시했던 민
속조사라는 연구 방법이 큰 도움이 되었다고 한다. 목욕탕에서 만난
할머니가 놀러 오라고 해서 간 곳이 지금의 규암이었다.

"와 보니까 너무나 신기한 집들이 이 동네에 있고, 영화 세트장
같이 시간이 멈춰버린 느낌이 드는 거예요."

학교 근처에 이렇게 많은 이야기를 품은 마을이 있다는 것을 발견한 것이 행운이라고 했다. 박 대표는 자온길이 지역 재생의 터전을 놓았기에 그 후에 많은 이주민이 들어와 다양한 공예 가게 등을 열 수 있었다고 믿는다.

마을에 온기를 불어넣기 위한 시도로 100년 세월을 품은 한옥 '이안당'에서 콘서트를 열었다. 김장훈, 마이앤트메리, 브로콜리 너마저 등 가수들이 규암을 찾았고, 유료 관객들도 흡족해했다. 이안당은 1950~1960년대 규암에 있던 60여 개의 술집과 요정에 술을 대던 주조장의 집이었다. 지금도 물이 솟는 우물과 커다란 창고와 한옥 안의 부엌은 마을의 규모를 연상케 한다. 다양한 문화 행사가 열리기도 하고, 숙박 공간으로도 사용하고 있다. 이안당 옆에 붙어 있는 한옥 역시 숙소로 사용한다.

마을이 변화하는 모습을 본 동네 주민들은 어땠을까?

"젊은 여자아이가 와서 막 빈 땅들을 사니까 부동산 투기 회사냐 이런 식으로 의심을 하신 것도 사실이에요. 쟤네들이 만들어놓고 막 땅값 올려놓고 떠나면 어떡하지 이런 걱정들도 하셨던 거죠."

카페를 만들고 활동을 계속하자 주민들의 태도도 누그러졌다고 한다. 박 대표는 청년들이 지역에 살기 싫어하고 떠나는 이유는 경제적인 문제뿐만 아니라, 문화생활을 할 기회가 부족하기 때문이라고 진단한다. 그는 공연이 끝나고 주민들이 건넨 '대표님 덕분에 이 지역에서 이런 공연을 본다' '삶의 질이 달라졌다'는 인사를 가장 고맙게 여긴다고 밝혔다.

마을이 바뀌려면 스팟이 최소한 5개가 생겨서 2~3년은 버텨야 한다. 그 후에는 자연스럽게 20~30개의 장소가 뒤따라 생기지만, 인구가 적은 마을일수록 버텨야 하는 기간이 늘어난다. 실제로 4년 전에 시작한 자온길에는 20~30여 가게가 문을 열었고, 2022년에는 마을에 편의점도 생겼다. 주민들은 마을이 소멸 위기를 벗어난 신호로 받아들인다.

박 대표의 성취는 멸실 신청하거나 허물려고 했던 옛날 집들을 보존해냈다는 것이다. 100년이 넘은 집을 부순다는 게 말이 안 된다고 생각해서, 집주인이 살고 있는 일산까지 찾아가 설득해서 지킨 집이 이안당이라고 했다. 이안당 옆의 숙소 역시 멸실 신청 상태에서 구해냈다. 이안당 앞의 커다란 창고는 수제 맥주를 만드는 펍으로 개조 중이다.

박 대표는 자신의 노력으로 작은 마을이 다시 살아날 것을 확신한다. 지역이 재생하는 데 문화의 역할이 무척 크다는 것을 믿기 때문이다. 청년으로 규암에 들어와서 문화마을을 만들고자 다짐했던 초심이 어떤 꽃을 피울지 많은 사람이 관심 있게 지켜보고 있다.

책방 세:간

충남 부여군 규암면 자온로 82
041-834-8205
영업시간 | 11:00~19:00
*매주 화요일 휴무

수월옥
이건동 대표

규암의 주도로를 걷다 보면 낡은 듯 새로운 납작한 건물 두 동이 눈
에 띈다. 건물 앞에는 짙푸른 잔디와 풀들이 보이고, 입구에 '수월옥
커피'라는 입간판이 서 있다. 수월옥이다. 규암이 흥했던 1960년대
에 들어섰던 수많은 요정 중 하나. '1962년 임인년 음력 5월 18일
오시에 기둥을 세우고 상량을 하다. 인간의 오복을 다 갖추고, 천상
의 삼광처럼 영원하기를 기원하다.' 카페에 걸린 작은 팻말에 상량
문을 풀이해놓았다.

수월옥은 건물 나이로 환갑이 넘었지만, 리노베이션을 통해 고
전적이고 미래적인 건물로 거듭났다. 문이 아홉 개나 있던 건물이라
개방감이 좋고, 유리와 메탈 소재의 재료가 더해지며 모던한 느낌까
지 들었다. 커피를 내리는 본관 건물 옆 부속 건물은 바닥이 움푹 들
어가 있어 둥그렇게 앉아 이야기 나누기 좋은 구조다. 창가에는 한

60년 된 요정을
카페로 탈바꿈시켜
보존한 수월옥.

식 밥상이 놓여 있고, 위에는 달 모양의 조명을 걸어놓았다. 이곳에 들어오면 시간을 잃은 느낌을 받는다. 두 건물 사이에는 우물이 있다. 오래된 이야기가 우물 안에 담겨 있을 것만 같다.

수월옥은 세간의 박경아 대표가 되살린 공간이다. 지금은 이건동 대표가 임차해서 커피숍으로 운영 중이다. 평일 점심시간, 아무도 없는 한적한 카페에서 이건동 대표를 만났다. 그는 고향인 대전을 떠나 서울과 경주, 제주는 물론이고 미국에서도 8년여 동안 살았다. 영화를 공부하고 영화 만드는 일을 했는데, 같은 일을 하던 부인의 죽음으로 큰 충격을 받고 힐링을 위해 귀촌했다. 어느 날 우연히 규암을 지나가다가 수월옥 건물이 눈에 띄어 전화했다. 마침 운영자

수월옥 별채 내부.

를 찾는다는 말을 듣고 이 대표는 수월옥 운영을 맡게 되었다.

그는 부여로 온 뒤에 건강을 회복했고, 마음의 안정도 되찾았다고 한다. 부여가 가진 에너지 덕분이라고 믿고 있다.

"도시와 자본주의가 사람을 단절시키고 고립시켜요. 반면에 자연은 사람들을 연결시키고 치유하는 힘을 가지고 있고요. 이것을 할 수 있는 것은 종교도 아니고, 자연만이 할 수 있다고 봐요. 부여는 자연의 힘과 역사의 힘을 가진 도시고, 사방으로 뚫려 있어 좋은 에너지를 가지고 있는 곳입니다."

이 대표는 갑작스레 부인을 사별하고 두 아이를 키우며 어려움을 겪었으나, 과거도 까먹고 미래에 대한 불안도 잊을 수 있는 하늘이 높은 부여에 정착하며 삶에 대한 희망을 되찾았다.

수월옥을
운영하고 있는
이건동 대표.

　부여가 가진 매력을 꿰뚫어본 그는 부여의 도시 재생에 대해, 돈을 들여서 무언가를 만들기보다 있는 그대로 두는 것이 옳다고 생각했다.

　"도시 생활로 힘든 사람들이 찾아와 아무것도 하지 않고 자신을 응시할 수 있게 벤치만 놓아도 되는데, 돈을 투자하고 무언가를 만드는 것이 하늘을 가리고 에너지를 해치는 것 아닌가 싶습니다."

　규암 백마강변에 세워진 조형물과 컨테이너 박스들이 도리어 부여다움을 가로막는다는 지적이다.

　이건동 대표는 자신이 느낀 부여의 매력을 더 많은 사람이 알아가기를 희망한다. 수월옥을 찾아오는 손님들은 건물에 대한 기대감을 갖고 오기 때문에 구석구석 살펴보면서 스토리를 발견한다고 한다. 연인이나 가족이 많이 찾아오는데, 특히 나이 드신 어른들이 예

자연과 소도시 카페의
풍경이 노스탤지어를
자아낸다.

전에 자신이 살았던 공간을 활기차게 설명할 때 기분이 좋다고 했다.

수월옥은 건물이 주인공인 공간이므로 음료를 화려하게 내지 않고, 메뉴도 핸드드립 커피와 에이드로 단출하다. 이 대표는 통유리에 비친 갈대를 배경으로 한 별채 안의 풍경이 가장 좋다고 추천했다. 그는 컬러를 통해 심리를 상담하는 일을 함께하며, 강의도 나가고 있다. 자연의 색감이 살아 있는 수월옥에서 그를 만난다면, 삶에 지친 당신에게 수월옥과 그가 따뜻한 위로를 건넬지 모른다.

수월옥

충남 부여군 규암면 수북로 37
010-5455-8912
영업시간 | 12:00~18:00
*매주 월요일 휴무

부여 청년창고
8인의 대표

전국 각지에서 창고를 미술관이나 카페 등으로 바꾸는 움직임이 활발하다. 천장이 높고 규모가 큰 실내 공간은 사람들을 끌어모으는 흡인력이 있다. 수월옥 바로 뒤쪽에는 청년 창업 인큐베이팅 플랫폼인 부여 청년창고가 있다. 한때 쌀과 보리 등 미곡을 저장했던 공간이 귀촌 청년의 꿈을 부화시키는 공간으로 탈바꿈한 것이다.

규암에는 지역 청년과 귀촌한 청년들이 충청남도의 지원으로 다양한 꿈을 펼치고 있다. 2022년 8월 현재 총 여덟 명의 청년 기업이 청년창고에 입주해 있다. 가장 넓은 공간을 사용하는 곳은 '카페 바랜'이다. 최홍석 바랜 대표는 부여 특산물을 활용한 토마토 취나물 에이드, 연잎 라테, 연잎 카스텔라와 제철 과일을 활용한 뱅쇼를 대표 메뉴로 내놓으며 주민들과 관광객의 사랑을 받고 있다. 주말과

부여 청년창고 외관.

평일의 매출 편차가 커서 운영에 어려움이 없지 않지만, 2022년 8월에 흑자로 전환했다.

콘텐츠 기업 '조각수집'의 김상희 대표는 부여에 담긴 고유한 이야기를 독립 출판 등 문화 상품으로 만드는 작업을 한다. 사진과 영상 미디어 콘텐츠를 제작하는 1인 기업 '유스 더 유스' 김태완 대표는 로컬에 꼭 필요한 이야기를 영상화한다. '케이크 숍 시월'의 신수

다양한 청년 기업의 창업 플랫폼인 부여 청년창고 안 카페 바랜.

영 대표는 대기업을 다니다가 자신만의 사업을 하기 위해 부여에 정
착했고, 부여 농산물을 재료로 케이크를 만들어서 판다.

　　IT 테크놀로지를 활용하는 농업 기업 '달음'을 운영하는 김영
웅 대표는 스마트 팜에서 딸기를 생산하고 있으며, 청년창고에 육묘
장을 가지고 있다. '살구 스튜디오' 이승주 대표는 전통문화대학교
에서 공부한 뒤 족제비 캐릭터를 개발하여 다양한 문화 콘텐츠 상품
을 제작 중이다. '감성숲길' 김태현 대표는 생태 교육, 생태 교육관
광 사업에 집중하고 있다. '다육이야기'와 '그담공방'을 운영하는 박
관용, 남진숙 대표는 다육식물 심기, 다육 아트 체험, 도자기 페인팅,
흙 체험 등 체험 교육 사업을 하고 있다.

← 케이크 숍 시월 신수영 대표.
↓ 케이크 숍 시월에서 개발 중인
미니 토마토 스콘.

　청년창고는 여덟 개 업체가 입주해 서로 얼굴을 마주할 기회가 많은 만큼 사업 아이디어를 확장하거나 시너지를 일으킬 수 있는 창업 인큐베이팅 플랫폼을 지향한다. 규암을 걷다가 부여 청년들이 어떻게 창업의 꿈을 펼치고 있는지 확인하고 싶다면 이곳을 들러도 좋겠다.

부여 청년창고
- - - - - - - - - - - - -
충남 부여군 규암면 수북로 33
041-837-0623

나무모리
김정미 대표

규암에는 유럽의 소도시에서 만날 수 있는 광장 같은 곳이 있다. 마을 사람들이 모여서 자신이 키운 농작물이나 동물을 사고파는 공간이다. 유럽의 광장은 일반적으로 시장 광장Marktplatz이다. 시장이야말로 사람들이 가장 자연스럽게 모여들고 소식이 퍼져 나가는 곳이다. 규암의 널따란 광장 역시 오일장의 흔적이라고 한다. 마을 규모에 비해 광장이 커서 의아하지만, 규암의 영화를 떠올리면 납득이 간다. 그대로 두었으면 쇠락한 도시처럼 느껴졌을 법한데, 리모델링을 한 덕분에 원래 있던 오래된 건물과 새롭게 손을 댄 가게들이 묘하게 조화를 이룬다.

가게 앞에 초록색 나무와 꽃 화분을 내어놓은 것에 이끌려 가게 안으로 들어갔다. 나무모리라는 간판을 단 가게에는 아무도 없었고, 안쪽에서 기계 돌리는 소리가 났다. "아무도 안 계세요?"라고 묻자,

나무모리 외관.

목공 작업을 하다 나온 김정미 대표가 인사를 건넨다. 그의 안내를 받고 안쪽으로 따라 들어가 보니 목공 작업소다. 상품을 만들어서 진열할 장을 여러 개 만드는 중이었다고 한다.

　김 대표는 대전에서 살다가 '123사비 청년 공예인 창작 클러스터 조성 사업'에 선정되어 부여로 이주했다고 한다. '123사비 프로젝트'에는 총 열두 개의 공방이 선정되었고, 책이나 종이, 목공, 염색 등 다양한 공방들이 인테리어 지원금을 받아 공방을 꾸몄다고 한다. 지금은 외부 지원 없이 열두 개의 공방 연합체가 단단하게 연대해 자율적인 활동을 펼치고 있다.

　공방 대표 열두 명 가운데 부여 토박이는 한 명이고, 나머지 사

람은 모두 논산, 대전, 서울 등 타지에서 이주했으니, 부여 인구 증대
와 지역 재생에 큰 역할을 한 셈이다. 대전을 떠나 부여에서 사는 것
이 어떨까? 김 대표는 한 달 살이 하다가 일 년 살이로 바꾼 청년들
이 한 이야기로 부여살이를 설명했다.

"청년들이 '부여는 하늘이 크다'고 해서 무슨 얘기냐고 했더니,
높은 건물이 없어서 하늘이 크다고 했어요. 부여에 처음 오면 시간
이 멈춘 듯한 느낌을 갖는다는 거죠. 저도 똑같은 생각이었어요."

김정미 대표는 비좁은 하늘 아래에서 바쁘게 움직이는 삶을 살
다가 느긋하게 인간다운 삶을 살 수 있다는 것이 가장 좋은 점이라
고 했다.

"공예인들이 모여 있으면 로망 같은 것이 생겨요. 제가 다른 사
람의 공예 작품을 보면 너무 놀라운 거예요. 그 사람들이 제 공방에

나무모리
김정미 대표.

와도 놀라고요. 저는 서로를 인정해주는 그런 분위기가 좋은 거죠."

예술가들은 대중이나 동료 전문가 어느 한쪽에서라도 인정을 받으면 예술을 계속할 수 있다. 그러나 양쪽 모두에서 인정을 받지 못하면, 예술은 고독한 경주가 되기 십상이다. 김 대표는 특히 자녀를 키우는 입장에서 다양한 구성원이 서로 가르치고 배우는 공동체가 형성된 것이 큰 보람이라고 말했다.

"저희 공예마을 팀이 되게 다양해요. 아이들을 키우는 입장에서도 조언 받을 것이 많아요. 큰애는 요리하고, 둘째는 애니메이션을 하는데, 직접 가르쳐주시는 분들이 마을에 있어서 정말 좋아요"

마을이 하나의 학교라는 점이 규암에서 사는 삶의 만족도를 높인다는 말이다. 지역 재생의 중요한 비결을 발견한 것 같았다. 귀촌한 사람들끼리 끈끈한 연대를 통해 삶의 필요를 충족시키는 과정이 지역 정착을 돕는다는 진실. 커뮤니티 디자인의 핵심 역시 '사람과 사람을 연결하는 일'이라는 야마자키 료의 지적이 새삼 와닿았다. 여기에 원주민들의 삶에 융화되는 노력도 필요할 텐데, 어떤 시도를 하고 있을까?

"원주민들하고 소통할 수 있는 방법이 뭘까 고민을 많이 했어요. 아무래도 이주민들과 괴리감이 좀 있잖아요. 그래서 매달 마지막 주 토요일에 장터를 열어서 마을 잔치를 하고 있어요."

장터는 열두 군데 공방이 돌아가며 책임을 맡아 진행한다. 장터 진행에 필요한 예산은 외부에서 받지 않고 협의회 자체 예산으로 연다고 한다. 2022년 6월에는 '선셋 마켓'이라는 주제로, 7월에는 '물

규암장터를 알리는 현수막.

놀이 축제'로 기획했다.

나는 2022년 7월 마지막 토요일에 규암을 다시 찾았다. 마을 광장에는 임시 풀장이 들어섰고, 꼬마 바이킹 놀이기구가 영업 중이었다. 많지 않았지만 아이들을 데려온 어머니들은 모처럼 만난 귀한 기회를 온전히 활용하고 있었다. 마을 광장 주변으로는 다양한 체험 시설과 로컬 푸드 판매장도 들어섰고, 커피를 파는 트럭도 장사를 했다. 밖이 너무 더워서인지 장터는 한산했다.

바로 뒤편의 123사비 레지던스 건물 실내로 들어가 보니, 10여 군데 공방에서 전시와 판매 공간을 마련해놓았다. 123사비 레지던스는 규암의 핵심 커뮤니티 시설이다. 예전에 목욕탕으로 쓰던 건물을 새롭게 변모시켜 교육과 전시, 이벤트 공간으로 활용하고 있다. 그 안에서는 염색 공방이든, 전통공예 공방이든, 책이든 직접 판매한다. 조경 및 건축사무소 그륀바우Gruenbau의 김인수 대표는 김혜경 씨와 부여의 정원에 대해 함께 쓴 책『정원도시 부여의 마을 동산바치 이야기』를 직접 팔고 있었다. 책을 구입해서 읽으며, 백제 때부터

그뤤바우 김인수 소장.

정원의 도시였던 역사와 그 후손들이 자신의 정원을 어떻게 꾸미는
지 확인할 수 있었다.

나무모리 공방

부여군 규암면 수북로 41번길 3
0507-1379-9654
나무모리 페이지 | https://band.us/@woodflower76
(다양한 공방 수업 관련 정보)

123사비 공예마을 플리마켓 일정

인스타그램 (@gyuam_market)을 통해
공예마을 규암장터 행사 일정 확인 가능.

북토이
정진희 대표

규암 마을 광장 한쪽에 자리한 커다란 서점 겸 공예 판매점 북토이. 북토이는 책Book과 장난감Toy을 합친 조합이 알려주듯, 책과 책 속의 캐릭터를 인형으로 만들어서 파는 책방이다. 책 속의 주인공이 인형으로 만들어져 책방 곳곳을 장식하고 있는 모습이 아기자기하다.

북토이 정진희 대표는 서울에서 오랫동안 책 관련 마케팅과 책 축제 기획을 해왔다. 큐레이션을 통해 판매하는 책들에는 자신만의 편집 기준이 느껴진다.

"시의성이 느껴지는 책들과 제가 좋아하는 작가들의 책을 진열하는 경우가 많습니다. 계절적 요소도 고려하고요. 특히 신인 동화 작가에게 기회를 주기 위해 주문해서 진열합니다."

오래된 가게를 리모델링한 책방은 책을 파는 공간일뿐 아니라,

북토이 외관과 내부.

주민들이 모여서 이야기하는 커뮤니티 공간이기도 하다. 정 대표는 방문객들이 규암에 와서 책을 사기보다 마음 편하게 찾아와서 쉬었다 가기도 하고, 마을 지도 등 마을의 정보도 얻고, 무료로 나누는 다양한 굿즈들도 받아 가기를 기대한다. 서점이긴 하지만 커뮤니티 공간을 지향하는 곳이다. 규암 마을에 대한 세부 정보가 필요하거나 마을에서 어떤 일이 일어나고 있는지 궁금하다면, 북토이를 먼저 방문해도 좋겠다. 바쁜 도시와는 달리 방문객의 사소한 질문에도 차분차분하게 대답해줄 여유가 있는 곳이다.

아직도 서울에서 일하고 있는 그녀는 왜 연고도 없는 부여로 이주를 결정했을까?

"서울에서 오래 살며 전국을 다녀봤어요. 언젠가는 고향 익산으

→ 진열된 책과 인형들.
↓ 책 속의 주인공이 인형으로 만들어져 있다.

로 가고 싶었어요. 그러던 차에 부여에 이런 공간이 있다는 것을 알게 되었고, 여기에서 익산까지 40분밖에 안 되니까 가깝기도 해서 부여로 왔죠."

귀촌은 크게 세 유형으로 나눈다. 도시에서 나고 살다가 귀촌하는 I턴, 농촌 출신이 도시에서 살다가 고향 아닌 다른 농촌으로 귀촌하는 J턴, 농촌 출신이 도시에서 살다가 고향으로 가는 U턴이다. 정진희 대표는 고향이 아닌 다른 곳에 정착했으니 J턴이다. 아니, 폭넓게 말한다면 백제라는 고향으로 귀촌했으니 U턴인 셈이다.

정 대표는 아직 서울 생활과 부여 생활을 함께 이어가고 있다. 이른바 5도 2촌의 삶. 본격 이주 전에 도시민들이 시도해볼 만한 현실적인 방법이다. 이는 중간 단계 없이 곧바로 귀촌했다가, 생각지도 못한 문제를 발견하고 실망해서 다시 도시로 돌아가는 U턴을 줄일 수 있는 전략이기도 하다.

정 대표는 주말이 가까워지면 서둘러 부여로 오고 싶어서 엉덩이가 들썩인다고 한다.

"서울에서 일이 끝난 금요일 밤에 퇴근해서 와야 하는데, 금요일 아침부터 엉덩이가 들썩거려요. 부여는 막 내려오고 싶은 곳이에요. 올수록 좋아요."

규암에 자리 잡은 것을 잘한 선택이라고 생각하는 그는 주민들과 더 밀착된 관계를 맺고 싶어서 시작한 어르신 대상 뜨개질 클래스를 열고 있다. 강의는 오전 10시에 시작하는데, 아침 8시부터 어르신들이 전화해서 빨리 시작하자고 하신다고. 내가 나무모리 김정

조각 수집 김상희 씨와 북토이 정진희 대표.

미 대표의 소개로 123사비 레지던스 안에서 뜨개질 강의를 하고 있는 정 대표를 찾아갔을 때도 마을 주민 대여섯 분과 함께 뜨개질을 하고 있었다.

주민들은 뜨개질 배우는 게 너무 재미있다고 합창하듯 소감을 밝혔다.

"모르는 걸 선생님한테 새롭게 배우잖아요. 너무 새롭고 재밌어요."

규암의 모세혈관 역할을 하는 123사비협의체 대표이기도 한 정진희 대표는 지역 재생의 진정한 모델을 위한 기초를 놓고 있는 듯하다.

북토이 매장 옆쪽으로는 또 다른 공간이 있고, 그곳에서는 일대일 강의가 한창이었다. 수도권 집을 떠나 규암에서 예술가로 살아가며, 지역 주민들께 미술을 강의하는 '히힛' 김상희 씨였다. 그는 지

주민들과 뜨개질 수업이 한창이다.

역의 스토리 자원을 활용해서 글을 쓰고 그림을 그리는 등 로컬 콘텐츠를 만들고 있다. 상희 씨는 부여에 사는 청년 여섯 명과 함께 교환 일기를 엮은 『우리의 이야기가 당신을 통과해 빛을 낼 수 있다면』이라는 소책자를 발간했다.

경기도에 살던 상희 씨는 2021년 1월 1일에 부여에 내려와 2년째 살고 있다. 20대인 그는 왜 어린 나이에 부여에 와서 사는 걸까?

"계속 도시에서 살았기 때문에 자연을 좋아하는 편이었거든요. 자연에 대한 로망이 있었는데, 우연히 여기로 오게 되었어요. 여기에서 만났던 환경이랑 이웃들, 친구들이 너무 좋아서 조금씩 계속 연장되고 있는 것 같아요."

상희 씨는 지금 마을 프로젝트 사업에 선정된 마을 그림 그리기 모임을 주관하고 있다. 부여에서 사는 삶이 좀 답답하지는 않을까?

"규암 말고도 다리 건너서 부여읍에도 친구들이 있어요. 번개 모임을 열어 밥을 함께 먹기도 하는데, 제법 많아요."

20대의 젊은 예술가가 규암에서 자리를 잡는 모습을 흐뭇하게

부여의 청년들이 부여 생활을 소재로 쓴 책자.

바라보는 북토이 정 대표의 모습이 흡사 새끼를 품는 어미 닭처럼 느껴졌다. 다양한 이주민 그룹에서 가장 어른스럽게 규암의 구성원들을 연결하고 이어가는 역할을 맡은 123사비협의체와 이를 이끌고 있는 정진희 대표. 서로 돕고 의지하며 성장하는 공동체가 있는 한 마을은 지속가능하겠다 싶었다. 기분 좋은 일이다.

북토이

충남 부여군 규암면 수북로41번길 5
0507-1382-4614
영업시간 | 12:00~18:00
*매주 수요일 휴무

패션 스튜디오 홍조
이소영 대표

규암을 걷다 보면 일제 강점기의 규암백화점 건물과 정치인 김종필이 자주 머물렀다는 백마여관 등 적산가옥의 흔적이 진하게 남아 있다. 그 외에 1950~1960년대에 지은 것으로 보이는 오래된 건물도 상당수다.

규암은 1950년에 요정과 술집이 무려 63개나 있었다는 데에서 알 수 있듯이 물류의 중심지였다. 충남 서남부 교통의 요지이면서 서해의 배들이 규암까지 들어오는 육상과 해상의 교차점이었던 것이다.[1] 마을을 걷다 보면 시대감각이 흐릿해진다. 내가 걷는 이 순간이 2022년인지, 아니면 1970년대인지, 그것도 아니면 1940년대인지 헷갈린다.

규암백화점 맞은편 정원이 있는 근사한 2층 양옥집 역시 지금이 어느 시기인지 혼돈스럽게 만들었다. 어쩌면 규암에서 가장 아름다

패션 스튜디오 홍조 건물 외관.

운 건축물로 손꼽힐 만하다. 통창으로 디스플레이한 여성 의상이 보이고, 그 앞으로는 작은 의자 두 개가 가지런히 놓여 있다. 가게 주인을 만나고 싶었다. 2022년 7월 마을 축제 책임자로 바쁘게 움직이고 있는 이소영 대표를 만났다.

서울에서 태어나고 자란 이소영 대표 가족은 한류 초창기인 2000년대 초반 청와대 앞에서 게스트하우스를 운영했다고 한다. 문득 서울의 전통 가옥에 숙박하러 찾아오는 외국인을 소개하는 방송을 본 기억이 떠올랐다. 갑자기 월세를 두 배 이상 올려달라는 집주인의 요구에 아예 지방으로 가자고 마음먹은 가족들은 이 대표가 중학교 졸업 여행 때 좋은 기억을 주었던 부여로 이주를 결정했다고 한다. 신라의 고도 경주에 비해 부여는 숙박 시설이 열악한 것이 마음에 걸렸으나, 거기에서 사업의 기회도 찾을 수 있을 것이란 희망을 발견했다. 패션 전문가가 발견한 부여의 매력은 무엇일까?

"저희가 왔는데 고층이 없어서 너무 좋았어요. 몇 층 이상 건물을 올릴 수 없다는 법이 있다고 하는데, 저는 이 법이 부여를 지킬 수 있는 법이라고 생각했어요. 서울하고 다른 약간 한적하고 고즈넉하고 이런 게 그냥 좋았고, 그다음엔 아무것도 없다는 게 매력적이었어요."

서울과는 다른 마을의 환경이 지역의 강점이라는 지적은 지역 재생의 방향도 암시한다. 지역 재생이란 대형 건물을 만들고 시설을 추가하는 등 하드웨어 중심으로 흐르기보다 서울과 다른 현재의 강점을 잘 지켜 나가는 것이다. 더불어 마을에 관심을 가진 관계 인구가 늘어난다는 것은 희망적인 일이다. 지역민들의 관점으로는 발견하기 어려운 마을의 강점을 타자의 시선으로 발견할 수 있기 때문이다.

이소영 대표 가족들은 2018년에 이주했으나, 정작 자신은 서울에서 운영하던 패션 스튜디오를 계속 운영하다가 2019년에야 사무실과 거처를 옮겼다. 그러니까 이곳은 서울에서 운영하던 패션 스튜디오를 통째로 옮긴 공간이다. 트렌드에 민감한 패션 스튜디오가 작은 소도시에서 제대로 운영될 수 있을까?

"세상이 인터넷으로 바뀌었고 물류 시스템도 좋으니까, 원단 필요한 것들이 있으면 택배로 올 수도 있어요. 일본이나 외국 소도시를 가면 그 지역에도 유명한 디자이너들이 있거든요. 홍조도 그렇게 될 수도 있겠다 싶어서 모험 삼아 온 것도 있죠."

인터넷과 택배의 발달은 지역의 거리라는 한계를 상당 부분 극복하게 했다. 고속도로나 KTX와 같은 교통수단, 전국을 촘촘하게 연결하는 택배 화물 운송망과 인터넷의 발달은 거리라는 장벽을 획기적으로 낮췄다. 지역 재생의 새로운 전기가 사회 인프라 확충으로 마련되었다고 해도 과언이 아니다. 지역 소멸을 막기 위해서는 교통수단과 커뮤케이션 수단을 먼저 확충하는 것이 국가와 지자체의 의무다.

이러한 토대 위에 의욕을 가진 주체들에게 적절한 지원을 하는 것도 필수적이다. 그러나 이 대표는 될 수 있으면 정부나 지자체 지원 사업을 받지 않고 자생적으로 살아야겠다는 다짐을 더 단단히 한다고 말했다. 패션 사업은 평생을 자영업으로 손님한테 물건을 팔아

이소영 대표.

야지만 돈을 받을 수 있는 구조이기 때문에 스스로 생존하지 않으면 사업도 그만두는 것이 맞는다고 다짐하듯 말했다. 지역에 귀촌하려는 사람들에게도 너무 이상적인 꿈을 갖지 말고, 현실적인 생활의 근거를 유지하는 것을 잊지 말라는 이 대표의 조언은 그래서 더 와닿았다.

인터뷰를 진행하는 동안 공주에 사는 단골이 가족을 모시고 옷 구경을 왔다. 이 대표는 지난 25년 동안 축적된 단골들을 위해 1년에 한 번씩 서울에서 갤러리를 빌려 판매 이벤트 행사를 진행한다. 기존 고객들의 주문은 계속되고 있고, 대전이나 공주 등 부여를 중심으로 새롭게 단골들이 늘어나기를 희망하고 있다.

건물의 옛 흔적이 남아 있다.

　패션 스튜디오 홍조 건물은 1955년에 지어져서 한때 요정으로 사용되다가, 건물 건너편에 가축병원을 운영하던 이가 살림집으로 사용한 이력을 가지고 있다. 이 대표가 건물을 고치기 위해 살펴보니, 건물 안에 방이 세 칸씩 나뉘어 있었다고 한다. 접대부가 있었던 술집의 흔적인 듯하다. 마을 어른들은 요정의 이름을 '은포옥'으로 기억한다.

　지금 홍조 건물 2층은 스튜디오 부여가 공연장으로 사용한다. 2022년 7월 15일부터 17일까지 사비 댄스 프로젝트 팀이 이곳에서 '춤 작가전' 공연을 열었다. 넓지 않은 공간을 빽빽이 채운 관객들을 보면서, 작은 역사도시에서 현대무용도 통한다는 것을 확인하고 주최 측이나 관객 모두 놀랐다고 한다.

이 대표는 규암의 부동산이 너무 급등했다면서, 건물을 임대해서 사용하는 본인의 미래도 불투명하다고 불안해했다. 건물을 임대해서 공방을 하고 있는 곳 중에서는 5년 약정 계약인데도, 2~3년이 지나면 임대료를 올리려는 주인도 있다는 것이다. 터무니없는 임대료 상승으로 부여를 찾아 이주한 사람들이 부여를 떠나지 않았으면 좋겠다는 이 대표의 바람이 부디 어긋나지 않기를 희망한다. 1층 홍조 사무실 위에 있는 2층 스튜디오 부여는 관광객들도 볼 수 있게 개방되어 있다.

스튜디오 부여

충남 부여군 규암면 자온로 76
0507-1491-1138
영업시간 | 11:00~20:00
*휴무는 전시나 공연에 따라 비정기적으로 운영

본관 1층 | 디자이너 브랜드 홍조의 쇼룸 겸 작업실
본관 2층 | 전시 및 소규모 공연장
별관 1층 | 공예작가들의 작품 판매 공간

목면가게·부여서고
송성원 대표

규암의 '책방 세간' 바로 옆 건물에서는 젊은 여성들로 가득 찬 공간을 만날 수 있다. 적산가옥처럼 지붕이 뾰족하고 좁아 보이는 '부여서고'는 염색 공방인 '목면가게'를 운영하는 송성원 대표의 남편이 운영하는 공예품 편집 숍이다. 각양각색의 전 세계 염색 공예품을 부담 없는 가격으로 만날 수 있는 것이 특징이다.

부여서고는 이미 온라인상에서는 규암의 필수 방문 코스로 등극했다. 내가 방문한 날에도 손님이 가득했다. 규암에 관광객이 그리 많지 않은 것을 고려하면 이례적이다. 20~30대가 좋아할 만한 염색을 소재로 한 생활소품을 기념품으로 판매하고 있는 듯했다. 왜 가게 이름이 부여서고일까? 규암나루터는 백제 때부터 부여의 문물이 일본 등으로 오간 포구였다. 송 대표는 부여가 다시 문화의 중심이 되기를 바라는 마음에서 문화를 상징하는 책의 창고를 가져와 사

부여서고 외관.

용했다고 말한다.

　송성원 대표는 서울에서 태어나 부산에서 대학을 다닌 뒤에 부여로 귀촌했다. 독특하게 지도교수를 포함해 함께하던 연구자들이 단체로 이동했다. 이른바 집단 이주다. 송 대표는 부산의 한 대학에서 염색을 전공하고, 교수와 함께 연구소를 운영하며 강의를 하고 있었다고 한다. 교수의 은퇴를 6년 남겨놓고, 제자들이 먼저 부여 장암으로 이주해서 연구소의 터전을 닦았다. 지도교수는 은퇴 이후 이주했는데, 만족도가 매우 높다고 한다.

　목면가게는 장암에 있는 한국전통염색교육원의 분원으로 사용되고 있다. 송 대표는 중국과 일본의 문헌을 통해 백제의 옛 색깔을

부여서고
송성원 대표.

찾고 있는데, 일본의 염색 학자들이 옛 염색 재료를 찾기 위해 부여
로 찾아온다는 소식을 듣고 부여로 귀촌을 결정했다고 한다. 그녀는
지금도 백제의 전통 색을 찾기 위해 연구하고 있다.

"부산에 살다 보니까 가까운 경주는 너무 난개발인 것 같고, 역
학으로 볼 때도 운이 다한 것 같다는 느낌이 들었어요."

부여는 조용하지만 그 안에서 막 꿈틀거리는 백조 같은 움직임
이 느껴졌다고 한다. 송 대표는 충청도 사람들이 느리다고 하는데,
느린 게 아니라 가고 있는데 느리게 보일 뿐이고 상당히 저력 있는
사람들이라고 평가했다. 부산에서 살 때는 부산 억양이 세서 목소리
를 못 내다가 부여에 오니 충청도 사람들의 유머에 웃는 일이 많아
서 좋다고 했다.

"세탁소 아저씨에게 '이거 찾으러 언제 올까요?' 물으면, 고양이 뿔날 때까지 기다려 달래요. 이런 농담도 그렇고, 되게 여유 있는 사람들이 아닌가 싶어요. 느린 게 아니라 안에 감추고 있는 게 상당한 것 같았어요."

옛것을 빨리 버리고 새것으로 대체한 대도시와 달리 느린 속도로 변화하는 부여는 나와 함께 같이 가고 있다는 느낌을 준다는 것이었다.

교육원을 통해서 이미 지난 16년 동안 염색 인력을 많이 배출했지만, 송 대표는 부여에 제대로 된 염색 교육 기관을 만드는 꿈을 가지고 있다. 그 꿈도 부여의 미래를 아름답게 물들게 하기를 기대한다.

끝으로 송 대표는 부여의 음식이 자극적이지 않아서 좋다고 했다.

"부여의 음식은 자극하는 맛이 없는데, 그러니까 매일 먹을 수 있어요. 집밥처럼 이 식당 저 식당에 가서 먹어도 맨날 먹을 수가 있어요. 다른 지역에서는 매일 못 먹거든요."

외부 사람들이 볼 때는 '맛이 좀 이상하네, 밋밋하네' 그렇게 볼 수 있지만, 현지에 있는 사람들은 매일 먹을 수가 있다는 것이다. 부여의 맛을 새로운 차원으로 설명한 것이 참신했다. 송 대표가 추천한 규암 맛집은 김치찌개, 된장찌개, 우어회를 잘한다는 송도회관(835-2345), 순대국과 내장국밥, 냉면을 잘한다는 만덕가(836-7118), 족발 정식과 콩국수를 잘한다는 궁중왕족발(835-7508)이다.

부여서고

충남 부여군 규암면 자온로 84
0507-1305-9531
영업시간 | 10:30~20:00 / 식사시간 | 11:30~12:30, 17:30~18:30
*휴무 없음. 단 외부 출장 시 휴무

목면가게

충남 부여군 규암면 자온로 68
0507-1325-9531
영업시간 | 10:00~18:00
*외부 강의 시 휴무

선화핸즈
최정민 대표

규암의 2차선 중심 도로에 커다란 공방이 눈에 띈다. 옛 장미식당이 있던 건물이라 아직도 그 흔적이 남아 있다. 안으로 들어가자 텍스타일 디자인을 필두로 보자기, 나전칠기 등 전통공예를 현대화하여 판매하는 공방이다. 옆쪽으로는 차를 만들어 파는 주방과 테이블도 보인다.

선화핸즈 최정민 대표는 2003년 전통문화대학교에 강의를 나오면서 부여와 인연을 맺었다. 최 대표는 '부여에 대한 짝사랑'이라는 표현을 썼다.

"처음 부여에 왔을 때부터 매력이 느껴졌어요. 그때 한참 '귀무자'라고 플레이스테이션 게임에 빠져 있을 때였는데, 부소산성에 갔더니 여기야말로 멋있는 그 게임의 장소인 거예요."

일본 게임에 빠졌다가 만난 부여는 게임 속의 공간과 너무 흡사

선화핸즈 매장 내부.

선화핸즈
최정민 대표.

해서 새롭게 보았다는 이야기다. 이런 이유 때문인지 전통문화 디자인을 하는 그에게 백제 문화, 백제의 철학이 글로벌하게 느껴졌다고 한다. 그래서 부여에서 하는 작업은 서울에서 하는 것과는 달리 무궁무진한 자유를 준다고 한다. 게임이 주는 놀이적 성격 때문이 아닐까?

최 대표는 아직도 수지 타산을 생각하면 웃을 수만은 없지만, 최고의 공예 장인들이 한 분 한 분 모여들고 있어서 기쁘다고 했다.

"작은 부여지만 나름대로 또 하나의 우주를 형성할 수 있을 만한 그런 분이 계시거든요. 그래서 콜라보를 하면서 되게 재밌었고, 그다음에 더 발전된 버전으로 좀 해보려고 합니다."

전문가들이 모여서 함께 일하고 영감을 주는 공동체로 발전하는 것을 확인할 수 있었다. 최근 최정민 대표가 관심을 기울이는 것은 백제 금동대향로에 등장하는 오악사와 상상의 동물을 캐릭터화하는 작업이다.

선화핸즈는 제자인 책방 세간의 박경아 대표가 건물을 구입해서 어렵게 유지하고 있던 차에, 스승인 최 대표에게 넘기면서 리모델링을 거쳐 지금의 모습으로 바뀌었다. 선화핸즈에서는 공예품과 더불어 전통차, 아이스크림과 뻥튀기를 조합한 뻥스크림도 판매한다. 식당 건물이었던 이 집은 전쟁을 겪으면서도 기둥 하나 상하지 않았다. 강둑이 없던 시절에는 홍수가 나서 집 전체가 물에 떠서 뒤로 몇십 센티나 물러앉은 이력도 있다. 그 바람에 선화핸즈는 숙박 공간

선화핸즈 매장에 진열된 옛 주인의 편지.

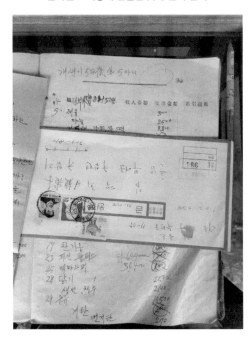

게스트하우스인 선화스테이.

으로 사용하는 선화스테이 건물과 바짝 붙어 있다.

최 대표를 따라 선화스테이에 들어갔다. 시골의 정서를 그대로 느낄 수 있는 '촌캉스'라는 개념이 와닿는 공간이다. 외할머니 댁에 온 것 같은 정서가 물씬 풍기는데, 예술가의 손이 닿아서 다양한 예술 작품과 조화를 이루고 있다. 현대적인 공간은 아니지만, 그렇다고 마냥 과거의 공간만도 아닌 독특한 숙박 공간이다. 특히 툇마루에 앉아 뒤뜰을 바라볼 수 있는 구조가 흥미롭다.

선화핸즈

충남 부여군 규암면 수북로 57
041-835-6740
영업시간 | 10:00~19:00
*매주 일요일 휴무

선화스테이

충남 부여군 규암면 수북로 57
에어비앤비 홈페이지를 통해 예약 가능.
공간 전체에 단 한 팀만 예약을 받으며,
최대 4인 기준(추가 인원 문의).
숙박 요금 | 13만 원부터

부여제철소
김한솔 대표

규암 거리를 걷다 보면 제철소라는 이상한 이름의 가게를 발견할 수 있다. 자그마한 가게에 붙은 이름이 호기심을 불러일으킨다. 점심시간이 아니라면 가게 안으로 들어갈 수도 없다. 반짝 점심 장사만 하는 로컬 푸드 식당이 바로 부여제철소다. '제철에 나는 채소로 요리하는 곳'이다.

혹시 점심시간에 규암을 방문한다면, 제철소의 대표 음식인 '아란치니'를 맛보기를 추천한다. 취나물로 만든 아란치니다(아란치니는 여러 재료를 넣어 만든 주먹밥에 빵가루를 묻혀 굽거나 튀긴 이탈리아 음식이다). 김한솔 대표의 씩씩한 웃음과 문학적 상상력이 빚어낸 부여의 진짜 로컬 푸드 요리를 맛볼 수 있다.

취나물 아란치니 외에도 굿뜨래 작물인 양송이 크림 리조토와

부여제철소 간판.

앤초비 표고버섯 필라프, 애호박을 얇게 저민 애호박 라자냐, 방울토마토 냉파스타를 만들어낸다. 모두 부여 농산물을 재료로 해서 만든 것이다. 음식을 맛본 손님들은 재료의 맛이 잘 느껴지는 건강한 한 끼로 평가하고, 자극적이지 않은 부드러운 맛에 반응을 보인다고 한다.

김 대표는 수원에서 태어나 서울에서 살고 있었는데, 2020년 11월 '그냥 여기에서 한번 살아봐야겠다'고 마음먹고 규암에 정착했다. 서울에서 일할 때 마을 공동체와 관련한 청년 셰어하우스를 만들고 운영하는 일을 했다. 그때 만들어진 네트워크로 부여라는 곳을 알게 되었고, 박경아 대표의 회사인 세간에 취직을 하며 이주한 것이다.

김 대표는 아파트에서 태어나고 계속 살아왔기에 자신이 어디에서 사는지, 지역에 대한 소속감을 전혀 느껴보지 못했다고 한다. 부여에 와서야 비로소 자신이 어디에서 누구와 사는지 감각적으로 느끼게 되었다고 말한다.

"공동체 감각이라고 하는 게 그냥 막연히 지향했던 영화 같은 느

부여제철소 내부.

낌이었는데, 여기 와서 그게 무엇인지 좀 체감할 수 있었어요. 내가 어느 계절에 살고 있는지를 느끼는 그런 일상도 참 좋았고요."

김 대표는 인터뷰 내내 '느낀다' '감각'이라는 단어를 자주 사용했다. 논리적인 이성이 아니라 감성에 따라 귀촌한 것처럼 느껴졌다.

"봄이 되면 어떤 무언가가 새로 피어나는 것이 계속 눈에 보여요. 어제는 파랗던 게 오늘은 노랗게 익어 있고요. 건물이 낮다 보니 하늘이 넓거든요. 그래서 넓은 하늘을 매일 보고 강을 보는 게 과학적으로 증명할 수는 없지만 '굉장히 인간에게 이로운 환경이구나'라는 것을 체감해요."

김한솔 대표의 몸이 부여라는 환경을 열렬히 원했고 받아들이고 있다는 것이 느껴졌다.

"어딘가에 끌려다니면서 막 쫓기며 사는 것 같지는 않다는 것을

부여제철소
김한솔 대표.

확실히 느끼고 있어요. 내가 내 하루를 온전히 주관하고 있다는 느낌이라고 할까요. 너무 많은 정보에 떠밀려서 불안해하거나 계속 비교하는 것에서, 이제 내 기준을 잘 세울 수 있고 내가 더 단단해지는 느낌이에요."

김 대표의 귀촌 예찬은 끝이 없었다. 온몸으로 감각하는 시골 생활에 대한 만족도는 거의 100점에 가까워 보였다.

인터뷰 내용에서 알 수 있듯 김 대표는 문학적 감수성이 뛰어난데, 이를 바탕으로 또래 청년들의 부여살이 애환을 담은 매거진『부여안다』를 출간했다. '부여안다'는 청년들의 공동체 이름이기도 하다. 부여안다는 대장장이, 프리랜서 예술가, 베이커리 주인, 로컬 생활자, 한 달 살이 청년, 책방 운영자 등 다양한 청년이 느슨하게 연결된 공동체다.

부여에 정착해 사는 젊은 청년들이 어떤 고민과 즐거움을 공유하고 있는지를 보여준 매거진 『부여안다』는 1000부를 찍었고, 거의 다 팔렸다고 한다. 이례적 반응이다. 부여안다 청년들은 지역사회의 격려와 언론 취재 등을 통해 공식적으로 부여라는 커뮤니티에 데뷔한 것 같다고 입을 모았다.

첫 책의 성원에 힘입어 두 번째 책으로 청년들의 릴레이 교환 일기인 『우리의 이야기가 당신을 통과해 빛을 낼 수 있다면』을 펴냈다. 서툰 청년들의 진솔한 시골살이 이야기에 어른들도 자신들 역시 삶이 어렵고 서툴다며 공감해줄 때 따뜻하게 연결된 느낌을 받았다고 했다.

부여제철소는 부여의 제철 음식을 맛볼 수 있는 공간일 뿐만 아

로컬 매거진
『부여안다』는
청년들을
연결하고 있다.

니라, 부여에 정착한 청년들의 불안과 행복을 발신하는 기록의 공간이기도 하다. 용광로처럼 청년들과 지역사회가 하나로 혼융하는 복합적 공간임에 틀림없다.

부여제철소

충남 부여군 규암면 자온로 72-1
041-833-1150
영업시간 | 화·수·목 11:30~14:30,
금·토 11:30~22:00
*브레이크 타임 14:30~18:00
사전 예약제, 매주 일요일과 월요일 휴무,
마감 30분 전 라스트 오더.

수북로1945
김준현 대표

부여를 대표하는 카페를 손꼽으라고 하면, 몇 손가락 안에 꼭 들어갈 카페가 규암에 있다. 수북로1945. 규암에서 비교적 높은 곳에 위치한 수북로1945는 500평이 넘는 넓은 대지 위에 카페 건물 세 채로 구성된 자연 친화적인 가게다. 건물이 언덕에 위치해 가까운 백마강과 부여 읍내를 조망할 수 있는 전망을 자랑한다. 널따란 잔디밭에는 맷돌이 깔려 있고, 다양한 나무와 꽃이 아름답게 피어 있다.

수북로1945는 규암의 브런치 식당으로 알려졌다. 식용 꽃이 올라간 피자와 샐러드, 수제 차와 에이드가 대표 메뉴다. 7월 더운 여름날 내가 이곳을 방문했을 때 냉커피를 주문했더니, 알루미늄 캔에 든 커피를 피크닉용 바구니에 담아서 제공했다. 잔디와 꽃, 백마강이 보이는 전망에 소풍 분위기 내는 바구니 등이 더해져 여행 온 기분이 더욱 커졌다. 규암을 여행하는 도중에 자연 친화적인 쉼이 필요

수북로1945 외관.

할 때 들러도 좋을 듯하다.

맨 아래쪽 본채 건물은 적산가옥으로, 건물이 있는 위쪽 성황당 근처가 일제 강점기 때 신사가 있던 위치라고 한다. 이 건물이 동향으로 지어진 것과 위치로 볼 때, 신사와 관련한 건물임을 추정할 수 있다. 김준현 대표가 인수하기 전에는 자손 없는 할머니가 혼자 사시다가 병원에 입원하고 수양딸이 관리했는데, 18년 전 모습 그대로 이불도 깔려 있어서 주인 할머니가 급박하게 입원한 것 같다고 말했다. 지금은 공사를 거쳐 레트로 감성이 물씬 풍기는 공간으로 자리 잡았다.

본채 뒤로 더 넓은 별채 건물이 있고, 조금 더 올라가면 천막형

피크닉 바구니에
담긴 음료들.

공간이 또 나타난다. 맨 위쪽으로는 전망대가 있으니 여러 층으로
구성된 복합 공간이다. 김 대표는 천막형 공간에서 다양한 체험행사
를 진행할 계획이다. 문화관광부 관광두레로 선정되고, 체험에다 기
념품까지 만들어 판매하는 것을 목표로 하고 있다.

김 대표는 생활권이 부여인 청양에서 태어나 내내 부여에서 살
았다. 부여읍에서 천연염색 공방과 카페를 하다가 공간이 부족해서
규암 농가주택으로 옮기기로 결정한 것이 2019년. 2021년에 농가
주택 지붕을 뜯으면서 대들보에 쓰인 상량문을 통해 건물의 나이를
확인했다. 1945년 9월, 카페 이름 수북로1945는 여기에서 나왔다.

규암의 공방들이 인테리어 비용 지원을 동력으로 시작되었기에
사업이 더디게 진행된 데 비해, 수북로1945는 개인 사업이다 보니
신속하게 진행됐다. 그 과정에서 김 대표는 규암의 다양한 가게 주

수북로1945 김준현 대표.

인들과 교류하며 공동체의 중심을 이루고 있다.

규암은 외부에서 이주한 다양한 그룹이 지역 재생에 힘을 보태고 있다. 부여 토박이인 김 대표는 이를 어떻게 볼까?

"저는 너무 좋아요. 왜냐하면 청년 팀 부여안다라든가, 청년별장 이런 팀들이 와서 새로운 문화를 만들잖아요. 동네 분들을 모시고 TV에서나 볼 법한 뮤지컬이나 이런 느낌의 공연을 준비하는 것도 저한테는 굉장히 신선하고요"

김 대표는 사비123 공예 팀의 정진희 대표 등 쉽게 만날 수 없는 이들과 이웃으로 살게 되어 너무 감사하다며, 이들의 희생적인 노력으로 죽어 있던 규암에 활력이 돌고 있다고 공을 돌렸다. 다만, 부여 사람들이 해야 할 일을 외지에서 이주한 사람들이 하고 있는 것에는 감사함과 안타까움이 겹쳐 있었다.

"여기는 그분들이 없었으면 죽은 공간이에요. 진짜 외로웠을 거예요. 너무 외로운 공간이라고 해야 될까요. 그런데 그분들이 와서 너무 썰렁한 공간을 멋지게 만들어가고 계시잖아요."

지역 재생의 바람직한 모델을 토박이와 이주민이 만들어가는 순간을 지켜본 것 같아 뿌듯했다. 규암은 이렇게 앞으로 나아가고 있다.

수북로1945

충남 부여군 규암면 수북로41번길 11-50
041-835-6740
영업시간 | 월·목·금 11:00~18:00,
토·일 11:00~21:00
*매주 화·수요일 휴무.
마감 30분 전 라스트 오더

다올 전통찻집
강현희 대표

규암에 아침 일찍 도착했거나 규암에서 1박을 했다면 아침 식사할 곳을 찾기가 쉽지 않을지도 모른다. 간단히 전통차로 아침을 대신하겠다는 마음으로 찾은 곳이 다올 찻집이다. 혹시 전통차 말고 아침 식사 대용으로 할 만한 것이 없냐고 물었다. 강현희 대표는 파는 떡은 없지만, 자신이 식사용으로 준비한 떡은 쪄주겠노라고 말하며 흔쾌히 맞아주었다. 내가 배고파 보였는지 먼저 찬장에서 과자 한 봉지를 꺼내 주었다. 허기를 서둘러 달래주려는 마음으로 보였다.

강 대표가 추천한 대추차를 주문했다. 쑥개떡을 찌는 동안 강 대표는 자신의 이야기를 술술 풀어냈다. 강원도 춘천 출신으로 서울 역삼동에서 일하다가 몇 년 전에 부여로 내려왔다는 것이다. 타관살이의 애로사항과 많고 많은 곳 중에서 부여에 정착한 이야기가 술술 흘러나왔다.

다올 전통찻집 외관.

규암에는 다양한 종류의 귀촌인들이 있고 관광객들도 적지 않다고 했다. 다만, 카페가 너무 많이 생겨서 운영이 될지 걱정이 한가득했다. 또한 지자체의 지역 재생 관련 지원이 너무 청년층에만 집중됐다며 아쉬움을 토로하기도 했다. 나이에 관계없이 다양한 이주민들이 규암에 와 있다는 것이 새삼 놀라웠다.

강 대표가 만들어준 대추차와 냉대추차는 아주 진했다. 만드는 방법을 묻자, 경동시장에서 최고의 대추를 납품받아서 30시간가량 끓여서 만든다고 했다. 설탕은 전혀 넣지 않고 대추 본연의 맛에 생강, 감초 등 총 스물입곱 가지 재료가 들어간다고 했다. 설명을 들어보니, 생강이나 감초 등 한약재 맛도 느껴졌다. 몸에 좋은 보약이 될

다올 전통찻집 강현희 대표.

것 같은 든든한 대추차였다.

　　대추차와 함께 납작하고 동그란 모양의 쑥개떡이 들기름에 버무
려져서 나왔다. 진한 쑥향과 들기름은 조화를 이뤘고, 든든하고 건

진한 쑥향의 쑥개떡과 다올 찻집의 대추차.

강한 아침식사로 부족함이 없었다. 고마운 마음에 대추차와 떡을 아침 식사 세트로 판매하시면 어떠냐고 제안했다. 유리잔의 모양과 크기, 인테리어에 대해서도 제안을 드렸다. 흡사 김영철의 동네 한 바퀴 규암 편이 되었다.

다올 전통찻집
충남 부여군 규암면 수북로 40
041-836-4927
영업시간 | 09:00~19:00

부여 당일치기 추천 코스

부여는 전국 대부분의 지역에서 접근성이 좋다. 특히 서울에서는 당일치기로 다녀와도 될만큼 가까운 편이다. 1박 2일 여행도 좋지만, 당일치기 코스로도 적절하다. 외국인 관광객들도 당일에 부여를 볼수 있다면, 생각보다 부담없이 백제의 진수를 맛볼 수 있다. 서울의 경우 남부터미널에서 아침 6시 30분부터 30분 간격으로 버스가 부여로 간다. 소요시간 2시간 안팎. 요금은 2022년 기준, 11,600원

10시 전후에 부여 터미널 도착. 가장 먼저 들를 곳은 정림사지 석
탑이다. 걸어서 5분 안팎. 백제의 흥망성쇠, 화려하고 굴곡진 역사
를 모두 지켜낸 백제문화의 대들보이다. '부여에 제가 왔습니다'
하고 인사를 하는 기분으로 정림사지 석탑을 둘러보자. 돌을 나무
조각하듯 마음껏 주무른 백제의 석공들의 신묘한 솜씨가 눈에 띌
것이다. 다양한 거리와 각도에서 바라보면 다양한 아름다움을 보
여주는 정림사지 석탑은 백제 예술의 최고봉이다.

정림사지 석탑 하단부에 소정방이 기록했다고 하는 대당평백제
국 이라는 제목의 글이 어슴푸레 보인다. 하단 4면을 가득채운 작
은 글자들이 풍화작용을 거쳐 사라지는 중이다. 소정방이 쓴 글을
새기며 분루를 삼켰을 백제의 석공의 모습이 떠올라 마음이 아프
다. 정약용이 〈여유당전서〉에서 소정방의 글을 보고 쓴 소회가 세
월의 무상함을 넘은 통렬한 조소가 담았다.

> "구불구불한 전액의 자획은 벌레가 잎을 먹은 듯/숭숭한 필
> 체는 참새가 나무를 쪼은 듯/이따금 네 글자 다섯 글자 이어
> 져/어휘의 조리가 휘황도 하다/대총관의 도량을 천추에 드
> 물다 하고/ 신속하게 무공을 이루었다 과장하였군/ 승리 또
> 한 한때의 기쁨/ 패배 또한 한때의 치욕/

지금은 들밭 가운데 덩그러니 남아/목동이 풀어 놓은 가축
이 날뛸 따름."

정림사지 석탑을 본 뒤에는 바로 옆 정림사 강당에 자리한 석불좌
상도 빼놓지 말자. 신체는 극심한 파괴와 마멸로 형체만 겨우 남
아 있어 강한 파토스를 전한다. 세월에 깎이고 전투로 부서진 석
불의 모습은 아마, 밭 어딘가를 뒹굴다가 나중에 제자리에 올라선
것 아닐까 싶다. 금방이라도 울음이 터질 것 같은 석불좌상의 안
쓰러운 모습에서 백제와 고려시대의 부여를 상상하자.

다음으로 들를 곳은 부소산성. 백제의 왕궁으로서 사비시대 백제
의 마지막 도읍이었던 사비도성의 일부인 부소산성 안에는 다양
한 유적들이 즐비하다. 삼충사, 영일루, 군창터, 태자골숲길, 반월
루, 궁녀사, 사자루, 낙화암, 고란사를 둘러보면 2시간 정도 걸린
다. 삼충사는 백제의 충신 성충, 흥수, 계백의 충절을 기리기 위해
세운 사당이고, 태자골 숲길은 옛 백제 태자들의 산책로로 추정
된다. 하이델베르크에 철학자의 길이 있는 것처럼 부여에는 태자
들의 길이 있다. 부소산은 '22세기를 위해 보존해야 할 아름다운
숲'으로 선정되었다. 부소산성은 백제의 역사가 압축적으로 담긴
노천 박물관이다. 유사시에는 군사적인 목적으로 사용하였으나
평상시에는 백마강과 부소산의 아름다운 경관을 이용하여 왕과
귀족들이 즐기는 비원 역할을 담당했다고 한다.

점심식사로는 부여 중앙시장 근처의 이태리짬뽕(041-833-6000)을 추천한다. 이태리 파스타는 '족보없이 값만 비싼' 경우가 흔하다. 이탈리아에서 파스타는 한국에서 자장면이나 짬뽕처럼 편하게 먹을 수 있는 서민음식이라는 점을 염두에 두고 만든 식당. 부여 토박이들에게 인정받은 맛집으로 가격도 짬뽕 가격에서 크게 벗어나지 않고, 매콤한 맛이 인상적이다. 사이드메뉴로 나오는 마늘빵이나 마늘볶음밥과 함께 먹어도 좋다.

점심 식사 후에는 국립부여박물관에서 금동대향로 진품을 보는 것을 빼놓을 수 없다. 백제가 왜 피렌체보다 화려한 공예 왕국이었는지를 확인할 수 있다. 오랜 세월에도 변치 않은 화려함은 '검이불루 화이불치'라는 말이 백제의 문화를 설명하는 데 적확한 표현이 아니라는 생각이 들만큼 화려하고 또 화려하다. 국보 293호인 금동관음보살입상도 꼭 보아야 한다.

그 다음엔 백제 수도 사비 근처의 금강 일원을 한눈에 볼 수 있는 전망대인 이 한눈에 조망되는 성흥산 가림성 정상에 있는 사랑나무를 보러 가자. 경사가 가팔라 생각보다 힘들 수 있지만, 꾹 참고 올라갈 만한 가치가 충분하다. 천연기념물로 지정된 느티나무 한 그루가 하트 모양의 나뭇가지로 손짓한다. 사랑나무로 널리 알려진 느티나무는 '서동요', '바람의 화원', '쌍갑포차', '대왕 세종' 등 각종 영화와 드라마에 출연했으며, 인스타그램에서도 사랑받는 나무다. 서해로 해가 지는 석양도 특별한 만큼, 부여에서의 하루를 마감하기에 더없이 좋은 방문지다.

사랑나무가 있는 가림성은 백제의 수도 사비도성의 관문으로 사비를 방어를 위하여 501년(동성왕 23년)에 쌓은 석축산성이다. 백제가 쌓은 성터 중 옛 지명과 축성연대를 알 수 있는 유일한 성곽으로 역사적 가치가 매우 높은 유적이다. 이곳에서 동서남북으로 넓게 펼쳐져 보이는 금강 일대는 이곳이 전략적으로 매우 중요하다는 것을 보여준다. 의자왕의 항복한 660년 이후에도 귀실복신, 흑치상지 등 귀족들을 중심으로 백제 부흥운동이 있었고, 가림성이 중요한 요새였다고 한다.

사랑나무를 본 뒤에는 규암으로 건너가자. 1960년대의 흔적들이 남아있는 건물과 가게들이 적지 않다. 수월옥 커피, 청년창고, 케익숍 시월 등에서 지친 다리를 내려놓고 한 숨 돌리자. 규암의 재미있는 책방이나 서점, 공방 등에서 근현대의 분위기를 느낄 수 있다.

저녁 식사로는 점심식사는 굿뜨래 음식특화거리에 있는 구드레 한우타운(010-4240-6386)에서 한우를 맛보기를 추천한다. 120그램에 8만원을 호가하는 서울과는 차원을 달리하는 합리적인 가격으로 한우를 맛볼 수 있다. 고기를 직접 냉장고에서 고르면 상차림 비용을 내는 방식이고, 함께 나오는 된장찌개 등 식사도 짱짱하다.

당일치기 여행은 여기까지다. 집으로 귀가할 때는 터미널 근처 백제향(041-837-0110)에서 연꽃빵을 기념품으로 구입해도 좋다. 유기농 밀가루와 연꽃을 넣어 보드라운 감촉의 식감이 탁월하다.

4

그곳에 가면
부여의 맛이 있다

김진태

[말과 밥]

충청도는 말의 억양이 낮고 속도가 느리고
어감이 세지 않은데
충청도는 말과 음식이 서로 닮았다
충청도 사람들은 의견을 말할때도
내 의견을 반만 말하고 나머지 반은
상대방에게 맡긴다
식당에 가서 메뉴를 고를때도
"밥은 뭐먹을겨?"
물어보면 딱 부러진 대답이 돌아오는게 아니라
"뭐든 괜찮유~~맵지만 않음돼쥬"
이런식이고
"술은 뭘로 헐겨?"

"뭐든 괜찮유~~ 막걸리가 워뗘유?"

이런식이다

타 지역 사람들이 볼때는 주관이 뚜렷해 보이지

않지만 충청도 사람들은 이것을

상대방에게 결정의 여지를 좀더 주려는 배려라고

생각을 한다

충청도 음식도 말과 비슷하다

음식의 주재료와 양념이 서로의 영역과 선을

넘지않고 조화를 이룬다

주재료보다 양념이 세지않고 양념의 주장이 강하지않아서 주재

료의 맛을 받쳐주는 그야말로 양념의 역할을 할뿐이다

양념이 주재료의 영역을 넘어서는건 그야말로

충청도 식으로 '경우' 가 아닌것이다

말도 세지않고

음식도 세지않고 조화를 이루는 맛!!

그것이 충청도의 맛이고 '영락없는' 부여의 맛이다

연꽃빵과 대추차
백제향

연꽃은 태양이 가장 강렬한 계절에 핀다. 가장 덥고 가장 습하고를 반복하며 피어나는 참 숭고한 꽃. 그 힘든 계절에 연꽃 농사를 짓는 농부의 마음도 참 숭고하다.

부여를 상징하는 계백 장군 동상과 백제 무왕 때 궁궐의 남쪽에 연못을 팠다는 궁남지 사이에 '백제향'이 자리 잡고 있다. 백제향을 대표하는 메뉴는 연꽃빵과 연꽃차, 대추차다. 주인장은 연꽃빵과 연꽃차를 손님상에 내기 위해 연 농사를 직접 지을 만큼 열정이 대단하다.

특히 연꽃빵은 고집스럽게 우리 밀로만 만들어서 식감이 부드럽고 소화도 잘된다. 무엇보다 방부제를 전혀 쓰지 않는다. 이 때문에 실온에서 3일 안에는 팔아야 하는 경영상의 치명적인 단점이 있는데도, 주인장 부부는 방부제를 쓸 생각이 전혀 없다. 전국에 유명하

백제향 외관과 백제향 내부.

다는 빵들은 거의 방부제를 쓰기 때문에 택배도 되고, 전국 유통이 가능하다고 한다. 당연히 수익을 생각해서라면 전국에 팔아야 하고, 그러기 위해선 방부제가 필수다.

백제향의 주인장 부부는 5천 결사대를 이끌고 황산벌로 떠날 때의 계백처럼 단호하고 비장하다. 남들이 무모하다고 해도 결과보다 과정에 충실하겠다는 의지고, 언젠가는 백제향의 연꽃빵이 신라를 대표하는 경주 황남빵보다 더 진가를 발휘할 때가 올 것이라 믿는다. 땅을 빼앗는 전쟁에선 비록 패했지만, 빵의 전쟁에선 언젠간 이기리라는 백제인 특유의 근성이 있는 주인장 부부다.

연꽃빵과 함께 백제향이 자랑하는 차는 연꽃차다. 연꽃 중에서도 향이 제일 좋다는 흰 연꽃, 백련만을 따서 진공 포장을 한 뒤 냉동해서 연꽃이 새로 피기까지 1년 동안 차로 내놓는다. 연꽃차는 향도 향이지만, 따뜻한 물을 부었을 때 피어나는 연꽃을 보는 즐거움이 크다. 연꽃차를 마실 때는 세 번의 즐거움이 있다. 연꽃이 찻잔에서 피어날 때 눈으로 마시고, 은은하게 퍼지는 향으로 마시고, 그리고 비로소 입으로 마시면서 느끼는 즐거움이다.

연꽃빵과 연꽃차가 연 농사를 직접 짓는 남편의 솜씨라면, 백제향의 또 다른 대표 메뉴 대추차는 안주인의 솜씨로 빚어진 특제품이다. 누구든 대추차를 한 잔 마시고 나면, 차를 마신 게 아니라 보약을 마신 느낌이라고 말한다는 것이다. 따뜻한 대추의 기운도 기운이지만, 보약을 달여내듯 정성을 다한 안주인의 솜씨가 오장육부를 타고 그대로 느껴지는 진한 맛이다. 백제향에 가면 백제의 향과 연꽃 향과

백제향 강열 대표 부부.

대추 향이 손님을 맞이한다. 그보다 먼저 친절한 주인장 부부의 사람
향기가 강렬하다. 그래서 그런지 주인장의 이름도 '강렬'이다.

연꽃빵과 연꽃차를 만들기 위해서 연 농사를 직접 짓는 이유가 무엇
인가요?

✽ 원래 연꽃빵을 하기 전에 연잎밥을 먼저 시작했어요. 부여 궁남
지에 연꽃 정원이 조성되기 시작할 무렵에 궁남지 근처에서 연잎밥
을 하면 일반적인 식당보다 특화가 될 것 같아서 처음으로 시작했어
요. 그때부터 연 농사를 지어서 지금까지 15년 정도 농사를 짓고 있
어요. 연꽃빵을 개발했고, 지금은 연잎밥은 하지 않지만 연잎밥을 할
때부터 화학비료를 쓰지 않은 깨끗한 연잎을 쓰고 싶은 욕심이 있었
어요.

지금도 농약 한 방울 쓰지 않고 친환경 약재만 사용해서 연잎 농사를 하고 있어요, 그래야 연잎빵과 연꽃차에 건강한 연을 쓸 수가 있고요. 내가 직접 농사를 지어야 단가도 낮추고 소비자 가격을 내려 받을 수가 있으니까요.

백제향이 고집하고 있는 3무無가 무방부제, 무색소, 무농약이라고 들었습니다. 가게를 운영하면서 경제적으로도 손실이 있고 일의 능률에도 보탬은 안 될 것 같은데, 3무를 고집하는 이유가 뭔가요?

❀ 일단 제가 좀 예민하고 까다로워요.(웃음) 방부제가 들어간 빵을 먹으면 피부에 알레르기가 생길 정도로 민감하고, 밀도 우리 밀이 아니면 소화를 잘 못 시켜요. 어떻게 보면 소비자도 소비자지만 저 때문에라도 방부제나 색소나 농약을 못 써요. 제 몸이 리트머스 시험지 같거든요. 반응이 바로바로 와요. 그렇게 고집을 하다 보니까 주변에서 그 점을 좋게 봐주시더라고요. 이제는 3무가 백제향의 특징이 되다시피 해요.

앞으로도 연꽃빵에 방부제를 쓰지 않을 건가요? 따로 무슨 대책이 있나요?

❀ 사실 방부제를 넣어 유통기간이 길어지면 저희도 한 번에 많이 만들어놓고 팔아서 좋긴 한데, 제가 스스로를 피곤하게 하는 스타일

이라서 용납이 잘 안 되더라고요.(웃음) 그러니까 빵을 매일 만들어야 해요. 빵을 매일 만들려니까 몸이 고생을 하지만 마음은 그게 편해요.

그리고 대책이라면 대책이고 대안이라면 대안인데요, 빵은 유통기간이 짧은데 과자는 방부제를 안 넣어도 유통기간을 좀 길게 할 수 있는 장점이 있거든요. 그래서 지금 연꽃을 이용한 연꽃과자를 개발 중에 있어요. 80퍼센트 정도 완성되었어요.

연 농사를 직접 짓는 것도 힘들지만, 농약을 안 쓰고 농사를 한다는 게 쉽지 않겠죠?

❋ 농약이나 화학비료를 안 쓰고 지금까지 해왔는데 앞으로가 더 힘들 것 같아요. 기후 변화 때문인지 천연 약재에 대한 내성이 생겨서인지 진딧물도 확실히 더 많아졌고, 연꽃 개화 시기도 10년 전보다 한 20일 정도는 빨라졌어요. 연지에 직접 들어가서 농사를 짓다 보니까 확실히 지구 온난화를 몸으로 느끼겠더라고요. 그래도 소비자분들이 믿어주고 알아주시니까 조금 힘들고 느리게 가더라도 보람이 있어요.

연꽃빵과 함께 인기가 있는 대추차는 어떻게 만드시나요?

❋ 대추차는 어떻게 보면 특별한 게 아니고 보편적인 메뉴예요. 저

희만의 특징이 있다면, 연잎을 끓인 물에 대추를 끓인다는 거예요. 연잎이 대추와 다른 약성이나 효능이 있잖아요. 그래서 함께 적용을 해본 건데 연잎하고 대추하고 궁합이 좋더라고요. 좋은 대추를 쓰고, 연잎 물에 대여섯 시간씩 대추가 완전히 무를 때까지 끓여서 내요.

언젠가 돼지고기 보쌈을 할 때 연잎에 싸서 삶은 적이 있는데, 고기의 기름기도 쏙 빠지고 고기도 무척 부드럽더라고요. 그때부터 연잎이 특별한 효능이 있다는 게 느껴졌어요. 저희 가게 대추차를 마시면 속이 따뜻하고 편안하다고 택배로 시켜 드시는 분들도 많이

백제향 대표 메뉴인
연꽃빵과 대추차.

계셔요.

　앞으로 연잎과 연꽃을 이용해서 개발할 수 있는 식품이나 음료가 더 많이 있을 것 같은데, 대를 이어서 해볼 계획도 있나요?

※ 아들이 있는데 현재 대기업 체인점의 제빵사로 일하고 있어요. 아직 입사한 지 얼마 안 되었으니까 사회생활도 해보고, 제빵사로 현장에서 느끼는 것도 있을 거예요. 선택은 아들이 해야 하겠지만, 나중에 저는 연 농사만 지어서 연꽃이나 대주고 아들이 백제향의 연꽃빵을 더 널리 알렸으면 하는 바람은 있어요.

　무방부제, 무색소, 무농약 3무 백제향을 2대가 함께 운영할 날이 꼭 오면 좋겠네요. 더욱더 발전하는 백제향을 기대하겠습니다.

백제향

충남 부여군 부여읍 사비로 30번길 17
041-836-8729

정미소가 있던 카페
구교 정미소 카페

개그맨 전유성이 서울 인사동에 '학교 종이 땡땡땡'이란 카페를 만든 것이 콘셉트 카페의 거의 초창기 시절이 아니까 싶다. 서울 도심에 초등학교 교실을 옮겨 놓은 듯한 분위기였는데, 누구나 가지고 있는 유년 시절의 향수를 느낄 수 있는 공간이라서 꽤 유명세를 탔다.

시골 사람이라면 누구나 자신만의 추억의 장소가 있다. 내게는 오일장, 장터의 저잣거리, 우시장, 대장간 등인데, 내 추억의 장소들이 지금은 사라져 아쉽기만 하다. 저잣거리를 추억할 땐 따끈한 국밥 냄새가 나고, 우시장에선 소똥 냄새가 나고, 대장간에선 뻘건 쇳물 냄새가 나는 듯하다. 정미소도 그런 추억의 장소에 포함될 것이다.

부여에 가면 특별한 정미소를 만날 수 있다. 오래되고 낡은 상태로 방치된 정미소를 말끔한 카페로 재연해놓은 정미소 카페다.

정미소 카페 외관.

1955년부터 2018년까지 63년 동안 방아를 찧던 정미소의 기계들을 그대로 살려놓고, 이제는 쌀 대신 커피콩을 갈아서 팔고 있다. 1990년대부터 가정용 정미기와 대형 정미소의 등장으로 소규모 정미소가 쇠퇴하면서 자연스럽게 사라졌지만, 근대에서 현대로 이어지는 농촌의 변천사를 고스란히 느낄 수 있는 카페로 다시 태어났다.

특이하게도 정미소 카페의 사장님은 한 사람이 아니라 구교리 마을 주민 20여 명이다. 십시일반 자금을 투자 형태로 모으고 부여군에서 지원을 지원받아 동네에서 운영한다. 그 덕분에 동네 사랑방역할도 한다. 요즘은 대도시에서 아이들과 함께 정미소 카페를 찾는 부모도 많다. 매일매일 먹는 밥이 어떤 과정을 통해서 식탁에 오르는지 모르는 아이들에게, 농부의 발자국 소리를 들으며 자란다는 벼

정미소 카페 내부.

와 농부의 땀 이야기를 예전의 정미기를 보여주며 얘기해줄 수 있는 산 교육장이기 때문이다.

이제는 쌀을 찧는 정미기 소리 대신 커피콩을 가는 그라인더와 커피 머신 소리가 들리는 카페다. 그럼에도 정미소 카페는 부여를 찾는 사람들이 관광을 마치면 그냥 지나칠 수 없는 참새 방앗간처럼 부여의 명소로 유명세를 타고 있다.

마을 이장님이면서 정미소 카페 사장님이기도 하시죠? 카페 소개를 해주세요.

❀ 이 자리에 정미소가 아주 오랫동안 있었어요. 부여 1호 정미소라서 제가 어릴 때는 방아 찧는 소리가 하루 종일 동네 전체에 들릴 정도였어요. 세월이 흐르고 농협에서 쌀을 대규모로 사들여 방아를 찧기 시작하면서는 조금씩 정미소에 사람들 발길이 끊어지고 마을도 좀 한적해지고 그랬어요.

그러다가 방앗간이 폐업하면서 한동안 폐가처럼 방치가 됐었는데, 부여군에서 새뜰마을 사업이라고 주민 소득 사업으로 방앗간을 활용해서 뭔가를 해보라고 해서 이장인 제가 신청했어요. 이 자리에 카페를 하고 마을 주민들이 같이 운영하면 마을 사람들에게 소득이 생기고, 우리 농촌의 역사인 방앗간도 그대로 살릴 수 있어 의미가 있을 것 같더라고요. 부여군에서 방앗간 부지를 사들여서 방앗간 모습을 그대로 재연해 새로 짓고 카페를 하게 된 거죠.

정미소 카페를 제안한
김형철 구교리 이장.

이장님이 제안을 하셨군요. 그럼 카페 사장님은 모두 이 마을 주민
들이신가요?

✳ 부여군 부여읍 구교 1리와 구교 3리 주민 19명이 조금씩 출자를
해서 만든 카페고요, 커피를 내려주시는 실장님도 정미소 카페 사장
님 중 한 분이세요.

주민 소득 사업으로 부여군에서 지원을 해주었다고 했는데 수익은
얼마나 나고 있나요?

✳ 정미소 카페를 시작하자마자 코로나가 터졌어요. 시기적으로 좋
지 않아서 아직까지는 수익이 나지 않지만, 수익을 위해서 여러 가
지를 계획하고 있어요. 빵과 쿠키도 만들고 있고요.

빵과 쿠키는 어떤 건가요?

❀ 부여가 밤이 유명해서 밤을 재료로 '밤마들렌'이라는 빵을 만들었어요. 쿠키도 두 종류를 만들고 있고요. 하나는 '오악사쿠키'예요. 1993년 부여 능산리에서 출토된 백제 금동대향로가 국보 287호인데, 용 한 마리가 연꽃 봉오리를 물고 있는 모습을 형상화한 향로거든요. 그 향로의 맨 윗부분에 보면 악기를 연주하고 있는 다섯 명의 악사가 있어요. 5악사예요. 그래서 쿠키 이름을 '오악사쿠키'라고 지었어요. 쿠키를 하나 먹더라도 백제의 역사를 얘기하면서 먹으면 좋을 것 같아서요. 또 다른 쿠키는 '정림사지쿠키'인데, 국보 제9호인 정림사지 5층 석탑이 새겨져 있어요. 이 쿠키들도 모두 마을 주민들이 수작업으로 만들어요. 아직 홍보가 많이 안 됐는데, 앞으로 홍보가 되면 잘 팔리고 마을 주민 소득에도 도움이 많이 될 것 같아요.

오악사쿠키도 그렇고 정림사지쿠키도 모양도 좋고 맛도 좋네요. 앞으로 판매가 잘될 것 같아요. 이 마을의 명칭이 장승백이던데 그런 이유가 있나요?

❀ 옛날에는 이 마을에 나루터가 있어서 강 건너에서 읍내로 들어오려면 거쳐서 나가는 마을이었다고 해요. 그래서 이 마을에 오일장도 크게 서고 그랬거든요. 나루터에 내려서 오일장 쪽으로 들어설 때 마을 입구에 장승이 서 있었대요. 그래서 그때부터 우리 마을 명

정미소 카페의 부여밤빵과 오악사쿠키, 정림사지쿠키.

청이 장승백이가 되었다고 해요.

부여 관광객들도 정미소 카페를 많이 찾나요?

❀ 코로나가 진정되면서 부여에도 관광객이 많이 찾아오고 있어요. 정미소의 옛 모습이 남아 있는 카페가 있다고 입소문이 나면서 도시에서 아이들을 데리고 함께 오는 부모님도 많고요. 부여가 자전거 도로가 좋아서 자전거 동호회 회원분들도 단체로 많이 오시고, 점차 소문이 많이 나는 것 같아요. 제가 동네 이장이면서 정미소 카페 사장 열아홉 명 중에 한 사람이기도 하니까, 앞으로도 열심히 홍보하고 더 유명해지도록 알려야죠. 마을 주민분들도 모두 즐겁게 열심히 홍보를 하고 있고요.

구교 정미소 카페가 더 유명해지길 바랍니다. 구교리 이장님이자 사장님 감사합니다.

구교 정미소 카페
충남 부여군 부여읍 나성북로 46번길 1
041-965-9828

대를 잇는 맛
장원막국수

막국수는 정미기가 없던 예전에 메밀의 겉껍질을 벗기지 않고 맷돌에 거칠게 막 갈아서 먹었다고 해서 이름이 그렇게 붙었다고 한다. 복잡한 조리나 특별한 재료 없이 대충 국물에 말아 바로바로 먹었다 해서 막국수라 불렸다는 설도 있다.

유래가 그렇다는 거지 어떤 음식이든 막 만들어서 막 먹었을 리는 없다. 막국수의 육수만 해도 감칠맛 나는 멸치 육수를 낼지, 담백한 닭고기 육수를 낼지, 진한 소고기 육수나 시원한 동치미 국물에 말아야 맛이 좋을지, 막국수 한 그릇에 쏟은 고민과 정성만으로도 배가 부를 것이다.

막국수는 메밀이 유명한 강원도에서 많이 해먹던 음식이다. 전국의 유명한 막국수 가게들도 강원도 지역에 많이 있지만, 부여에도 강원도 못지않게 유명한 막국수 집이 있다. 100년은 족히 되었을 옛

장원막국수의 대표 메뉴인 막국수.

날식 흔한 시골집에 메밀국수 기계를 걸고 장사를 시작해서, 30년 동안 명절 때 말고는 국수 가락이 끊어진 날이 없는 장원막국수 집이다.

 국수 가락이 끊어진 날도 없고 손님이 끊어진 날도 없이, 365일 대문 앞부터 담장 밑으로 국수 가락처럼 길게 손님들의 줄이 이어지고 문전성시를 이룬다. 장원막국수의 2대 사장을 준비 중인 장만석 사장은 일본에서 외식 업체에 취업해 일본 외식 시장을 두루 경험하고 돌아왔다. 지금은 1대 사장인 부모님의 노하우를 전수받는 중이다. 장만석 사장은 글루텐의 끈기가 거의 없는 메밀 반죽의 황금 비율이라거나 한겨울에도 시원하고 한여름에도 시원한 육수의 비법을 배우는 게 기본이고 가장 중요하지만, 무엇을 파는가보다 어떻게 파는가가 더 중요한 시대라고 말한다. 맛을 파는 건 기본이고 서비스도 함께 팔아야 한다는 것이다.

그는 "춥거나 더울 때 길게 줄을 서서 손님이 한 시간 만에 식탁에 앉았는데, 음식이 10분 안에 제공되지 않으면 손님에 대한 기본적인 결례"라고 생각한다. 부모님이 강원도까지 가서 배워온 맛을 끝까지 지키면서 장원막국수의 대를 잇겠다는 장만석 사장은 손님들에게 맛있는 막국수 한 그릇을 팔기 위해서라면 영혼이라도 팔 수 있어야 진짜 장사꾼이라고 말한다.

1대 사장님이신 부모님은 어떤 계기로 막국수 가게를 하시게 되었나요?

✽ 그냥 간단해요. 먹고살려고 시작하셨어요. 저희가 가게를 오픈한 게 1992년 6월 30일이거든요. 부모님이 생활이 많이 힘드셨어요. 어머님이 음식 솜씨가 있으셨는데, 아버님의 육촌형님이 강원도 인제에서 막국수 장사를 하고 계셨어요. 그때 친척분이 그 집 진짜 맛있다고, 배워서 장사를 해보라고 권유해주셔서 부모님이 육촌형님이 계신 강원도 인제로 찾아가셨어요. 그때가 1991년쯤이었어요. 제 기억으로는 부모님이 3개월 정도 그 집에서 지내시면서 막국수를 배우셨어요. 강원도에서 배운 막국수 맛에 충청도식 입맛을 가미

장원 막국수 장만석 사장.

해서 어머님 맛으로 재탄생한 거죠.

　장원막국수 가게가 오래전에 지은 건물이죠?

✽ 원래는 가게가 아니라 저희 가족이 사는 집이었어요. 저희 집 5
대가 지금 막국수 가게 자리에서 살았어요. 제 고조부가 증조부를
장가보내려고 1915년에 집을 지었어요. 유관순 누나 살아 있을 때
죠.(웃음) 출생 연도를 따져보니까 제 할아버지가 태어나신 해랑 제
증조부가 결혼하신 해랑 이 집 등기 낸 해랑 딱 맞아요. 그 집을 장사
할 수 있게 리모델링 한 번 한 것 말고는 그때 그대로 유지하고 있어
요. 제가 1979년 1월생인데 태어날 때 산파를 불러서 이 집에서 태
어났어요. 지금 손님들이 식사하시는 바로 그 방에서 저도 태어났거
든요.

　본격적으로 장사를 배운 건 언제부터인가요?

✻ 옛날에는 못 살고 힘드니까 단칸방에 엄마, 아버지 주무시고 할머니, 누나도 다 같이 자고…. 뭐, 내 방도 없고 내 책상도 없었죠. 아무튼 저는 장사라는 게 너무 싫었어요. 온 가족이 토요일 일요일도 없이 일만 하는 게 너무 싫었는데 돈은 벌고 싶더라고요.

그래서 스물한 살에 내가 뭘 해야 돈을 벌 수 있을지 생각해봤어요. 공부를 해서 돈을 벌긴 어려울 것 같았고요. 어려서부터 봐온 게 그래도 장사니까 장사는 어느 정도 자신이 있더라고요. 그러다가 제가 군대를 제대하고 오니까, 아버님이 "너 장사해볼래?" 그러시더라고요.

그때가 우리나라에서 프랜차이즈랑 체인 시장이 확 크는 시기였어요. 아버님과 얘길 나눈 게, 그럼 주먹구구식으로 하지 말고 우리도 제대로 배워서 해보자고, 뜻이 맞았어요. 그래서 '시장경제를 제대로 배우려면 일본으로 가자' 그래서 일본으로 유학을 간 거예요.

일본에서는 무엇을 배웠나요?

✻ 나고야에 지인이 있어서 거기로 가서 일단 어학 공부를 1년 한 뒤에, 외식 경영을 공부하고 싶어서 도쿄에 가서 전문학교에 들어가려고 했어요, 그런데 제가 생각한 외식 경영과가 없었어요, 제일 비슷한 학과를 찾은 게 사업 후계자 경영과 외식 사업을 접목한 그런 학과가 있더라고요. 그래서 학교는 그곳으로 다니고, 현장 경험을 쌓으려고 식당에서 아르바이트를 많이 했어요.

그런데 알바를 하면서도 규모가 좀 있는 업체에서 제대로 일을 배우고 싶어서 일본의 정통 외식 업체인 '스카이 락'이라는 회사의 중식당에서 일을 했는데, 너무 재미있더라고요. 일이 재미있다기보다 그들의 시스템이 무척 조직적인 게 재미가 있었어요.

그렇게 2년여를 일하고 부점장이 되었는데, 갑자기 어머님이 쓰러지셨어요. 사실은 점장까지 달고 한국에 오고 싶었는데 어머니가 쓰러지셨으니 돌아와야죠. 더 배울 게 많아서 귀국이 너무 아쉬웠어요. 그때 돌아오는 비행기 안에서 많은 생각이 들더라고요. 그때가 2008년이었는데 부여로 내려와서 2009년부터 본격적으로 막국수 일을 시작했죠.

장사가 무척 잘되는데, 앞으로 체인점을 해볼 계획이 있나요?

❋ 일본에 있을 때 덮밥 한 그릇을 먹으러 갔는데 너무 맛있는 거예요. 그런데 주인아저씨 혼자 모든 걸 다 하더라고요. 15명 정도 앉을 수 있는 테이블이 있는데 주방부터 서빙까지 혼자 다 하는 걸 보고, 맛도 있는데 체인점도 내고 크게 하시지 그러냐고 여쭤봤어요. 그랬더니 하시는 말씀이 "내가 하는 것처럼 똑같이 하는 사람이 있으면 내주겠는데, 사람들이 일을 배우러 와서는 내 맘에 들 때까지 숙달되지도 않고 체인점을 내달라고만 해요. 돈을 버는 것보다 내 가게 하나를 지키는 게 내 운명이고 내 사명감이에요"라는 거예요. '저게 진짜 장사구나' 하고 느껴지더라고요.

장원막국수도 체인점이나 프랜차이즈 제의가 많이 들어와요. 그럼 제가 물어봅니다. "반죽은 누가 하시게요? 면은 누가 뽑을 건가요? 화장실 청소는 누가 하실 건가요?" 그렇게 물어보면 다들 직원 구해서 쓰면 된다고 하세요. 직원 그만두면 또 구하면 된다 하고요. 자기가 모든 걸 배우겠다는 의지를 가진 사람은 없어요. 본인이 다 알아야 직원도 쓰는 거잖아요. 그래서 내린 결론이 가게 하나를 체인점으로 내주는 것보다 있는 가게를 지키는 게 더 중요하다는 거예요. 일본에서 그런 걸 배운 것 같아요.

막국수 맛의 생명이기도 한데, 메밀 반죽과 육수는 누가 하나요?

❀ 메밀 반죽은 저도 하고 직원들도 하고 다 같이 해요. 요리라는 게 있고, 조리라는 게 있어요. 제 개념으로 요리는 없는 걸 만들어내는 것이고, 조리는 조리법이라고 하잖아요. 그냥 레시피대로 만들면 되는 거거든요. 직원들은 조리를 하는 거고, 저는 요리를 해서 손님상에 올리는 거죠.

반죽을 예로 들면, 봄볕 쨍쨍한 날하고 장마 진 날 그리고 가뭄이 있는 날 공기 중에 수분 함량이 미묘한 차이가 있어요. 이건 반죽을 해봐야 알아요. 그 수분 차이가 소주잔 한 잔 차이 정도예요. 아침에 그날 쓸 반죽을 싹 한번 잡아보면 그 느낌을 알아요. 그리고 육수는 가게 문 딱 닫고 어머님하고 저하고만 만들어요. 이건 며느리도 몰라요.(웃음)

장원막국수의 맛이 계절에 상관없이 일정한가요? 아니면 여름 맛, 겨울 맛을 따로 내나요?

❋ 옛날처럼 대충 간 맞춰서 맛을 내는 것이 아니라 비율과 배합을 공식대로 맞춰서 맛을 내는데, 맛은 사람에 따라서 계절에 따라서 달라질 수 있죠. 우리 막국수를 처음 먹었을 때는 '와, 맛있다' 했어도 두 번째 먹을 때는 익숙한 맛이고, 세 번째 먹을 땐 평범한 맛일 수가 있거든요. 이건 어쩔 수가 없어요. 똑같은 막국수가 손님상에 나가는데 한쪽 테이블에선 '어휴 이걸 음식이라고 만들어' 이러면서 남기고 가는 손님도 있고, 다른 테이블에선 너무 잘 먹었다고 인사를 하고 가세요. 똑같은 막국수인데 어느 손님은 인상을 쓰고, 어느 손님은 인사를 해요. 이건 어느 식당이나 마찬가지일 거예요. 맛은 똑같은데 손님들의 컨디션이 날씨나 계절별로 그때그때 입맛을 결정하는 거죠.

막국수에 편육을 싸서 드시면 맛있다고 벽에 쓰여 있던데, 그건 어쩌다 쓰게 된 건가요?

❋ 그건 저희가 알고 한 게 아니라 손님들이 먼저 아시고 벽에 써놓으셨어요. 그걸 저희가 그대로 써서 벽에 붙여놓은 거예요. 그랬더니 처음에 막국수만 시켜서 드시던 손님들이 편육을 시켜서 싸 드시더라고요. 마케팅을 의도적으로 한 게 아니라 손님들이 자연스럽게 그

장원막국수의 편육.

렇게 하셨어요. 저도 그렇게 먹어봤더니 한결 맛이 있더라고요.(웃음)

돼지고기를 삶는 비법도 따로 있나요?

❋ 모든 음식은 맛이 있는 포인트가 있어요. 맥주는 냉장고에서 막 꺼냈을 때, 고기는 막 구워서 육즙이 있을 때고, 편육도 마찬가지예 요. 푹 삶아 나와서 그 온기가 있을 때 전부 소비가 돼야 해요. 비법 까진 아니고요. 오늘 내가 편육을 몇 접시 팔 것인가를 계산해서 그 만큼만 삶아요. 그만큼만 삶고 그만큼만 파는 거죠.

부모님이 장사를 시작하실 때는 입소문으로만 했고, 지금은 SNS나 인터넷이 발달해서 외지인들의 접근성이 훨씬 쉬워졌지요?

✼ 맞습니다. 그 덕분에 장사가 더 잘됐죠. 저희는 외지인과 부여 분들의 비율이 7 대 3 정도로 외지인들이 훨씬 많아요. 관광지라는 특성 때문이기도 하고요. 롯데 리조트가 부여에 생기기 전까지는 부여에 여관 외에 숙박 시설이 좋지 않아서 관광객이 와도 공주나 대천으로 빠져 나갔어요. 리조트가 생기니까 1박을 하려면 두 끼 정도는 부여에서 드세요. 그러다 보니 맛집을 검색하게 되고, 또 부여에 왔으니까 도회적인 것보다 다른 것을 찾는 것 같아요. 저희 가게가 옛날 집터에 옛날 집이라서 정감도 있고 맛도 있고 그런 게 궁합이 딱 맞았어요. 여러 가지 상황들이 운도 따라줬어요.

부모님의 뒤를 이어서 2대 사장님인데 3대까지 이어서 할 생각인가요?

✼ 아들이 지금 초등학교 4학년, 11살이거든요. 벌써 그런 고민을 할 정도는 아니고요. 개그맨 유재석이 그런 말을 했다고 하더라고요. 1년에 83억을 버는데 재산 증여는 하지 않겠다고요. 저도 같은 생각이에요. 간절히 원하고 배우길 원한다면 생각해보겠지만 꼭 대물림을 해야 한다는 생각은 없어요. 다른 좋은 사람이 있다면 남이라도 할 수 있는 거고 사회적 기업으로 클 수도 있는 거니까요.

큰 기업이 됐든 조그만 가게가 됐든 경영을 물려줄 때 포인트는 워커는 필요 없다는 거예요. 리더가 필요한 거죠. 워커는 "저 이거 해볼래요, 가르쳐주세요" 하는 사람이고, 리더는 '이건 이렇게 하면 안 돼요. 이게 맞습니다' 비전을 제시해줄 수 있는 사람이에요. 남이든 가족이든 그런 사람이 맡아줘야 한다고 생각해요. 그리고 그 이전에 해야 할 건 지금 함께하고 있는 우리 직원들에게 복지가 더 많이 돌아가도록 장원막국수를 그런 기업으로 키우고 싶어요.

장원막국수

충남 부여군 부여읍 나루터로62번길 20

041-835-6561

비가 오면 생각나는
그 '주막'

비가 오면 생각나는 노래가 있다. 가수 심수봉의 '비가 오면 생각나는 그 사람'으로 시작하는 〈그때 그 사람〉이다. 연배가 좀 더 올라간다면, '문패도 번지수도 없는 주막에 궂은비 내리는 이 밤도 애절구려'라고 노래한 가수 백년설의 〈번지 없는 주막〉이 떠오르는 분도 있을 것이다.

비가 오는 날엔 백마강의 물안개와 낙화암의 산안개가 마당까지 내려와 있는 강변의 주막집으로 간다. 백년설의 노래처럼 문패도 번지수도 없는 건 아니고, 문패도 번지수도 있지만 투박한 글씨로 쓰인 '주막'이 간판을 대신하고 있는 주점이다. 손님들도 주막집이라 부른지 어언 23년이 되었다. 주막집 주모 김상분 할머니는 올해 74세의 나이에도 여전히 곱고 소녀 같다. 소싯적엔 인물이 꽤나 고왔을 인상이다.

'바람 부는 날엔 압구정동에 가야 한다'는 유하 시인의 시가 있다. 바람 부는 날이라고 압구정에 딱히 가고 싶은 마음이 들진 않지만, '비가 오는 날엔 주막집에 가야 한다'는 생각은 든다. 비가 내리기 시작하면 주막집의 호박전과 막걸리가 생각나기 때문이다. 비가 오면 일조량이 줄어들어 일시적인 우울감을 느끼게 되고, 호박전이 당기는 건 밀가루에 들어 있는 아미노산과 비타민B가 우리 몸의 탄수화물 대사를 높여서 기분을 좋게 한다는 과학적인 근거도 있다.

하지만 주막집이 끌리는 이유는 그런 과학적 접근보다 인간적 접근이 더 우선일 듯싶다. 주막집 할머니가 마당에서 직접 따온 호

직접 쓴 주막집 간판.

박을 충분히 썰어 넣고 즉석에서 밀가루 반죽을 하고 바로바로 부쳐 내오는 호박전의 구수한 맛이 일품이다. 무엇보다 구수한 충청도 사투리로 안부를 물어주는 할머니의 느릿한 목소리와 주막집의 양철 지붕 위에 내리는 하이 톤의 빗소리로 귀가 호강한다. 비 오는 저녁 저기압 상태라서 더욱 진하게 느껴지는 주막의 호박전 지지는 냄새 와 달큰한 막걸리와 사람 사는 냄새가 뒤섞여서 코가 호강한다. 빗소리와 호박전과 막걸리, 삼박자가 어우러지는 주막집이다.

비가 오는 날엔 주막집에 가야 한다. 그런 날 이런 건배사는 어떨까? 부여라! 마셔라!

가게 상호가 따로 없고 '주막'이라고 쓰여 있는데, 주막이라고 정한 특별한 이유가 있나요?

✳ 특별한 이유는 읎어. 손님들이 '주막'이라고 하면 좋겠다고 해서 그렇게 했지. 우리 집하고 맞는 것 같다고 어울린다고 주막으로 하라고 하더라고. 그때는 지붕도 초가지붕이었으니께 주막이 딱 어울리는 것 같기도 하더라구. 그때 초가지붕일 때는 천장에서 손님상으로 굼벵이가 뚝뚝 떨어지기도 허구 그랬어. 아이구, 징그러라. 굼벵이 땜이 못 살겠어서 초가지붕을 기와로 바꾼겨.

주막이란 간판은 누가 쓴 건가요? 손님은 주로 어떤 사람들이 오나요?

❀ 간판 두 글자를 누구 불러서 쓰기도 그르찮여. 우리 집 양반이 썼지. 종이에 써 붙여서 비 맞고 번지면 새로 쓰고. 우리 집 양반이 필체가 좋잖여. 주막이라고 혀서 손님들도 나이 먹은 양반들이 많이 올 것 같은디 그르치도 아녀. 노인네는 별루 안 와. 여기 오는 손님들이 와서 보고 그려. 주인은 늙었는디 손님들은 왜 그리 젊냐고 그려.(웃음) 그리고 우리 집은 쌍소리 허는 사람들은 별루 안 와. 읍내에서 의사들도 많이 오구 전통대학교 교수님들도 많이 오구, 점잖은 양반들이 많이 와. 참말로 술집은 말도 험하게 허구 그런 사람들도 많잖여. 그런디 우리 주막은 그런 손님은 읎어. 그것도 참 신통 허드라고.

주막 김상분 사장.

지금도 손님이 많은 편이죠?

❋ 심심치는 않은 정도지 시방은 많지도 아녀. 그전에는 겁나게 많았지. 그전에 옥수수 막걸리를 팔았는디 하루에 말 통으로 서 말씩 팔었어. 말이 그르치 여기서 막걸리 말 통을 그르케 팔 정도믄 정신 없이 판겨. 아는 사람들이 와서 부엌일을 도와줘야 장사를 할 수 있을 정도였응게. 좋은 시절도 있었당게.(웃음)

그때는 돈도 많이 버셨겠어요? 벌어서 땅도 사고 그러셨어요?

❋ 그때는 돈 좀 만져봤지.(웃음) 근디 여기서 막걸리 팔어서 무슨 땅을 사것어. 개구리 마빡만 한 땅도 못 사지. 애들 보태주고, 애들한티 손 안 벌리고 내 용돈 쓰는 거지 큰돈 되간디. 그리구 돈만 보구 장사하믄 장사가 더 안 되는 겨. 허다 보믄 될 때도 있구 벌 때두 있구 그른 겨. 그르다 봉게 좋은 세월이 다 흘러가 버렸구먼.

날씨에 따라서 손님이 많기도 하고 적기도 하고 그런가요?

❋ 그르치. 그게 참 희안혀. 비만 오믄 엄청나지. 그르타구 맨날 비 오라구 기우제를 지내는 건 아니여. 왜냐믄 비가 계속 온다구 손님이 계속 오는 건 또 아니여. 비가 와도 장마져서 맨날 오믄 오히려 손님이 없어. 쨍쨍 날씨가 맑다가 어느 날 비가 와르르 쏟아지믄 손님

이 주체 못허게 많이 오지. 그럴 때는 내가 그려. "오매~하늘에서 비가 오는 게 아니라 돈이 내리네유."(웃음)

주막집의 대표 메뉴가 호박전인데 처음부터 호박전을 하셨나요?

✽ 내가 장사를 여기서 처음 헌겨. 처음에 장사를 헌다구 생각허니께 겁도 나구 심난해서 잠도 안 오더라구.(웃음) 그때는 할 줄 아는 것도 없응게. 메뉴도 내가 해먹던 김치전하고 파전만 했었는디 손님들이 호박전도 해보라구 허드라구. 왜냐믄 우리 집에 호박이 지천으로 열렸으니께. 해보라구 혀서 했는디, 그걸 그렇게 맛나게들 잡숫드라구. 왜냐믄 내가 농사를 져서 호박을 쓰니께 장에서 사다 쓰는 것보다 호박을 많이 넣게 될 거 아녀. 그르니께 우리 호박전 맛 보믄 딴디 가서 못 먹겠다구 손님들이 그르더라구. 참말이여. 내가 내 자랑허는 게 아니라 손님들이 그르드라니께. 참말이여.(웃음)

호박전도 호박이 많이 들어가고 노릇하게 잘 부쳐서 맛이 있지만 양념장도 맛있더라고요. 호박전하고 또 대표 메뉴가 뭔가요?

✽ 호박전도 맛있다허구 우리 집에서 담근 묵은지로 김치전을 부치니께 김치전도 맛나다고 그려. 내가 내 자랑허는 거 아녀, 참말로. 손님들이 그르케 말을 허니께 내가 전달만 허는 겨. 그리고 우리 집 닭발도 있는디 닭발도 내가 헌 닭발 먹으믄 딴 디서 못 먹것다구 그러

주막집 외관

더라구. 근디 뭐 사람마다 입맛이 다르고 다 그러것지. 뭐 그르케 특별헐 게 있것어? 다 거기서 거기것지 뭐.(웃음)

음식을 맛있게 하는 특별한 비법이 있나요?

✽ 비법이 있으믄 뭐가 을매나 있것어. 다 거기서 거기지. 근디 아주 작은 차이긴 허지만 모든 음식은 바로 만들어서 식기 전에 내야 맛있는 겨. 호박전만 해도 주문이 들어오믄 그때 호박 따러 나가는 겨 호박전 반죽을 미리 해놓으믄 반죽에 물이 생겨서 제 맛이 안 나는 겨. 주문이 들어오믄 그때부터 반죽해서 부쳐내는 게 비결이라면 비

결일라나? 나는 다른 비결은 모르것네. 내가 호박 많이 넣고 정성껏 반죽해서 맛나게 부치는 거, 그거지 뭐. 다른 건 읎는 것 같어.(웃음)

비 오는 날 처마에 떨어지는 빗소리를 들으면서 먹는 호박전과 막걸리 맛이 주막집의 매력인데, 장사는 언제까지 하실 생각이신가요?

✳ 빗소리 듣는 재미로 온다는 손님들은 많은디 나 땜이 온단 손님은 못 봤응게 오래 헐건 아니여.(웃음) 나이가 들수록 적적허구 심심허니께 손님들이 오믄 나두 말상대도 허구 재미나니께 허는 건디, 언제까지나 헐 수 있을지 모르것네. 몸이 따라 주야 허는 거지 맘만 있다고 되는 거간디. 그리구 노인네가 만든 음식이라구 손님들이 추저분허다구 허기 전에 그만허야지. 쬐금만 더 허구 말으야지.

주막집이 없어지면 부여의 명소 한 곳이 없어지는 건데, 건강하시고 오래오래 호박전 맛볼 수 있으면 좋겠네요. 감사합니다.

주막

싸고 맛있는
김해뒷고기

뒷고기의 유래는 예전에 돼지를 도축하는 사람들이 맛있는 부위만 조금씩 떼어서 자기들끼리 나눠 먹었다는 설이 있고, 다른 여러 가지 설도 있다. 어찌 됐든 뒷고기가 맛있는 부위라는 건 공통된 설이다. 돼지머리 부위를 기본으로 머릿살, 항정살이나 볼살, 턱밑살 등 상품성이 많이 없는 부위의 살들을 모아서, 1980년대부터 뒷고기라는 상품으로 개발해 오늘날까지 서민들의 사랑을 받고 있다.

부여에도 뒷고기 집이 있는데, 가게 이름이 '김해뒷고기'라서 의아했다. 뒷고기가 경남 김해에서 시작되었다는 설이 있어서 원조인 김해의 지명을 쓰게 되었다고 한다. 최상돈 사장 부부는 부여 상권에서 조금 비켜난 주택가 쪽에 가게를 차렸다. 좋은 상권이 아니라도 음식만 맛있으면 손님이 찾아온다는 간단한 진리를 몸소 실천하고 증명해 보인 대표적인 사례다. 대한민국뿐 아니라 전 세계 자영업자들이 코로나19의 직격탄을 맞았을 때도 최상돈 부부의 가게는 매출에 지장이 없었다. 탄탄한 고정 고객과 충성 고객들의 비호 속에 호황의 시절을 보냈을 정도다.

호황의 비결은 물론 맛이 첫 번째다. 남의 손을 거치지 않고 부부가 직접 주방과 홀을 동분서주 뛰어다니며 일심동체로 호흡을 맞춰온 세월의 맛으로, 매일매일 맛깔난 밑반찬을 만들고 신선한 뒷고기를 상에 올린다. 뒷고기가 메인 요리지만 맛깔난 밑반찬이 고기의 감칠맛을 더해준다. 축구를 예로 들자면, 스트라이커의 골 결정력을 탄탄하게 받쳐주는 역할을 밑반찬들이 하고 있는 것이다.

김해뒷고기는 부여 현지인들의 입소문을 타고 자연스럽게 외지인들도 찾아오는 가게인데, 홍보를 일체 하지 않기로 유명하다. 손님이 많이 찾아주는 건 고마운 일이지만, 저녁 시간에 밀려드는 손님을 부부 두 사람이 감당하는 게 쉽지 않기 때문이다. 종업원을 써보기도 했지만 남의 손이란 게 부부가 직접 하는 정성을 따라올 수 없는 법이다. 그래서 최상돈 사장 부부는 두 사람이 감당할 수 있는 정도만, 손님들에게 일일이 친절하게 응대해줄 수 있는 정도만 손님을 받겠다는 생각이다.

손님들이 김해뒷고기를 자주 찾는 이유는 뒷고기의 감칠맛도 있지만 사장 부부의 손맛과 서글서글한 인심 맛도 한몫을 한다.

김해뒷고기 최상돈 사장.

부부가 함께 언제부터 장사를 시작했나요?

❀ 남편과 둘이서 2008년 6월 19일에 오픈을 했어요. 남편이 군대 제대하고 재단사 일을 배워서, 인천에서 가죽옷과 무스탕 등을 만드는 공장을 했어요. 직원도 30여 명 두고 크게 했어요. 그런데 중국 시장이 열리면서 타산이 안 맞더라고요. 직원들 급여도 밀리고 그러다가 결국 문을 닫고 고향으로 내려오게 된 거죠.

식당을 하기로 업종을 정하고 귀향을 한 건가요?

❀ 처음엔 식당을 할 생각이 아니라 모 기업의 대리점을 시작했는데, 생각대로 되질 않았어요. 그때 어느 분의 소개로 뒷고기를 알게 됐는데, 그 당시 가격이 워낙 저렴하고 맛도 있더라고요. 그래서 생각지도 않았던 뒷고기집을 시작하게 되었어요.

처음부터 지금 가게 자리에서 시작을 했나요?

❋ 이 자리에서 시작해서 15년 정도 됐어요. 그때는 가게 앞이 전부 논밭이었는데, 지금은 그나마 많이 좋아졌어요. 그땐 상권이고 뭐고 볼 겨를도 없이 시작했어요. 다행히 장사가 잘되어서 이 건물을 살 정도는 되었는데, 건물주가 안 팔더라고요.(웃음) 저희 부부가 건물주를 잘 만나서 오픈하고 지금까지 단 한 번도 임대료를 올리지 않으셨어요.

지금도 단가가 싼 편인데, 싸게 팔면서 수익을 내는 비결은 무엇인가요?

❋ 예전엔 2900원이었는데 그나마 오른 거죠. 처음에 저희가 뒷고기를 시작했을 때만 해도 뒷고기집이 거의 없었어요. 항정살이나 볼살 이 정도였죠. 뒷고기란 말도 생소했을 때 시작해서 희소성이 좀 있었던 것 같아요. 뒷고기가 가격은 싼데 맛은 좋아요. 일단 가격 부담 없이 고기를 드실 수 있다는 장점이 있었고, 야채들을 당진에 계신 친정엄마가 농사를 직접 지어서 보내주시기 때문에 손님상에 신선한 야채를 싸게 공급할 수 있는 것도 단가를 낮추는 비결이었죠.

뒷고기도 맛있지만 계란찜도 맛이 있던데 특별한 레시피가 있나요?

❀ 처음에 계란찜을 낼 때는 국물이 좀 있었어요. 그래서 메뉴판에도 계란탕이라고 되어 있어요. 장사를 하면서 조금씩 레시피를 개선해서 지금의 계란찜이 되었어요. 일단 계란을 체에 밭쳐서 계란 막을 없애고요. 제일 중요한 건 계란을 아낌없이 써야 맛이 나요, 보통 뚝배기 하나에 계란이 서너 개 정도 들어가는데, 저희는 일고여덟 개를 넣어요. 그리고 소금을 넣고 잘 저어줘야 하는 포인트가 있어요. 별건 아닌데 어느 때부터인가 계란찜이 저희 가게의 인기 메뉴가 되어 있더라고요.

하루 매출은 얼마 정도 되나요? 고기는 몇 킬로그램 정도, 술은 몇 박스 정도 판매가 되나요?

❀ 하루 매출은 평균 150만 원~200만 원 선이고요. 남편과 둘이 하니까 힘이 들어서 일찍 문을 닫아서 그렇지, 밤늦게까지 한다면 하루 300만 원은 충분히 찍을 수 있는데 우리가 여건이 안 돼요. 사람을 두고 하려고 해도 일이 고단해서 일찍 그만두더라고요. 그래서 힘이 들어도 남편과 둘이 해요, 고기는 하루에 20~30킬로그램 정도 팔고, 술은 소주 두 박스, 맥주 두 박스 정도 팔아요.

테이블 회전은 몇 회전 정도나 되나요?

❀ 두 바퀴 반 정도 도는 것 같아요. 아침 8시부터 준비해서 11시

↑ 사이드 메뉴인 계란탕. 맛이 일품이다.
← 김해뒷고기.

부터 점심 장사하고, 쉬는 시간 없이 저녁 장사까지 했어요. 요즘은 '브레이크 타임'이라고 부여 식당들도 많이들 쉬기에 저희도 2시부터 4시까지 쉬는 시간을 가지려는데 그게 쉽지 않아요. 여기는 시골이잖아요. 하우스 농사를 하시는 분들이 시간 대중없이 오시니까, 시간 정해놓고 딱 그 시간에 쉬는 게 정말 쉽지 않더라고요. 일하시고 시장하셔서 오셨는데 밥을 안 드릴 수가 없잖아요.(웃음)

부부 두 분이 운영하면서 역할 분담은 어떻게 하나요?

✻ 주방은 제가 다 보고요, 숯불이랑 카운터는 남편이 봐요. 나머지

홀 서빙이나 이런 것들은 무조건 시간 나는 사람이 보는 거죠. 주방보다가 벨 소리 들리면 내가 뛰어 나가고요. 누가 뭐랄 거 없이 상황에 맞게 둘이 뛰어다녀요. 오히려 손님들이 놀라요. 이걸 어떻게 둘이 하냐고요.(웃음)

힘들 텐데 항상 웃으면서 일하시는 것 같아요. 김해뒷고기를 맛있게 즐기려는 손님들에게 주 메뉴와 후식을 어떻게 주문하면 좋을지 팁을 주신다면요?

❀ 주 메뉴는 뒷덜미살을 추천해드리고 싶어요. 뒷덜미살은 돼지 머리를 자르고 나면 거기서 손바닥만큼 딱 1인분이 나오는데 그만큼 맛이 있어요. 후식은 냉면과 국수가 있는데, 제가 장사를 하면서 사서 쓰는 게 딱 하나 있는데, 냉면 육수예요. 냉면 육수는 제가 낼 줄도 모르고 시간도 안 되기 때문에 기존 제품을 사서 써요. 그런데 국수는 제가 육수를 다 내요. 그러니까 저는 국수를 추천하죠. 일반적으로 멸치로 육수를 많이 내는데 멸치 육수는 식으면 비린내가 좀 나요. 그래서 저는 채소로만 국물을 내요. 그럼 맛이 깔끔하거든요. 국수는 손님들도 다 맛있다고 하세요.

언제까지 운영할 거고, 대를 물려줄 계획도 있는지요?

❀ 환갑까지만 하려고 했는데 5년이 더 늘었어요.(웃음) 어쩌다가

사기를 한 번 당하는 바람에 5년은 더 벌어야 우리 부부 노후 대책이 될 것 같아서 계획을 좀 연장했어요. 아들이 서울 연남동에서 카페를 하고 있는데, 나중에라도 하겠다면 물려주겠지만 억지로 권할 생각은 없어요. 가끔 아들이 내려와서 가게 일을 도울 때가 있는데, 가게 매출을 보면 "우리 엄마 아빠 돈 많이 버네!" 하고 깜짝 놀라더라고요. 본인이 결정하는 대로 하게 해줘야죠.(웃음)

김해뒷고기만의 결정적인 맛의 특징을 하나만 말한다면 무엇일까요?

❋ 좋은 고기가 첫째고요, 무엇보다도 친정엄마가 직접 농사지은 제철 식재료가 아닐까 싶어요. 농사지은 채소를 그때그때 보내주시고 친정엄마가 김치도 직접 담가주세요. 고기와 곁들여 먹는 묵은지는 11월마다 배추 1000포기를 가족들이 다 같이 담가요. 밑반찬 중에 인기가 있는 콩나물은 식감이 좋은 아귀찜용 콩나물을 쓰는데, 하루 전날 삶아서 물기를 빼 무쳐 내면 아삭아삭 식감이 좋고 맛있어요. 마늘이나 고춧가루 같은 양념은 아무리 비싸도 다 국산만 쓰는 것도 비결이라면 비결인 것 같아요.

충청도 사람들의 입맛, 특히 부여 사람들의 입맛의 특징은 어떤 것 같나요?

❋ 부여는 고령 사회라서 노인분이 많아요. 어르신들은 미각이 둔

해지셔서 그런지 짜고 강한 맛을 좋아하세요. 원래 충청도 음식은 간이 그리 세지 않은데, 부여는 군산이나 전주 같은 전라북도와 인접해 있어서 그런지 충청도 맛에 전라도 맛을 합친 맛 같아요. 요즘은 어디나 지역의 맛을 정의 내리기가 어려울 만큼 '맛의 평준화'가 된 것 같고요. 음식도 입맛도 시대나 세태에 따라 변하겠죠. 그것을 잘 따라잡는 게 식당의 성공 여부를 결정하는 것 같고요.

김해뒷고기

충남 부여군 부여읍 월함로 23
041-835-8870

노브랜드 치킨 생존기
둘리스치킨

대한민국은 치킨 공화국이다. 그만큼 우리나라 국민의 치킨 사랑은 세계적으로도 유명하고, 그만큼 치킨 가게도 많다. 국내 체인점만 해도 2019년 기준으로 8만 7000개 정도가 되고, 배달음식 순위 부동의 1위도 치킨이다. 하지만 매년 6200곳이 창업하고, 8400곳이 폐업하는 과열 경쟁, 무한 경쟁의 대표적인 업종이기도 하다. 피하거나 물러서면 죽는 치킨 게임이 치킨 시장에서 매일 벌어지고 있는 것이다.

체인점의 경쟁이 이렇게 치열한데, 본사의 마케팅이나 광고 홍보의 도움을 전혀 받지 않고 독립적으로 자생해야 하는 노브랜드 동네 치킨집의 사정이야 불을 보듯 뻔하다. 한자리에서 25년을 버텼다는 것은 살아남았다는 것만으로도 충분한 저력이 느껴진다.

처음 오픈한 그 자리에서 그대로 치킨 가게를 운영하고 있는 강석기 사장 부부의 점포 입구에는 "치킨 맛 지금도 연구 중"이란 문구가 쓰여 있다. 둘리스(둘리's)치킨이 유명 브랜드 치킨과 싸워서 버틸 수 있었던 이유도 바로 이 한 줄의 진심이 아닐까 싶다.

[닭큐멘터리 3일] 둘리's 치킨 3일 관찰기

1일차

오후 2시 ▷ 가게 출근길에 거래처 닭집에 들러서 3일 동안 판매할 닭과 닭 날개, 다리를 구입. 오일장 단골 채소 가게에서 무농약 배추 구입.

오후 3시 30분 ▷ 다음 날 사용할 닭의 염지 작업. 당일 사용할 닭의 절단 작업과 튀김가루 배합. 무와 소스 포장.

오후 5시 ▷ 영업 시작. 닭 튀김, 서빙, 배달(오토바이).

오후 11시 ▷ 영업 종료. 매장 정리 및 하루 결산.

노브랜드 동네 치킨집이 25년 동안 한자리에서 영업하고 있다는 것만으로도 성공했다고 봐야 할 것 같은데, 둘리스 치킨은 처음부터 체인점이 아니었나요?

둘리스치킨 강석기 사장 부부.

❀ 제가 처음 치킨집을 한 게 IMF 때인데요, 그때 다니던 회사가 부도가 나고 갑자기 직장이 없어졌어요. 직장에 다니면서 받았던 스트레스 때문에 다시 직장 생활을 하기가 싫었고, 직장 생활을 할 때처럼만 열심히 한다면 치킨집을 해도 먹고살지 않겠는가, 그런 생각으로 시작했어요.

처음에는 의욕만 있었지 얼마나 준비가 안 돼 있었냐면, 상호를 짓지도 않고 간판집을 먼저 갔어요. 간판집 사장님이 '상호를 뭘로 할까요?' 묻는데, '알아서 해주세요' 그럴 정도였으니까요.(웃음) 그때 간판집 사장님이 "요즘 텔레비전 보니까 아기 공룡 둘리가 인기가 있던데, 둘리치킨 어때요?" 그러더라고요. 들어보니까 귀에 쏙 들어오고 나쁘지 않더라고요. 그래서 즉석에서 둘리치킨이 탄생한 거예요.

그렇게 간판을 걸고 치킨집을 시작했는데, 한 5년 정도 했을 때

둘리치킨이라는 체인점이 생겼다며 상표권 침해했다고 공문이 왔어요. 시작은 우리가 먼저 했지만, 우리는 상표등록을 안 해놨거든요. 그때는 사실 그런 쪽으론 좀 허술하던 때였잖아요.

그래서 어떻게 해야 되냐고 물어보니까, 둘리치킨이란 상호를 계속 사용하려면 닭도 그렇고 체인점 식자재를 써야 한다는 거예요. 그러니 할 수 없잖아요. 그래서 1년인가를 체인점 물건을 받아서 썼는데, 단골손님들이 컴플레인을 걸더라고요. 예전에는 맛이 있었는데 맛이 변했다고 손님이 계속 떨어지더라고요.

그래서 예전대로 우리 가게 맛으로 닭을 튀기려면 간판을 바꿔야 되겠구나 생각했어요. 그런데 간판을 통째로 바꾸려면 그것도 경비가 만만치 않잖아요. 그래서 고민 고민하다가 궁여지책으로 바꾼 게 둘리에다 아포스트로피apostrophe 부호 s를 붙여서 둘리's치킨이 된 거예요. 소유격을 붙여서 둘리의 치킨쯤 되는 거니까, 상표권을 피해갈 수가 있더라고요. 그때부터는 우리가 만든 염지에 우리 튀김옷을 입혀서 팔았더니 손님들 반응이 다시 좋아지더라고요. 그 뒤론 지금까지 우리 식대로 닭을 튀겨 왔어요.

치킨 맛을 결정짓는 닭 염지 작업이 중요할 것 같은데, 둘리스 치킨만의 비법이 있나요?

❀ 예전에 가게를 오픈하고 얼마 안 되었을 때인데, 손님 한 분이 오셔서 닭을 드시더니 염지를 어떻게 하느냐 묻더라고요. 그때는 시중

에 파는 제품으로 염지를 하고 있어서 사실대로 답했더니, 그러지 말고 이렇게 해보라면서 몇 가지 비법을 아무 대가도 없이 가르쳐 주시더라고요. 그 비법이란 게 염지를 할 때 마늘 양파 생강 등을 갈아서 넣는 건데, 그렇게 하니까 맛이 훨씬 낫더라고요. 그래서 제가 그래요. 그때 '염지의 귀인'이 오셨던 거라고요. 지금 생각해도 뭐에 홀린 것 같아요. 모르는 분이 오셔서 염지 비법을 알려주시고 홀연히 사라졌거든요. 그 방식대로 지금까지 염지를 하고 있어요.

오늘 일과를 보니 튀김가루 배합이 있던데, 그건 어떤 작업인가요?

❋ 치킨의 맛을 결정하는 게 '겉바속촉'이거든요. 튀김옷은 바삭하고, 고기는 촉촉한 육즙이 있어야 치킨 맛이 제대로 나기 때문에 저희는 튀김옷을 굉장히 신경 써요. 시중에 나와 있는 튀김옷 파우더가 수백 가지예요. 그중에서 제일 좋은 걸 세 종류 정도 골라서 쓰는데, 이 세 가지 파우더의 배합을 적절하게 잘해야 해요. 25년 동안 실험을 수백 번은 했어요. 바삭하기만 해도 안 되고, 치킨을 잘 감싸주면서 바삭해야 하거든요. 그래서 찾은 배합 비율로 매일 반죽을 하는 거죠.

치킨집에서는 치킨무가 손님상에 나가는데, 배추는 왜 구입을 하는 건가요?

❀ 오일장마다 나오시는 할머니가 계신데, 농약도 안 치고 그냥 있는 그대로 키운 배추라서 벌레가 갉아먹고 구멍도 뿅뿅 나고 그래요. 상품성은 별로 없지만 농약을 안 친 배추니까 건강에는 좋잖아요 그걸 사다가 김치를 담가요. 동네 장사는 손님이 뭘 찾으시더라도 내줄 수 있어야 하는데, 치킨을 드시는 연세 드신 손님들이 꼭 김치를 찾으시거든요.

25년을 한곳에서 장사했으면 동네 분들과도 무척 친하시겠어요.

❀ 요즘은 배달을 하면 배달료라는 걸 따로 받잖아요. 저는 그렇게 못하겠더라고요. 25년 동안 저희 닭을 주문하시고 드셔주신 것도 고마운데 배달료 따로 달라 소리가 안 나와요. 요즘은 아파트에 노인들분만 사시는 경우도 많은데, 이분들은 5층짜리 아파트에 엘리베이터가 없으니까 쓰레기 버리러 내려왔다 올라가는 것도 힘들어하세요. 그래서 저는 배달 가면 꼭 쓰레기봉투 버릴 거 없냐고 여쭤봐요. 내려올 때 그거 하나 버려드려도 참 고마워하시거든요. 동네 치킨 장사라는 게 치킨만 팔아서는 안 돼요. 정을 나누고 마음을 사고팔아야 할 수 있거든요. 그러면 친해질 수밖에 없어요.

오후 2시 ▷ 가게 출근길에 오토바이 오일 교환.

오후 3시 ▷ 정형외과 물리치료(엘보, 어깨, 손가락 관절).

오후 4시 ▷ 영업 준비(닭 손질, 무와 소스 포장). 튀김기 식용유 교체.

오후 5시 ▷ 배달, 닭 튀김, 홀 서빙.

오후 11시 ▷ 매출 정산과 부엌, 홀 청소 마무리.

오늘은 배달용 오토바이 오일을 갈면서 하루 일과를 시작하고 튀김기 기름을 바꾸시던데요, 튀김용 식용유는 얼마에 한 번씩 교체를 하나요?

❀ 저희 가게가 기름이 깨끗하다고 소문이 났어요. 기름이 깨끗하면 치킨 색깔도 노릇노릇 선명하고 먹음직스럽게 튀겨져요. 맛에도 차이가 있는데, 기름이 깨끗하면 치킨이 따뜻할 때도 맛이 있지만 식어도 식감이나 맛의 차이가 적어요. 그건 손님들이 더 잘 아시거든요. 시중에 있는 브랜드 치킨 중에 새 식용유로 하루에 60마리만 튀겨서 파는 체인점이 있어요. 60마리 정도면 깨끗한 기름으로 튀기는 거거든요. 그런데 저희 가게는 50마리 정도 튀기면 기름을 교체해요. 닭을 튀겨내서 보면 눈으로도 알 수 있고 맛으로도 알 수 있는 게 기름이거든요.

식용유 값도 많이 올랐는데 동네 치킨에서 그렇게 해서는 수익을 내기가 어렵지 않나요?

✿ 오히려 브랜드가 없는 동네 치킨집이라서 가능할 수가 있어요. 체인점을 하다 보면 아무래도 인건비나 물류비용이 추가되는데, 저희는 25년 동안 제 아내하고 둘이서 모든 일을 해요. 힘은 들어도 인건비를 절감할 수 있으니까 이익을 손님들에게 조금씩이라도 돌려드릴 수가 있잖아요. 그게 저는 좀 더 깨끗한 기름으로 튀기고, 배달비 안 받고 그렇게 돌려드린다고 생각해요.

두 분만으로 25년을 운영하는 게 쉽지 않죠?

✿ 오늘도 정형외과에 다녀왔지만 몸이 성치가 않아요. 닭을 손질하는 게 힘이 많이 들어가거든요. 손목이나 손가락이나 엘보가 성한 곳이 없어요. 닭을 손질하려면 25년 동안 매일 똑같은 근육과 관절을 사용해야 하잖아요. 이게 직업병 같은 거예요. 매주 한두 번씩은 정형외과에 가야 해요. 비가 오나 눈이 오나 배달을 해야 하고요. 이게 체력적으로도 쉽지 않은 업종이에요.

역할 분담은 어떻게 하시나요?

✿ 저희는 닭만 파는 게 아니고 골뱅이 소면이라든지 김치찌개나

두부김치 같은 안주류도 함께 팔기 때문에 아내가 주방에서 거의 모든 음식을 다 해주고, 저는 닭 손질이나 튀김 같은 조금 더 힘이 들어가는 일을 해요. 아내가 맛을 내는 일을 하고, 저는 힘이 들어가는 일을 한다고 보면 돼요.

오늘은 밤 11시에 마감을 했는데, 하루 매출이 어느 정도였나요?

✽ 닭은 1인 1닭이라고 하잖아요. 손님 한 분이 닭을 한 마리 드시는 분은 계시지만, 두 마리 드시는 분은 안 계세요. 그건 매출의 편차가 그리 크지 않다는 것이거든요. 대개 하루에 40~50만 원 정도의 매출에서 크게 벗어나진 않아요.

3일차

오전 11시 ▷ 서각공방.
오후 1시 ▷ 시장(고춧가루, 마늘, 머윗대, 소면용 오징어, 소면).
오후 2시 ▷ 오징어 등 안주류 손질, 환풍구 세척, 튀김기 세척.
오후 3시 ▷ 영업 준비. 닭 손질, 무, 소스 포장.

강석기 사장의 서각 작품.

서각공방에선 무엇을 하나요?

❀ 가게 안에서 닭 손질을 하면서 25년을 버텨온 힘이기도 한데, 일
주일에 한 번 정도 서각을 하는 공방에 나가요. 글씨든 그림이든 나
무에 새기고 한 땀 한 땀 깎다 보면 치킨을 튀기면서 쌓인 스트레스
가 풀리고 리프레시가 되는 게 느껴져요. 서각을 하고 나면 손님들
에게도 좀 더 친절하게 대하게 되고 일에 능률도 오르고요.

가게에도 작품이 몇 점 걸려 있는데 취미 수준이 아니라 국전에서 입
상하셨네요?

❈ 대한민국 미술대전 서각 부문에서 입선도 했었고, 충청서도대전에서 최우수상도 받고 특선도 하고 했어요. 닭 튀기는 것도 25년 하니까 실력이 늘듯이 서각도 꾸준히 하다 보니까 상도 받고 그러더라고요. 이젠 치킨과 서각이 뗄 수 없는 제 인생이 됐어요.

치킨도 서각도 사장님 인생의 멋진 작품이란 생각이 드네요. 긴 시간 감사합니다.

둘리스치킨

충남 부여군 부여읍 성왕로 328번길 7
041-833-8959

콩국수에 담긴
세상 사는 맛,
옹달샘분식

오일장이 서는 장터 앞에 자리 잡은 옹달샘분식에서 콩국수를 시작하면 여름이 가까이 오고 있다는 것이다. 가게 앞에 이열 종대로 서있는 열 대의 믹서가 콩을 분주히 갈기 시작하면서 비로소 콩국수 시즌이 시작된다. 맛있는 집은 비법이 따로 있다고 하는데, 모든 음식은 좋은 사람이 만들면 대개 맛있다. 세상의 좋은 사람들은 좋은 재료로 정성껏 정직하게 음식을 차려 내놓는다. 국산 콩으로 콩 국물을 내고, 주문받는 대로 바로바로 콩을 갈아서 국수를 말아 내온다.

부여 인구가 18만 명쯤 되었을 때가 있었다. 그때는 수박 농사도 잘되고 쟁반에 커피를 배달하는 다방도 많았고, 먹고살 방편도 많은 시절이었다. 지금은 인구가 6만 명으로 줄었고, 6만 명 중에 1만 명 이상은 외국인이 자리를 채우고 있다.

옹달샘분식 사장님이 장터 앞에 솥을 걸고 콩을 삶기 시작했을

옹달샘분식의 콩국수.

때가 부여에 사람이 가장 많이 살던 때라니, 벌써 30년이 지났다. 좋았던 시절에 콩국수를 팔아서 아들 둘이 삼성에도 가고 롯데에도 가고 그렇게 긴 세월이 흘렀다. 개인택시를 하던 사장님은 콩을 갈고 사모님은 콩을 삶는다.

옹달샘의 대표 메뉴는 콩국수인데, 더 특별한 메뉴는 장날만 파는 된장국이다. 채마밭에서 조금씩 수확한 채소를 머리에 이고 등에 지고 장날 장터를 찾는 주머니가 옹색한 촌부들을 위한 메뉴다. 1500원에 팔던 된장국이 4000원이 된 세월이지만, 오일장이 서는 장날엔 허리가 굽고 호미 자루 같은 손마디의 촌부들이 지금도 따뜻한 한 끼를 옹달샘에서 해결한다. 장사가 잘되는 식당은 맛으로 승부한다고 하는데, 절대로 맛으로만 승부할 수가 없다는 생각이다.

옹달샘분식에 가서 사장님 얼굴을 보면 '아! 이런 게 있구나. 맛이란 건 혀끝의 미각뿐 아니라 또 다른 감각기관에도 있는 것이구나' 생각한다. 이곳에선 그런 세상 사는 맛이 느껴진다.

옹달샘분식을 시작한 지는 얼마나 되셨나요?

✽ 올해가 30년째인가 봐요. 우리 애들이 어렸을 때부터 했는데, 초등학교 3학년이었던 큰아들이 카이스트 나와서 삼성연구소에 있고, 작은아들은 한양대학교 나와서 롯데 본사에 있어요. 콩국수 팔아서 아들 둘을 다 키웠어요. 세월이 벌써 그렇게 흘렀네요.

아드님 형제를 잘 키우셨네요. 나중에 혹시 아드님 중에 누군가가 가업을 이어받을까요?

✽ 옛날에는 너무 가난해서 공부를 안 하면 안 되잖아요. 가난 때문에 공부를 열심히 한 거지요. 지금 도시에서 잘 살고 있는데 시골에 내려와서 콩국수 장사하라고 할 수는 없고, 지금은 내 몸이 건강하니까 남편이랑 내가 열심히 하는 거고, 나중에 우리 애들이든 우리 직원들이든 누군가 물려받겠다고 하면 물려줘야지요.

처음부터 옹달샘분식을 이 자리에서 시작하셨나요?

✽ 이 자리에서 딱 손바닥만 하게 테이블 두 개 놓고 시작했는데, 장

옹달샘분식 사장 이영순·유봉준 사장 부부.

사를 하다 보니까 잘되더라고요. 그래서 가게 옆에 붙어 있던 복덕
방을 사서 가게를 늘린 거예요. 탁자 두 개 놨을 때는 정말 가게 같지
도 않았는데, 이상하게 장사가 잘되더라고요. 가게 이름이 옹달샘이
라 그런지 손님이 마를 날이 없었어요.(웃음)

　가게 이름을 옹달샘이라고 지은 이유가 있나요?

✿ 시골에 있는 친정 근처에 큰 밭이 있었는데, 그 밭을 넘어가는 길
에 조그만 옹달샘이 있어요. 아무리 가물어도 그 샘이 안 말라요. 그
걸 보고 식당 이름을 옹달샘이라 해야겠다고 생각했어요. 그런데 어
떤 분이 그러더라고요. 술집 간판은 옹달샘이 되는데, 식당 간판은
옹달샘이 안 좋다는 거예요. 그래서 3월에 개업하기로 해놓고 6월
까지 간판을 못 걸었다가, 하도 답답해서 어느 신사분에게 내가 다
시 물어봤더니 옹달샘이 좋다고 하시더라고요. 그래서 결정을 하고

옹달샘이라고 했어요. 우리 친정에 가면 아직도 그 옹달샘이 있는데, 30년이 지난 지금도 샘이 마르질 않았어요. 그 덕에 장사가 잘된 것 같아요.(웃음)

장사가 잘되면 하루에 콩국수를 몇 그릇이나 파시나요? 부여에서는 콩국수로는 원조인가요?

✿ 원조라고 말할 수는 없어요. 예전에도 여기저기 식당에서 흔히 하는 메뉴가 콩국수였으니까요. 그런데 다른 식당에선 장사가 안 되면 메뉴를 바꾸는데, 우리는 콩국수를 꾸준히 했어요. 그러다 보니까 노하우도 생기고 전문성도 생긴 거지요. 여름에는 콩국수를 하루에 몇백 그릇은 팔아요. 몇백 그릇이라고만 말할게요.(웃음)

옹달샘분식의 콩국수 노하우는 뭔가요?

✿ 특별한 건 없고요, 주문이 들어오면 삶아뒀던 콩을 그때그때 갈아서 콩국을 내요. 콩국수는 걸쭉하면서도 깔끔한 콩국물과 간이 맛을 결정해요. 콩을 방앗간에서 갈아 와도 되고 맷돌로 갈아도 되는데, 미리 갈아두면 콩국이 뻑뻑해져요. 그래서 믹서기로 바로바로 남편이 갈아주는데, 비율을 콩 반 물 반으로 잡고 갈아요. 그리고 우리는 삶은 콩을 살짝 얼려놓았다가 갈아요. 그래야 콩국이 시원하거든요. 노하우라면 뭐 그 정도지 특별할 건 없어요.

콩국수는 여름 메뉴인데 몇 월부터 몇 월까지 콩국수를 하시나요?

❀ 예전에는 4월 말쯤부터 계절 메뉴로 콩국수를 시작했는데, 요즘은 지구 온난화다 뭐다 해서 날이 일찍 더워져 3월 15일 정도부터 시작해서 10월까지 해요. 겨울엔 떡국을 하고요.

3월부터 10월까지 콩국수를 하시면 콩은 어느 정도나 갈아야 할까요?

❀ 올해는 4000킬로그램을 샀어요. 청양에 있는 농가에 계약 재

주문이 들어오면
콩을 가는
옹달샘 분식.

배를 해서 30년 동안 같은 농부에게 콩을 받고 있어요. 그분이 이제 연세가 있으셔서 콩 농사를 많이 못 지으세요. 올해는 청양의 다른 곳에서도 콩을 사 왔어요. 우리가 콩국수 파는 계절 동안 콩을 3000~4000킬로그램 쓰더라고요. 남는 콩은 메주를 쒀서 소비를 하기도 하고요.

오일장 장날에만 파는 된장국은 언제부터 팔기 시작하셨나요?

❀ 처음 장사할 때부터 팔았어요. 30년 전에 부여에 인구가 많을 때는 장도 크게 섰고, 장날에 사람들이 엄청 많았어요. 남편이 배달하러 가도 사람들 틈을 지나다니기가 힘들 정도였으니까요. 그때 할머니들도 많이 나오셨는데, 돈 번다는 생각이 아니라 우리가 5일 동안 식당 해서 돈을 벌었으니까 그분들을 위해서 아침 점심 두 끼를 봉사한다는 마음으로 시작했어요.

처음에 1500원에 팔았는데, 반찬을 이것저것 나름대로 정성껏 만들어서 내드렸어요. 세월이 흘러서 3000원을 받다가 올해는 물가가 무척 올라서 4000원을 받고 있어요. 장날에 볼일이 없어도 우리 집 된장국 드시겠다고 장에 오시는 분들도 계셔요.

옹달샘분식을 언제까지 하실 생각이고, 앞으로 계획은 무엇인가요?

❀ 내 나이가 올해 68세인데 언제까지 해야겠단 생각은 지금은 없

어요. 어렵고 힘들게 이걸 시작을 했고, 또 저랑 옹달샘을 좋아해주시는 분들이 너무 많이 계셔서, 돈을 더 벌겠다는 의미는 아니고 주변 분과 이것저것 나눠 먹을 수 있고 그런 게 저는 너무 감사하고 그것만으로도 행복하고 좋아요.

앞으로 계획이 있다면 우리한테 과수원이 하나 있는데, 나중에는 그곳에 아담하게 옹달샘분식을 지어서 아들이 은퇴를 하고 하든 누가 하든 이어서 했으면 하는 바람이에요. 그런데 그곳이 문화재 보호구역으로 묶여 있더라고요. 왜 거기까지 문화재 보호구역인가는 잘 모르겠는데, 언젠가 그곳에 옹달샘분식을 짓게 되면 더 맛있고 더 싸게 부여 사람들과 나누면서 여생을 보내고 싶다 그런 계획이 있어요.

참 좋은 계획이네요. 앞으로 계획이 잘 이루어져서 옹달샘분식의 또 다른 모습을 볼 수 있으면 좋겠습니다. 여러 가지 말씀 감사드립니다.

옹달샘분식

충남 부여군 부여읍 성왕로 186
041-835-0660

추억의 동태탕
똥각시

바다가 멀던 시절이 있었다. 곳곳에 터널이 개통된 지금이야 부여에서 서해 앞바다 대천까지 불과 몇십 분이면 닿는다. 자가용이 귀하디귀하던 시절, 완행버스를 타고 뽀얀 흙먼지를 날리며 비포장도로 산길을 달려서 가야 했던 유년 시절의 바다는 멀고 먼 미지의 세계였다.

활어를 보기 힘들었던 그 시절에 우리가 식탁에서 보았던 생선은 생물이 아니라 소금 간을 한 간고등어거나 황석어젓 같은 짜디짠 젓갈류이거나 꽝꽝 언 채로 눈 쌓인 마당에 생선 궤짝을 부려놓던 동태가 전부였다. 켄터키 지방 흑인들의 '소울 푸드'가 켄터키 치킨이고, 주방이 없던 가난한 흑인들이 밖에서 요리를 해 먹었던 음식이 바비큐라고 한다. 우리에게도 그런 소울 푸드가 있다.

국가도 우리 집도 곤궁하던 시절, 그때를 떠올리게 하는 추억의 음식은 무엇일까? 내게는 서해 바다의 김, 간고등어, 동태탕이 여기에 해당한다. 말하자면 나의 3대 소울 푸드인 셈이다. 연탄을 때던 시절 김은 연탄불의 먼 불에 구워야 은은한 불 내음과 바다 내음의 풍미가 살았다. 반면에 고등어는 가까운 불에 구워야 고등어 뱃살에서 고소한 기름이 자글자글 배어 나왔다. 동태탕은 양은 냄비에 담아서 연탄보다 석유곤로의 센 불에 팔팔 끓여 온 가족이 둘러앉아서 먹어야 제맛이다. 밥상이 바다처럼 풍요로웠던 추억이다.

눈이 내리던 어느 겨울 저녁 아버지가 먼저 숟가락을 드시고 나면 나는 동태탕 냄비를 휘휘 저어가며 동태 눈깔을 찾던 생각도 난다. 얼리면 동태, 말리면 황태, 소금 간을 한 짝태, 노가리는 안주로, 코다리는 찜으로, 북어는 해장국으로…. 명태의 이름이 서른다섯 가지나 된다는데, 나에게 동태의 추억도 서른다섯 가지는 될 것 같다.

그런 추억 때문에 가끔 동태탕 집을 찾곤 했는데, 어릴 때 먹었던 그 동태탕과 많이 닮은 맛이 식당 똥각시의 충청도식 동태탕이다. 부여 토박이 부부가 30여 년을 우려낸 솜씨가 입안 가득 추억의 맛을 느끼게 한다.

사장님은 원래 부여 토박이신가요?

❀ 똥각시는 주로 안사람이 운영을 하는 가게인데, 안사람은 대전에서 태어났고, 제가 부여 토박이지요. 제 아버님이 고란사가 있는 부소산에서 매점을 하셨어요. 백제 시대에 군량미 창고였던 군창 터

똥각시 이순옥·이철하 사장 부부.

옆에서 매점을 하셨는데, 제가 그 매점에서 태어났거든요. 그래서 제 이름도 군사 군軍에 창고할 때 쓰는 곳집 창倉을 써서 군창이라고 불렀어요. 본명은 철하인데, 지금도 친구들은 본명보다 군창이라고 불러요.

　사모님이 실질적인 사장님이시군요. 남편분은 따로 직업이 있으면서 가끔 돕는 정도이신가 보네요?

❀ 남편은 원래 산사에 단청을 그리는 일을 하다가, 환경부 야생 동식물 전담반에서 근무를 하고 퇴직했어요. 지금도 계약직으로 연장해가면서 천연기념물 보호하고, 밀렵 밀거래 단속하는 일을 하고 있어요.

　부여에도 천연기념물이 많이 있나요?

✽ 있죠. 많아요. 수달은 흔하게 있고, 부여 장암면에 가면 멸종 위기 1급인 꼬마잠자리 서식지도 있어요. 그런 것들을 보호하는 게 제가 하는 일이죠. 멧돼지를 잡는 것도 제가 하는 일인데, 아프리카 돼지열병이 경기도나 강원도에서 남하할 때는 돼지열병 확산을 막기 위해서 멧돼지를 잡아줘야 해요. 전국의 양돈 농가 중에 37퍼센트가 충남에 있어요. 저는 산만 보면 멧돼지가 어디로 올지 알기 때문에 그동안 멧돼지를 열세 마리나 잡았어요.

환경 지킴이 역할은 충실하신 것 같은데, 남편분이 가게 일도 많이 도와주시나요?

✽ 남편이 가게에 이바지한 건 하나도 없다고 봐야죠.(웃음) 아무것도 없어요. 그 얘기 하면 입만 아파요. 그냥 남편 혼자서 재미나게 살았다고 보면 돼요.(웃음)

그래도 남편분이 인물도 좋으시고 금슬도 참 좋아 보이는데, 가게 간판은 왜 똥각시인가요?

✽ 남편이 원래 욱하는 성질이 있어서 불의를 보면 잘 참지 못하는 성격이에요. 어쩌다 사건에 휘말려서 경찰서를 가게 됐는데, 그때 경찰들이 남편 별명을 '똥'이라고 지었나 봐요. 남편이 똥이니까 각시인 저도 덩달아서 똥각시가 됐잖아요.(웃음) 그때가 식당을 준비하

던 때였는데, 간판을 자매식당이나 언니네로 하려고 하니까 주변 사람들이 똥각시니까 '똥각시'로 하라고 하더라고요. 그래서 똥각시가 됐잖아요. 그게 벌써 20년 전 일이네요.

동태탕 메뉴는 어떻게 시작하게 되었나요?

❀ 제가 원래 세차장을 10년 했어요. 세차장을 열심히 하면서 조금 번 것 가지고 땅 사고 건물 지어서 가게를 차렸어요. 닭발에 국수만 팔아서 돈을 많이 벌었는데, 일생에 도움이 안 되는 남편이 보증을 잘못 서는 바람에 번 돈을 다 날려버렸어요. 내가 가게를 차리면 뭐

똥각시 외관.

해요. 남편이 정신을 차려야지.(웃음)

그때 내 수중에 10만 원도 없었는데, 주변 사람들이 십시일반 도와줘서 장사를 다시 할 수 있었어요. 그때 사람들이 말하기를, 군청이나 읍사무소 사람들 상대로 점심 장사를 하는 게 좋겠다고 하더라고요. 족발하고 닭발만 팔다가 동태탕을 추가했는데, 그게 손님들 입맛에 맞았나 봐요. 그래서 그때 동태탕 맛있다는 소문이 나서 빚도 다 갚고 다시 돈을 좀 만졌어요.

동태탕 맛의 비결은 무엇인가요?

✳ 저는 고추장도 그렇고 식재료를 싼 건 하나도 안 써요. 그게 음식의 기본이에요. 동태도 몇만 원만 더 주면 싱싱한 걸 살 수가 있어요. 얼린 동태라고 해도 해동해보면 다 달라요. 무조건 생선 집에 가서 크고 좋은 동태를 사요. 요즘 러시아 전쟁 때문에 동태가 한 짝에 3만 원이나 올랐어요. 그래도 동태가 마진이 좋은 생선이에요. 크고 좋은 동태와 좋은 식재료로 요리를 해서 푸짐하게 드리는 거, 그게 비결이라면 비결일 것 같아요.

동태 손질부터 요리까지 어떤 과정을 거치나요?

✳ 다른 식당들은 생선가게에서 동태를 사면 다 토막을 쳐서 오는데, 저는 짝으로 사서 하루 쓸 양만 내놓고 자연스럽게 해동을 해서

써요. 그리고 손님이 주문을 하면 그때 토막을 내고 손질해요. 아무리 좋은 생선도 토막을 내 와서 하루 이틀 지나면 맛 자체가 달라요. 조금 번거롭고 시간이 걸려도 20년째 그렇게 해왔어요.

손님이 주문하자마자 냄비에 무를 넣고 끓이면서 동태 손질을 하는 거죠. 육수도 미리 해놓고 그런 게 없어요. 동태 손질 끝나면 물이 끓어요. 그때 동태 넣고 양념을 시작하는데 고춧가루, 고추장, 마늘 넣고 마지막에 두부하고 파를 넣고 조금 더 끓여서 내요. 손님의 주문과 함께 동태 손질과 양념을 시작하는 거, 그게 포인트 같아요.

동태탕과 함께 나오는 소시지나 동그랑땡도 즉석에서 부쳐 내놓는 건가요?

❀ 저희 가게 맛의 특징이 족발이나 닭발도 매운맛이고 동태탕도 매콤해요. 입안이 매울 때 금방 부쳐낸 전을 먹으면 매운맛이랑 잘 어울려요. 손이 많이 가더라도 바로바로 부쳐 나가야 맛있으니까 그렇게 하고 있어요. 메인 요리도 맛이 있지만 사이드 메뉴로 내놓는 부침이나 제가 직접 담그는 백김치도 맛있다고 많이 찾으셔요.

외지 손님과 부여 손님 비율은 어떻게 되나요?

❀ 외지인이 훨씬 많고 대전이나 천안, 세종 등지에서 포장 손님이 많이 오세요. 족발이나 닭발은 외지 손님이 많고, 동태탕은 부여 손

님이 많은 것 같아요.

똥각시를 앞으로 언제까지 하실 계획이신가요?

✽ 앞으로 10년 정도는 더 할 생각이에요. 지금도 체인점을 해달라는 문의가 많이 오는데, 맛이라는 게 배운다고 다 되는 것도 아니고 정성이 있어야 되는 거니까요. 식구들이 먹는다는 마음으로 할 사람이 있다면 10년 후쯤에는 물려주고 싶어요.

오늘 시간 내주셔서 감사합니다. 앞으로 가게도 맛도 잘 지켜주시고, 환경 지킴이이신 남편분께서는 환경을 지키는 일도 중요하지만 가게 일도 잘 도와드리고 행복하시길 바랍니다.(웃음)

똥각시

충남 부여군 부여읍 나루터로 5
041-837-9393

335

채리와 야콥의 1박 2일 추천 코스

부여는 백제 시대의 문화 유적들과 함께 연꽃 축제나 백제문화재 등 규모 있는 축제를 즐길 수 있어서 가족 단위의 관광객과 젊은이들이 즐겨 찾는 관광 명소입니다. 백제의 미소처럼 온화하고 정갈한 도시 외관과 고즈넉하고 여유 있는 풍경이 인상적입니다.

부여를 찾은 20대 청춘 남녀들이 바라본 백제의 고도는 어떤 모습일지 대학생 '채리'와 덴마크에서 교환학생으로 와서 같은 학교에서 만난 남자친구 '야콥'의 부여 여행 1박 2일을 따라가 봅니다. 인터넷과 SNS가 생활 속에 밀접한 세대답게 여행 코스와 식당과 숙소까지 이미 검색을 하고 시간과 동선을 짠 맞춤형 1박 2일 출발합니다!

1일차

● 낮 12시 ▷ 부여시외버스터미널 도착.

서울 서초동 남부터미널에서 부여행 버스를 타면 부여버스터미널까지 2시간 소요.

● 부여 터미널 → 장원막국수(도보 20분)

외지인들에게도 홍보가 많이 된 장원막국수는 젊은 층과 노인분들도 많이 찾는 메밀 막국수집입니다. 편육을 곁들여서 외국인 입맛에도 잘 맞고 남녀노소 무리 없는 한 끼 식사입니다.

● 오후 1시 30분 ▷ 장원막국수 → 백마강 유람선 선착장(도보 3분)

시원하게 막국수를 먹고 식당을 나오면 눈앞에 시원한 백마강이 내려다보입니다. 백제가 나당 연합군에 게 멸망할 때 의자왕의 3천 궁녀가 백마강으로 꽃처럼 몸을 던졌다는 낙화암은 유람선을 타고 백마강에서 부소산성을 바라봐야 볼 수 있습니다. 유람선 선착장에서 배를 타고 백마강을 거슬러 올라가며 낙화암과 고란사의 풍경을 봅니다.

● 오후 3시 ▷ 백마강 유람선 선착장 → 궁남지(콜택시 5분, 도보 36분)

궁의 남쪽에 있는 연못 궁남지는 연꽃축제로도 유명합니다. 매년 여름 7월에 열리는 연꽃축제는 올해로 20회를 맞았습니다. 낮에는 수만 송이의 연꽃을 배경으로 어딜 찍어도 포토 존입니다. 그네를 타기도 하고, 다양한 볼거리를 즐길 수 있습니다. 밤에는 밤대로 화려한 야경을 볼 수 있습니다.

오후 4시 30분 ▷ 궁남지 → 백제향(도보 9분)

백제향은 여러 매체로도 소개가 많이 된 카페입니다. 사장님이 연꽃 농사를 직접 지어서 만드는 연꽃빵이 인기가 있고, 대추차나 오미자차 등 직접 만든 음료들이 외지인들에게도 유명합니다.

오후 5시 30분 ▷ 백제향 → 김해뒷고기(콜택시 6분, 도보 28분)

부여 토박이뿐 아니라 외지인들도 자주 찾는 뒷고기 전문점. 고기 가격이 저렴하고 직접 농사를 지은 채소들로 밑반찬을 차려서 식탁이 싱싱하고 풍성합니다. 뒷고기와 함께 계란찜이 인기 메뉴고, 고기를 먹고 후식으로 채소로 깔끔하게 국물을 낸 국수가 별미입니다.

오후 7시 ▷ 김해뒷고기 → 구드래 한옥민박(콜택시 5분, 도보 23분)

최근에 지은 한옥이라서 깔끔하고 쾌적합니다. 여행의 즐거움에 한옥의 정취도 함께 느낄 수 있습니다. 숙박비가 저렴한 편. 휴가철이나 성수기에는 미리 예약하지 않으면 방을 구하기가 쉽지 않습니다.

오전 9시 ▷ 구드래 한옥민박 → 부여 왕릉원(콜택시 10분, 도보 52분)

간단하게 아침을 해결하고 유네스코 세계 문화유산으로 지정된 부여 왕릉원으로 향합니다. 탁 트인 잔디 공원을 걷다 보면 백제 26대 왕 성왕의 묘로 추정되는 고분과 백제의 마지막 왕 의자왕의 가묘가 조성되어 있습니다. 백제 시대 고분 미술의 자취를 볼 수 있습니다.

오전 11시 ▷ 부여 왕릉원 → 정림사지 5층 석탑(콜택시 5분, 도보 45분)

유네스코에 등재된 세계문화유산인 백제 시대의 정림사지 절터에 국보 제9호로 지정된 5층 석탑이 있습니다. 화려하지도 누추하지도 않은 백제의 향기를 느낄 수 있는 석탑입니다. 백제를 정복한 당나라 장수 소정방이 승전 기념으로 탑에 새긴 비문이 남아 있어 멸망한 백제의 쓸쓸함도 느낄 수가 있습니다.

오후 12시 30분 ▷ 정림사지 5층 석탑 → 옹달샘분식(콜택시 5분, 도보 15분)

부여에서 30년 동안 콩국수를 만들어온 옹달샘분식에서 콩국수로 점심식사. 부인은 콩을 삶고 남편은 콩을 갈아 진국 콩국을 만들어서 냅니다. 식탁이 몇 개 안 되는 작은 분식집이지만, 한 철에 소비되는 콩이 4000킬로그램이나 될 정도로 손님이 많이 찾는 콩국수 명소입니다.

오후 2시 ▷ 옹달샘분식 → 국립부여박물관(콜택시 5분, 도보 20분)

찬란했던 백제 문화를 한눈에 볼 수 있는 박물관. 1전시실부터 4전시실로 나뉘어 있습니다. 부여의 선사 시대와 고대 문화유적, 청동기 문화와 백제의 불교문화까지 체계적으로 관람할 수 있습니다. 특히 1993년에 능산리 고분에서 발굴되어 국보 287호로 지정된 백제 금동대향로 진품을 눈앞에서 볼 수 있어서 부여를 찾는 관광객의 필수 코스이기도 합니다.

오후 5시 ▷ 국립부여박물관 → 부여시외버스터미널(콜택시 6분, 도보 16분)

부여시외버스터미널에서 서울남부터미널까지 운행하는 버스가 1시간 간격으로 있고, 소요시간은 2시간입니다.

여기까지 채리와 야콥의 1박 2일 부여 여행입니다.

장원 막국수 : 041-835-6561
백마강 유람선 선착장 : 041-835-4689
백제향 : 041-837-0110
김해 뒷고기 : 041-835-8870
구드래 한옥민박 : 010-2245-2988
옹달샘 분식 : 041-835-0660

5.
땅의 힘으로, 땀의 힘으로

김수

사진작가

부여의 오늘을 지켜내는
농업 장인들

부여에 처음 간 때는 2015년이다. 평소에 지자체 일을 같이하는 여행 컨설팅 업체 대표가 3일 정도 부여에 같이 다녀오자고 제안이 들어왔다.

"김수 씨, 부여 가봤어요? 이번에 부여 여행안내 책자를 만들어 줘야 하는데, 사진도 필요하니까 같이 갑시다."

부여? 공주 근처에 있다는 건 어렴풋이 아는데, 부여에 무슨 볼 것이 있었지? 기억을 더듬어봐도 삼국 시대 백제의 수도였다는 것 말고는 부여에 대한 지식이 전무했다.

이 대표와의 일정은 다른 촬영에 비해 여행 같은 일정이라 마다할 이유가 없었다. 여러 분야에서 박식하고 입담이 좋은 그는 목적지까지 직접 운전해서 가는 동안 유일한 대화 상대인 나를 졸리지 않게 하기 위해 여러 가지 이야기를 풀어놓는다. 나이에 비해 귀여운 외모를 가진 대표는 이야기를 재미있게 하는 재주가 있고, 성대 모사도 잘해 〈컬투쇼〉의 에피소드를 듣는 것만큼 재미있어서 내려 가는 동안 심심할 틈이 없다.

서울에서 부여로 가는 동안에는 평소와는 다르게 백제 이야기를 하나씩 하나씩 꺼내놓았다. 본인이 백제의 매력에 푹 빠진 계기와 일본이 대하는 백제에 대한 생각과 백제 역사를 연구하는 한국의 학 자와 교수진들의 이야기, 홀로 사비를 들여 제대로 된 백제 역사를 남기려 하는 노선생 이야기까지 다양한 흥미로운 이야기를 들었다. 지금은 오래전 일이라 이 대표가 해줬던 자세한 이야기는 기억이 가 물가물하지만, 부여까지 가는 동안 들었던 백제 이야기는 나에게 부 여가 신라의 경주와는 다른 묘한 신비한 매력을 지닌 곳으로 느껴지 게 만들었다.

그 후로도 어떤 인연인지 부여 관련 촬영을 두세 번 더 하게 되 었다. 대부분은 인터뷰 사진 촬영이었는데, 그렇게 짧게 내려올 때마 다 자연스럽게 눈에 익게 된 단어가 있다. 바로 '굿뜨래'다. 굿뜨래 는 부여에서 사용하는 공동 브랜드명이다.

상생과 협력, 굿뜨래의 큰 걸음

요즘은 지역마다 브랜드명이나 슬로건이 있긴 하지만 하루 정도 머무는 외지인들에게 지역 브랜드 명칭이 기억에 남기는 쉽지 않다.

하지만 굿뜨래는 부여 시내, 도로 여기저기서 눈에 많이 띄고, 식사를 하거나 전통시장에서 물건을 살 때 계산대에도 '굿뜨래 페이'가 가능하다고 붙어 있어 자연스럽게 굿뜨래에 익숙해진다.

부여군 홈페이지에서 찾을 수 있는 굿뜨래의 의미는 영어의 좋다는 의미인 Good과 자연을 상징하는 나무의 뜻인 Tree의 합성어로, 좋은 자연을 상징한다고 한다. 프랑스어로도 미각, 식용, 입맛, 심미안, 안목, 센스의 의미를 가진 Gout(굿)과 '몹시, 매우, 대단히'의 의미를 가진 Tres(뜨래)의 합성어로 발음이 굿뜨래(Gouttres로 동일하다고 한다.

게다가 굿뜨래는 낙화암에 가려면 거쳐야 하는 구드래나루터의 '구드래' 발음을 모티브로 한 것이라서 의미가 있다. 일본에서 백제를 '구다라'라고 불러서 구드래라는 이름이 되었다는 설도 있으니, 구드래와 발음이 비슷한 굿뜨래는 부여에 딱 맞는 브랜드 이름이라고 생각한다. 그걸 입증하듯 굿뜨래는 브랜드 대상도 11년째 계속받고 있다.

부여군에서는 굿뜨래 부여 10품이라고 이름을 짓고, 청정 자연에서 생산되는 열 가지 농산품을 선정한다. 2022년 기준 10품에는 수박, 밤, 토마토, 양송이, 멜론, 딸기, 오이, 표고버섯, 왕대추, 포도가 선정됐다. 여기서 딸기, 오이, 포도를 제외한 일곱 가지 농작물은 2021년 기준으로 국내 점유율 1위를 차지하고 있다니, 부여군이 농업에서 얼마나 중요한 위치를 차지하고 있는지 보여준다. 백제의 향기가 묻어나는 고도라고만 생각했지, 우리가 흔히 접하는 많은 농작물이 부여에서 생산된다니 좀 생경하기도 했다. 부여 여행은 눈도 즐겁고 입도 행복한 여행이 될 수 있을 거란 생각이 들었다.

서울 시민들에게도 굿뜨래 농식품을 친숙하게 접할 수 있는 프로그램이 있다. 부여군과 서울시, 충남도가 사업비를 투입한 '서울농장'이다. 서울농장은 서울 시민들에게 농촌·문화·지역 축제 체험과 귀농·귀촌 교육, 힐링 등 교류의 장을 제공하면서, 자연스럽게 굿뜨래 농식품과 부여의 세계유산을 알게 하는 도농 교류 플랫폼이다. 참가를 원하는 서울 시민은 '상생 플랫폼(sangsaeng.seoul.go.kr)'을 통해 신청하면 된다.

나는 이번 책에서 부여의 다양한 농업 장인들을 만나 그들의 이야기를 듣고 담았다. 그리고 부여에서 제철에 나는 농작물로 요리를 하는 '부여제철소' 김한솔 대표가 제안하는 간단한 굿뜨래 요리 레시피도 소개했다. 부여가 아직 낯선 독자들이라면 눈으로 살짝 부여의 맛을 미리 느껴보기를 희망한다.

목이 쓸 정도로 단
부여 멜론

유재훈 부여군 멜론연합회장

유치원 다니는 아들의 간식 '원픽'은 아이스크림이다. 아이가 삐치면 기분을 풀어주려 엄마 몰래 손을 잡고 편의점에 간다. 편의점에 가면 아이는 까치발을 들고 차가운 유리문에 얼굴을 들이밀며 이리저리 열심히 아이스크림을 찾는다. '아빠 저기 있다!' 아이가 고른건 말랑한 초록의 '메로나'였다.

돌덩이처럼 딱딱해서 어르신들은 잘 못 드시는 다른 아이스 바와는 달리, 메로나는 방금 구운 피자에 올린 치즈처럼 고급진 쫀득거림을 선사한다. 한 입 베어 물면 향긋하고 이국적인 멜론의 향과 스트레스를 한 방에 날리는 달콤함으로 30년 동안 변함없이 아이스 바의 강자 자리를 차지하고 있다.

고급 과일의 상징이었던 멜론을 간접적으로나마 맛보게 해준 메로나의 탄생은 같은 해에 데뷔한 '서태지와 아이들' 신드롬에 버금

부여 멜론.

간다고 생각한다. 멜론을 먹지 못하지만, 멜론을 먹을 수 있는 대안이 되었다. 한때는 메로나의 성분이 '멜론'이 아니라 '참외'라는 설도 있었다. 하지만 초기 개발자가 직접 유튜브에 나와서 메로나는 진짜 '멜론'을 사용한다고 해명하면서 참외 논란은 종결되었다. 사실 멜론과 참외는 같은 종이라서 참외로 메로나를 만들어도 향이 같고 성분도 비슷해서 큰 차이는 없다고 한다.

메로나로 열대 과일인 멜론의 맛을 간접적으로 만족해야 했던 지난날에 비해, 지금은 비닐하우스 재배로 사계절 내내 국내산 멜론을 쉽게 맛볼 수 있다. 껍질이 두껍고 질겨서 자르기 불편하긴 하지만, 멜론 특유의 부드럽고 향긋한 과즙과 고급스러운 맛 때문에 항상 인기가 많은 과일이 되었다. 멜론은 다른 과일에 비해 비교적 열량이 낮다. 또 수분 함량이 많고 식이섬유가 풍부해서 소화 활동과 다이어트에도 도움이 된다.

우리가 흔히 마트에서 구입하는 품종은 머스크멜론이다. 멜론 껍질에 거미줄 같은 그물무늬가 있어서 흔히 네트멜론이라고도 부르는데, 특유의 강한 향 때문에 사향musk과 관련시켜 머스크멜론이라는 이름을 지었다. 이제 멜론은 더 이상 수입 과일이 아니다. 국내에서도 생산을 많이 하는데, 국내 최대 생산지가 바로 부여다. 국내 시장에서 급성장하고 있는 멜론 재배에 대해 자세한 이야기를 듣기위해서 부여군 멜론연합회 회장인 유재훈 대표를 만났다.

자기소개를 부탁합니다.

❋ 1983년부터 농사를 시작했고, 현재 4년째 굿뜨래 '공동 선별 공동 출하회'(공선회) 회장을 맡고 있는 유재훈입니다.

부여군 멜론연합회
유재훈 회장.

멜론 농사는 언제부터 하셨나요?

✳ 1989년부터 시설 하우스를 본격적으로 시작을 했거든요. 수박을 재배하고 후작으로 할 만한 농작물을 찾고 있는데, 한 분이 멜론을 해보면 어떠냐고 해서 몇 명이 처음 멜론을 재배하기 시작했죠. 처음에 재배한 품종은 네트멜론이 아니고, 백자멜론이라고 해서 겉에 하얀 망(네트)이 없는 흰색 멜론이었어요. 그 백자 멜론으로 처음 시작했어요. 한번 해보고 맛이 너무 좋아서 놀랐어요. 그때만 해도 당도가 15브릭스* 이상 나왔어요. 멜론의 단맛이 목에서 가시지 않고, 하루 종일 목에서 단맛이 날 정도였어요. 그런 경험을 해본 사람은 많지 않을 거예요. 목이 쓸 정도로 달았죠.

농촌을 지나다 보면 부여에 특히 비닐하우스가 많은 것 같습니다. 이유가 있을까요?

✳ 특별한 것보다는 이 지역이 백마강 주변이잖아요. 그래서 물이 풍부하고 땅의 물 빠짐도 좋아요. 토양도 사질 양토다 보니까 농사 짓기에 좋은 조건을 가지고 있어요. 농사지을 때 가장 중요한 게 물이거든요. 물을 확보하고 있다는 게 그게 제일 중요한 거고, 경지 정

---

* 브릭스(Brix)는 당의 농도를 측정 단위로, 퍼센트와 같다고 보면 된다. 15브릭스는 당이 15퍼센트라는 말이다.

리도 잘되어 있어서 농사짓기가 좋으니까 자연적으로 늘어나는 겁니다.

부여 굿뜨래 멜론은 다른 지역의 멜론과 어떤 차이가 있을까요?

✳️ 사실 멜론은 다 같은 품종으로 재배하니까 큰 차이가 없을 거예요. 농가마다 농사짓는 방법에 따라서 차이가 있을 수 있지만, 부여 굿뜨래 멜론은 공동 선별을 하기 때문에 시장에 출하할 때는 공동선별 기준을 맞춰서 하려고 노력하는 거죠. 정확하게 말하면, 멜론을 선별하는 능력에서 차이가 날 수 있다고 말해야겠죠. 단지 출하할 때 선별하는 것만이 아니라, 부여군이 전권을 줘서 농사 과정을 수시로 가서 체크하는 분이 있어요. 그래서 품질이 떨어지는 것은 공선에 참여할 수 없다고 미리 통고해줘서 농부들이 책임감을 가지고 재배를 하죠.

멜론을 재배하는 과정에서 제일 중요한 것이 무엇인가요?

✳️ 기후나 일기가 제일 중요하죠. 하늘이 '올해 잘 먹어라' 그러면 먹을 수 있는 게 첫 번째로 중요하고, 농사짓는 방법과 물과 비료 주는 시기 같은 것은 시스템이 잘 되어 있어서 교육적으로 해결하면 됩니다. 제가 생각하기에 수확 시기가 중요한 거 같아요. 수확 시기를 잘 못 맞춰서 멜론을 일찍 따는 사람들이 있어요. 그러면 맛이 올

맛있게 익은 멜론.

라오다 말거든요. 멜론은 터지기 불과 일주일 전부터 맛이 올라오는데, 갑자기 확 올라와요. 그런데 그걸 못 참고 '이 정도면 되겠지' 하고 수확하면 상품성이 떨어지는 멜론이 될 수밖에 없어요. 다른 농가에서는 '왜 안 따냐? 다 터진다' 이런 이야기가 나와도 나는 터지기 직전에 수확을 합니다. 제일 중요한 게 맛이니까요.

멜론을 재배하시면서 어려운 점은 무엇인가요?

✽ 잘 아실지 모르지만 풍수해가 많이 있어요. 한겨울에 눈이 많이 와서 비닐하우스가 주저앉은 때도 있고, 비가 많이 와서 물에 다 잠

겨 하나도 못 먹을 때도 있고, 그런 경우가 많죠. 옛날에는 국가에서 지원이나 보상을 많이 해줬는데, 지금은 오히려 더 팍팍한 거 같아서 재해를 입으면 어렵습니다.

그리고 지금은 기후 온난화 때문에 추석 때 상품성이 있는 멜론을 출하하기가 힘든 여건이에요. 땅도 기력이 많이 떨어져서, 부여군과 조합에서 땅을 살리기 위해 지원을 많이 해주고 있어요. 지금은 회복되고 있는 상황인데, 농업인구가 고령화 되다 보니까 외국 노동자들이 없으면 일을 못해요. 코로나로 외국 노동자들이 우리나라에 못 들어오다 보니까 3년 동안 인건비가 두 배나 올랐어요. 그러니까 생산비가 너무 많이 드는 게 가장 힘들죠.

멜론은 어떻게 먹는 게 제일 맛있나요?

✳ 농사짓는 입장에서는 멜론을 바로 수확해서 먹어도 맛있어요. 어차피 수확했을 때 당이 올라가 있기 때문에 맛은 똑같은데, 2~3일 후숙하면 단단했던 육질이 조금 물러지면서 껍질이 있는 데까지 먹기가 좋아요. 후숙을 해서 먹으면 좀 더 부드럽게 멜론을 즐길 수 있습니다. 서양에서는 부드럽고 다니까 햄 같은 거에 얹어서 먹잖아요. 한국에서는 어떤 식으로 곁들여 먹어도 좋습니다.

실패해도 기회를
세 번 주는 왕대추
이호인 해살이영농조합법인 대표

굿뜨래 10품은 항상 같은 농산품이 선정되는 것은 아니다. 부여군은 부여에서 생산되는 작목 중 전국적 위상, 성장 추이, 전문가 그룹 진단 등의 평가를 해 굿뜨래 10품을 선정한다. 2021년 애호박과 취나물이 빠지고, 새롭게 추가된 작목이 왕대추와 포도다.

특히 부여 왕대추는 전국에서 연평균 생산액 성장 추이가 가장 빠르게 보여서, 부여군의 핵심 소득 작목으로 급부상하고 있다. 굿뜨래 10품 중에서 아직 맛보지 못한 과일이 왕대추였는데, 나만 먹어보지 못했지 아는 사람들은 이미 다 알고 먹고 있었다. 특히 여성 소비자들에게는 큰 인기가 있는 상품이다.

단순히 보통 대추보다 크기가 커서 왕대추인가 했는데, 크기도 크지만 모양과 맛도 다른 대추 품종이다. 왕대추의 모양은 조그마한 사과 모양과 비슷하다. 애기 주먹만 한 사이즈라 대추라고 하기엔

사과처럼 생긴 왕대추.

크고, 사과라고 하기엔 작은 크기다. 건대추로 많이 사용되는 일반 대추 품종에 비해, 왕대추는 과육이 커서 과일처럼 생으로 먹는다. 아삭거리는 식감이 사과와 비슷하고, 중독성 있는 달콤한 맛은 내놓는 즉시 다 팔릴 정도로 인기가 많다. 대추하면 보은, 보은하면 대추를 떠올릴 만큼 보은이 유명세를 타고 있지만, 왕대추로 넘어가면 부여가 압도적인 생산량으로 타의 추종을 불허한다.

왕대추도 하우스 재배를 하고 있다. 후끈한 하우스 안에서 열을 맞춘 왕대추 나무들이 7월의 햇살을 받아 싱그럽게 열매를 만들고 있었다. 내가 방문했을 때는 아직 열매가 크지 않아서 보통 대추 크

이호인
해살이영농조합 대표

기 정도의 열매만 달려 있었다. 10월이 되면 소비자들의 주문이 쏟
아져 판매가 금방 이뤄진다고 한다.

왕대추 재배에 대한 이야기를 듣기 위해서 부여에서는 두 번째
로 왕대추 농장을 시작한 이호인 대표를 만났다. 부여 왕대추 보급
에 누구보다 앞장서고 있고, 인터뷰 동안 왕대추에 대한 자랑도 쉬
지 않고 하셨다. 왕대추의 마력의 맛뿐만 아니라 귀농자들에도 꼭
선택해야 하는 작물 넘버원이라는 것을 강조했다. 그 입담이 얼마나
강력했는지 나 또한 그 자리에서 왕대추 농사로 귀농할 뻔했다.

부여군에서 왕대추는 언제 재배가 시작되었나요?

꽃 2013년에 왕대추가 처음 들어왔어요. 그때 회원 40명 정도로 시작했는데, 지금은 등록된 회원이 650명 정도고 등록 안 된 사람까지 치면 700농가 정도 재배를 하고 있죠. 현재 부여군에서 왕대추가 자리 잡은 게, 농가의 30퍼센트 이상이 왕대추를 재배한다고 봐야 해요. 1년에 1000톤 이상 생산되니까, 시장 점유율로 보면 52퍼센트가 부여 거예요. 전국 생산량 1위죠. 대형 마트 입점하는 거는 거의 부여군이 장악했다고 봐야죠. 홍수 출하를 막기 위해서 각 농가마다 조그마한 저온 창고를 다 가지고 있어서, 연차적으로 꾸준히 나가고 있어요. 수확한 다음에 한꺼번에 풀면 가격이 떨어지니까요.

추황대추라는 품종이 보이던데, 부여군에서만 하는 품종인가요?

꽃 우리가 5년 전에 추황대추를 개발해서 작년에 조금 생산을 시작했어요. 왕대추의 외관은 둥글고 사과 모양에 가까운데, 추황대추는 타원형으로 무화과 모양에 가까워요. 조생으로 조금 일찍 수확이 돼요. 먹어보면 왕대추는 약간 무르면서 사각거린다면, 추황대추는 육질이 보다 단단해서 아삭거림이 강해요. 그리고 신맛이 살짝 있어서 새콤달콤하다고 할까? 젊은 여성들이 상당히 좋아하는 맛이라고 봐야죠.

지난 가을에 왕대추가 2킬로그램에 3만 원 했을 때, 추황대추는 6만 원으로 거래되었어요. 이건 없어서 소비자들이 난리가 나요. 그래서 당분간은 부여에서만 재배할 예정이에요. 산림과학원에서 이미 3년 동안 조사해서 이 품종이 괜찮다는 결과가 나왔어요. 올해 등록원에 신청을 해서 진행 중에 있습니다.

추황대추가 그렇게 인기 많은 비결이 뭘까요?

✽ 단연 맛이죠. 경매사들은 맛을 보고 경매를 해요. 한번 맛보면 중매인들이 서로 자기네 매장에다 놓으라고 난리예요. 맛이 비교가 안 되니까요.

왕대추 재배는 어렵지 않나요?

✽ 왕대추가 재미난 게 농부에게 기회를 세 번 줘요. 처음 순이 나와서 망가졌다, 그러면 제거하고 다시 순을 받아도 거기서 열매가 열려요. 이렇게 1년에 두 번 가능해요. 5~6월에 망가졌으면 6월에 싹을 제거해요. 그럼 새순이 다시 나오고 열매가 열려요. 그랬는데도 실패하면 한 번 더 해도 돼요. 말복 때까지는요. 7~8월 초까지 꽃을 피워서 하는 거는 수확이 가능하고 충분해요. 그래서 기회를 세 번 주는 것이 이 왕대추입니다. 다른 농작물은 한 번 망가지면 그걸로 끝이에요. 그리고 왕대추 농사는 한 번 손질해놓고 나면 물 관리만 잘하면 큰 어려움이 없는 농사입니다.

그럼 귀농하시는 분들에게 왕대추 농사를 권유하시겠네요?

❀ 다른 거 하지 말고 왕대추를 하세요. 아직도 소비자가 원하는 물량은 많고, 실패해도 기회를 세 번 주니까 막 귀농한 초보자들이 실수를 해도 괜찮고, 해볼 만한 거라고 생각합니다. 그리고 여기가 왕대추가 워낙 유명한 곳이니까 부여군에서도 지원 사업을 많이 해주고 있어요. 판로도 조직화가 잘 돼 있어서 문제가 없어요. 부여군에서 집단으로 공동 선별을 해서 공동 출하를 하잖아요. 그냥 따다 주기만 하고 통장만 갖다 주면 돼요.

아! 그리고 왕대추가 도움 주는 일이 또 하나 있어요. 왕대추하고 이모작을 할 수 있는 게 마늘이에요. 바닥에 마늘을 심으면 겨울에 자라서 6월에 대추 꽃이 피기 전에 수확이 다 끝나요. 봄에 돈이 없을 때 심어서 인건비를 주고 다 할 수 있어요. 그러면 마늘로 대추를 공짜로 키울 수 있는 여력이 되거든요. 무조건 왕대추에 도전하세요!

왕대추가 다른 과일보다 좋은 점은 무엇일까요?

❀ 쉽게 말해서 크기가 큰 사과나 다른 과일들은 칼로 잘라서 먹어야 하잖아요. 그러나 왕대추는 그냥 쓱쓱 문질러서 베어 먹으면 돼요. 손쉽게 먹고 쓰레기가 안 나와요. 그리고 28~32브릭스 정도 되니까 당도가 엄청 높아요. 등산 갈 때 호주머니에 대여섯 개 딱 넣어서, 가다가 힘들면 살포시 하나씩 입에다 넣고 먹어도 누가 뭐 먹는지 몰라요. 그 대신에 왕대추는 피부로 느낄 정도로 활력이 넘친단

왕대추(맨 왼쪽)는 일반 대추보다 훨씬 크다.

말이죠.

　앞으로 왕대추의 전망을 어떻게 보시나요?

❀ 2023년에는 수확량이 20퍼센트 정도 더 늘 거라고 봐요. 그렇더라도 우리 부여군이 시장을 딱 장악했기 때문에, 부여 왕대추를 1등으로 쳐서 딴 데서 들어오는 거는 바이어가 잘 안 쳐다봐요. 그래서 부여군에 귀농자가 많이 오게 할 수 있는 건 우리가 왕대추를 잘해야 된다는 얘기지요.

　왕대추를 맛있게 먹는 방법이 있을까요?

❀ 둘이 등산 갈 때 열 개, 스무 개씩 호주머니에 넣어가거든요. 가면서 하나씩 주고 그게 정과 마음이 다 담긴 거예요. 잘 썰어서 동결 건조하면 과자 같아요. 그럼 바삭바삭하니 당도도 엄청 좋고 씨도

나오지 않는 천연 건강 스낵이죠. 부여군이 잘 되어 있는 게 가공센터가 있어요. 거기에 건조한 대추를 가져다주면 가공해서 즙을 만들어서 줘요. 군에서 관리하는 위생적이고 믿을 수 있는 대추즙을 먹을 수 있어요. 여기에는 대추 말고도 생강 등 좋은 거 다 들어가서 달여서 짜는 거예요. 여름에도 대추즙에 얼음을 넣어서 먹으면 갈증이 싹 가실 정도로 기분이 좋아집니다.

부여를 엄청 사랑하시는 거 같아요. 부여 자랑을 한번 부탁드립니다.

❋ 부여는 다양성이 많은 곳이에요. 백마강에 둘러싸인 기름진 땅이 강가에 쭉 펼쳐져 있습니다. 세도면에서는 망고도 많이 하고 있어요. 그리고 스마트 팜으로 방울토마토도 있고, 완숙 토마토도 있고요. 11년 연속 브랜드 대상을 차지하고 있는 부여군의 굿뜨래 상품들은 믿고 먹을 수 있어서 안심하고 드셔도 되고요.

그리고 부여 사람들은 다 온순해요. 외지인들이 안정성 있게 정착할 수 있는 데는 부여라고 봐야 해요. 교통으로도 서울이나 대도시로 가려면 바로 고속도로가 접해 있고, 두세 시간 이내에 웬만한 대도시로 다 갈 수 있어요. 중부 지방의 중앙에 위치해 있기 때문에 이보다 더 좋은 데가 없다는 이야기죠. 산 좋고 물 좋고 사람 좋고 깨끗한 곳이 바로 부여입니다.

40년 전 추억의 단내
서창원 그린농원 대표

아버지의 고향은 곶감과 포도로 유명한 충북 영동이다. 초등학교 여름방학 때 아버지의 고향인 영동에 가면 가끔 먼 친척분들이 사는 큰할머니 댁에 가곤 했다. 그 주변은 온통 포도밭이었는데, 마을 입구를 들어갈 때부터 포도의 단내가 진동을 하던 기억이 난다.

시골의 하루가 심심해질 때쯤 육촌 정도 되시는 어른이 망치를 가져다주며 재미있는 미션을 주셨다. 곧 수확할 포도를 담을 나무 박스를 만드는 일이었다. 그러면 서너 살 많은 형들과 게임을 하듯이 열심히 나무 박스를 만들었다. 나무 박스는 온전히 못질로만 만들어졌다. 작은 널빤지 같은 나무들이 마당 한편에 수북이 쌓여 있었는데, 하나씩 꺼내어 순서대로 못질을 하면 포도를 담을 수 있는 나무 상자 하나를 만들 수 있었다.

나는 하나를 만드는 데 5분 정도 걸렸는데, 형들은 나보다 두 배

부여 포도는 친환경 재배 비율이 높다.

는 더 빨리 만들었다. 무거운 망치도 겨우 잡는 어린이의 손에서 만들어진 포도 상자는 포도를 담을 수 없는 불량품 투성이었다. 못이 제대로 안 박혀서 나무가 빠지거나, 상자가 비딱하게 만들어져 포도를 담을 수 없는 비운의 상자가 되기도 했다.

　나중에 돌아와 그 모습을 본 친척 아저씨가 괜찮다고 허허 웃으면서 불량 박스에서 못을 분리한 후, 다시 뚝딱 뚝딱 몇 번 망치질을 하면 반듯한 A급 포도 상자로 심폐 소생을 했다. 그러고도 살리지 못한 불쌍한 나무들은 밤에 모닥불용으로 투입되었고, 그 열기에 고구마를 구워 먹었던 기억이 난다.

부여의 포도는 최근에 생산액이 급증한 과실로 친환경 재배 비율이 높아 경쟁력이 있다는 평가를 받는다. 2021년 기준으로 부여 포도는 전국 도매시장 평균 경락 가격 대비 108퍼센트의 경락가를 기록해, 그 성장세를 증명하고 있다. 2022년 부여군은 굿뜨래 10품에 포도를 새로 선정했다.

부여 포도 이야기를 듣기 위해 은산면으로 향했다. 내가 어렸을 때는 하우스 시설이 아니라 노지에서 포도를 키웠는데, 지금은 모두 하우스에서 재배하고 있었다. 포도는 모두 포장 종이에 싸놓고 키우기 때문에 종이를 벗기지 않고는 포도의 형태를 볼 수가 없다. 그곳에서 포도를 재배하고 있는 순박한 충청도 스타일의 서창원 그린농원 대표를 만나서 이야기를 나눴다.

자기소개를 부탁합니다.

❀ 나이는 환갑을 조금 지났고요, 35년 정도 포도 농사에 종사한 서창원입니다.

지금 재배하시는 포도 품종은 무엇인가요?

❀ 현재는 샤인머스캣이 70퍼센트 정도고, 충랑이라는 품종이

20퍼센트 정도, 스텔라 품종이 10퍼센트 정도입니다. 이렇게 세 가지 품종만 재배하고 있어요.

요즘 대세인 샤인머스캣은 언제부터 재배하셨나요?

✽ 이 근처에서는 제가 제일 먼저 시작했죠. 7년 정도 되었으니까요. 지금 부여에서도 포도 농장 전체 면적의 60퍼센트 정도는 샤인이 차지하고 있을 겁니다. 샤인이 농가 입장에서는 일이 상당히 많고 고되지만, 대신 단가가 현재까지는 어느 정도 보장이 되니까 다른 품종보다 힘이 들어도 샤인 쪽으로 많이 가고 있어요. 또 전 국민이 샤인머스캣을 선호하는 것도 있고요.

부여 포도가 다른 지역의 포도와 다른 점이 있나요?

✽ 포도로 유명한 충북 영동과 경북 김천도 많이 다녀 봤는데, 제가 생각하기에는 부여가 낮과 밤의 일교차가 다른 데보다 심하거든요. 그래서 수확 시기가 빠르고 당도 면에서 조금 유리하지 않을까 생각됩니다.

다른 농작물에 비해서 포도 농사가 힘든 점이 있나요?

✽ 1년 내내 일이 있어요. 농한기인 겨울에도 가지치기부터 가지 정

서창원 그린농원 대표

리, 토양 관리도 계속해줘야 하기 때문에 1년 내내 일이 있다는 게 힘이 드는 작물입니다.

다른 농장과 차별을 두는 농사 방법이 있나요?

❀ 샤인을 심기 전에 유기농을 17년 정도 했어요. 그래서 토양이 유기농으로 많이 다져져 있어서 토양 자체는 형성이 되어 있어요. 어쩔 수 없이 화학 농약을 살포하고 있지만, 토양만큼은 유기농으로 관리를 하고 있어요. 이 일대가 주로 그렇게 많이 하고 있습니다.

귀농하시는 분들이 포도 재배를 택했을 때 어려운 점이 뭘까요?

❀ 제가 포도 회장을 맡고 있어요. 그래서 귀농하신 분이 많이 찾아오셔서 포도 농사에 대해서 물어봐요. 그런데 너무나 안타까운 것

은, 그분들은 직접 농사를 짓는 제말보다 유튜브에서 알려주는 정보를 맹신한다는 거예요. 저희들이 귀농자들에게 꼭 말씀드리는 게 유튜브 내용의 80퍼센트는 믿지 말라고 하거든요.

유튜브 하는 사람들은 딱 정해져 있어요. 첫 번째가 농약 장사하는 분들이고, 두 번째가 묘목 장사하는 분들, 그리고 세 번째가 귀농자들입니다. 이분들 중에 실제로 오랫동안 포도 농사를 지으면서 쌓인 노하우가 있는 분들은 없어요. 우리 시골 농민들은 유튜브를 볼 줄은 아는데 만들 줄 몰라서 못해요. 제발 유튜브에 있는 정보를 맹신하지 마시고 직접 농사짓는 농민에게 물어보라고 이야기하고 싶습니다.

재배하신 포도의 판로는 어떻게 되나요?

❇ 지금은 공동 선별을 해서 '굿뜨래 포도' 상품명을 달고 판매하는데, 5년 전부터 코스트코와 계약해서 전량 나가고 있습니다.

소비자들이 맛있는 포도를 고르는 방법을 알려주세요.

❇ 샤인머스캣을 기준으로 대부분 2킬로그램으로 포장이 되어서 나갑니다. 이때 대부분 세 송이가 들어가 있는데, 네 송이 들어간 게 제일 맛있습니다. 세 송이가 크기가 커서 상품성은 최고로 좋지만, 네 송이짜리가 맛은 더 좋아요. 왜냐하면 포도송이가 작을수록 당도

축적분이 많거든요.

그리고 포도송이를 들었을 때 맨 아래 거 하나 따서 드셔보세요. 맨 아래 것이 달면 그 송이는 볼 것도 없이 무조건 달아요. 당이 위부터 아래로 내려가기 때문에 맨 아래가 달면 위에는 무조건 답니다. 저희가 코스트코로 상품이 나갈 때 항상 포도송이의 하단에서 당도 측정을 하거든요. 저희들 기준이 16브릭스 이상입니다. 그래서 코스트코에서 먹는 샤인머스캣은 100퍼센트 달아요. 당도가 보장되어 있으니까 싱싱한 것만 고르시면 돼요.

차로 지방 도로를 지나가다 보면 도로 가에서 파는 과일들이 있는데, 과연 맛이 있을까요?

❁ 저희의 경우 코스트코로는 대량으로 한 번에 들어가고 정품만 따기 때문에 정품들이 많이 남아요. 현장에서는 당도를 더 높여서 팔고 있어서 실제로 더 맛있어요. 가격적인 측면에서도 물류비들이 빠지기 때문에 마트에서 사는 것보다 더 저렴하고 맛있게 드실 수 있어요. 그리고 내년에도 오셔서 사 가야 하기 때문에 그 손님이 맛있는 포도를 가져갈 수 있도록 최선을 다하죠. 한 번 장사하고 마는 게 아니기 때문에 못 먹을 것을 팔거나 속여서 파는 일은 절대 없으니까 안심하고 구입하셔도 돼요.

억울한 씨 없는 수박

박종관 수박연합회장

여름 하면 생각나는 과일은 단연 수박이다. 지금 젊은 세대는 상상하기 어렵겠지만, 예전에는 수박을 살 때 수박이 잘 익었는지 의심하는 사람에게 상인이 수박을 조그만 삼각뿔 모양으로 잘라 맛을 보여주었다. 이 맛보기 수박을 보고 잘 익었는지 색을 체크하기도 하고, 직접 먹어보기도 해서 잘 익은 수박을 골랐으니, 그것만큼 확실한 방법이 없었다. 다만 이렇게 해놓고 사지 않으면 그 수박은 어떻게 되는지 그 이후 이야기는 나도 잘 모르겠다.

수박은 참으로 달콤하고 시원하고 더운 여름을 견디게 해주는 고마운 과일이다. 하지만 다 먹고 남은 수박 껍질을 어떻게 처리할지는 여전히 고민거리다. 워낙 수분이 풍부한 과일이라 음식물 쓰레기봉투에 넣으면 금세 아래쪽에 물이 고이고 해충들이 꼬이기 시작한다. 수분기를 줄이기 위해 잘게 썰어서 창문 앞에 널어서 건조를 시키고 있으면 가끔 아내에게 핀잔을 듣기도 한다. 그래서 최근에 수박을 마음껏 먹기 위해 과감하게 투자를 했다. 미생물 음식물 처리 기계를 주방에 놓아서 껍질 걱정 없이 먹고 있다.

그만큼 수박은 여름을 상징하고, 여름은 또 수박을 상징한다. 반으로 갈린 수박의 새빨간 색은 뜨겁지 않은 시원한 빨강이다. 아들이 좋아하는 『수박 수영장』 그림책에는 매년 아이들이 때가 되면 큰 수박 안에서 수영을 즐긴다. 시뻘건 수박물이지만 오히려 시원 달콤한 수영장으로 느껴진다. 아이들이 수박 위를 걸으면 '서걱 서걱' 하는 소리가 들리는데, 마치 겨울에 설레는 마음으로 쌓인 눈을 '서걱 서걱' 밟는 소리처럼 들린다.

올해도 여전히 뜨거웠던 여름에 에어컨을 틀고 선풍기 앞에서 아이들과 함께 수박을 먹었다. 수박은 선풍기 앞에서 먹어야 제 맛이다. 미처 먹지 못한 수박은 빨간 부분만 분리해 믹서에 갈아서 수박 주스를 만들어 먹고, 남는 주스는 냉동실에 얼려놓고 먹고, 여러 가지 과일을 추가로 넣고 사이다와 우유를 부어 화채를 만들어 먹었다.

요즘 나오는 애플수박 등 미니어처 같은 수박은 나에게는 수박이 아니다. 수박은 커야 한다. 냉장고가 수박을 감당하지 못하므로 수박은 무조건 반으로 잘라서 넣어야 하고, 냉장고의 공간을 위해서 빨리 먹어야 한다. 그래서 땀을 많이 흘리는 여름에 수분 충전을 반 강제로 할 수 있다. 이렇게 변함없이 뜨거운 여름을 견디게 해준 수박은 원래 경남 함안이 유명했다. 최근에는 부여가 함안의 생산량을 앞서 전국 1위를 하고 있다. 부여에서 32년 동안 수박을 재배하고 있는 박종관 대표를 만나서 수박에 대한 이야기 들었다.

하우스에 수박이 많이 보이는데, 올해 작황은 어떠신가요?

✽ 올해는 날씨가 좋아서 작황이 좋죠. 2월에 냉해가 늦게까지 있어서 그때 조금 고생했고, 보편적으로 좋았어요. 1년 총 생산량이 2만

부여는 전국에서 수박을 가장 많이 생산하는 지역이다.

개 정도 나와요.

지금 재배하는 수박의 품종이 보편적인 건가요?

❀ 계속 신품종으로 농사를 해요. 신품종은 활착(옮겨 심거나 접목한 식물이 뿌리를 내려서 사는 것)이 잘되고, 냉해에 강한 품종이에요. 신품종이라고 마구잡이로 하는 게 아니라 하우스 한 동을 신품종으로 미리 해보고, 확인한 다음에 다음 해에 심는 거죠. 남이 좋다고 해서 그 말만 믿고 하면 안 되잖아요.

수박은 특히 당도가 중요하잖아요. 출하되는 수박의 당도 기준은 어떻게 되나요?

❀ 굿뜨래 상표를 붙여서 나가는 부여군 수박은 공동 선별, 공동 출하, 공동 계산 방식이에요. 굿뜨래 선별 기준이 당도가 11브릭스 이상 되는 수박만 출하를 합니다. 굿뜨래 마크를 붙여서 나가는 거죠. 그런데 이마트나 롯데마트 이런 대형 마트에서 자기네 상표를 붙여 달라고 할 때가 있어요. 그러면 어쩔 수 없이 굿뜨래 스티커를 떼고 자기네 스티커를 붙여서 납품해야 해요. 이럴 때는 노동력이 이중으로 들어가야 해서 어려울 때가 있어요. 그렇게 되면 굿뜨래 상표가 없거나 작게 보여서 소비자들이 모를 수도 있죠.

박종관 수박연합회장

부여 수박이 이렇게 생산량이 많은지 몰랐습니다.

✽ 원래 전국에서 함안이 1위, 부여가 2위였는데, 지금은 함안이 재
배 면적이 줄었어요. 그래서 지금은 부여가 전국 생산 1위예요. 함
안도 이제 다 노령화 되고 힘들어요. 왜 힘드냐면 거기는 10월 말이
나 11월에 정식(온상에서 기른 모종을 밭에 제대로 심는 일)을 한단 말이
에요. 그러면 겨울을 나야 하는데, 함안은 온도가 높으니까 보일러를
안 떼고, 두꺼운 이불을 덮어요. 근데 나이 들면 힘들어서 그걸 못해
요. 그래서 면적이 줄어드는 수밖에 없어요. 부여도 사실 면적이 많
이 줄었어요.

다른 지역 수박과 부여 굿뜨래 수박의 차이점이 있나요?

✽ 차이점이라고 하면 부여는 청정 지역이에요. 일조량도 좋고, 또
밤과 낮 온도 차이가 많이 나요. 일교차가 큰 거죠. 그래서 수박 속이

아삭아삭하고 단단하니까 소비자들이 아주 좋아하죠.

30년 이상 수박만 재배하셨는데 이유가 있나요?

✳ 내가 자신 있는 거 한 가지만 해야지 전문가가 되죠. 농사도 남이 상추 해서 돈 벌었다고 상추를 심어서는 안 돼요. 상추 하는 사람은 상추를 하고, 수박, 멜론 하는 사람은 수박, 멜론을 하고. 이렇게 전문성이 있어야 농사를 안 버리고 자신 있게 가는 거죠. 남이 돈 버는 거 따라가서는 절대 안 돼요. 다른 데는 2기작으로 멜론을 하는데, 나는 멜론도 안 들어가요. 그전에는 수박을 3기작으로 했었죠. 세 번을 하니까 땅도 못 살지만 나도 못 살겠거든. 쉴 틈이 없어요. 그래서 지금은 2기작만 하는 거예요. 수박만 2기작. 5월에 출하하고 7월 말 ~8월 초에 출하하고.

수박은 많은 사람이 좋아하는 과일인데, 맛있는 수박을 고르는 방법을 알려주세요.

✳ 첫째는 외형이 예뻐야 해요. 외형이 아주 잘 생긴 게 좋죠. 겉의 호피 무늬가 뚜렷하고 선명해야 하고, 이렇게 두들겨봐서 둔탁한 소리가 나야 돼요. 퍽퍽 소리 말고 땡땡한 소리. 예전에는 꼭지를 길게 잘라서 출하했어요. 그런데 그 꼭지가 부러지면 1만 원 하던 게 3000원짜리가 되는 거예요. 꼭지가 7000원이야. 맛은 전혀 상관없

잘 익은 수박은 무늬가 뚜렷하고 선명하다.

거든요.

지금은 꼭지를 짧게 잘라서 거기에 스티커를 붙이기도 해요. 그리고 공동 선별을 하니까 11브릭스가 안 되는 것은 다 비품으로 처리해요. 10.9만 나와도 통과가 안 돼요. 그래서 마트에서 사 먹는 수박은 기준 이상의 당도를 가지고 있다고 보면 돼요.

귀농한 지 얼마 안 된 분들에게 수박 농사는 어떤가요?

✳ 부부나 식구가 전부 귀농하면 괜찮은데, 남자만 오고 아이들하고 부인은 교육 때문에 안 오게 되면 이게 인력이 많이 필요한 농사여서 노부모만 더 죽어나요. 수박 농사는 대추 농사보다 인력이 더 많이 필요해요. 그래서 많이들 대추로 전환하는 거예요. 어느 것을 하든 농사짓기에 달렸어요. 대추도 그렇고 내가 상품만 잘 만들어놓

으면 좋은 가격을 받아요.

씨 없는 수박도 재배하시나요?

✻ 5월에 출하한 수박은 씨가 있는 수박이고, 7월 말에 출하하는 것은 씨 없는 수박이에요. 씨 없는 수박이 성장이 잘돼요. 뜨거운 여름에 열을 많이 받으면 피수박(씨 주변 과육이 핏빛이고 무른 수박)이 나오기 쉬운데, 씨 없는 수박은 씨가 없으니까 피수박이 안 돼요. 그래서 2기작 할 때는 씨 없는 수박을 심죠.

그런데 우리는 '씨 없는 수박'으로 표기하지 않고 '씨 적은 수박'으로 표기해서 나가요. 왜냐하면 '씨 없는 수박'으로 소비자들한테 나갔다가, 조그만 씨라도 나오면 컴플레인이 들어오거든요. 씨 없는 수박이라고 하지만 씨가 100퍼센트 없을 수는 없어요. 그래서 그런 부작용을 막기 위해서 '씨 적은 수박'으로 표기되어 나가요.

수박을 색다르게 먹는 방법이 있나요?

✻ 요즘 많이 먹는 수박 주스로 먹는 방법이 있고, 수박 잼도 맛있어요. 그런데 수박 잼은 가스비가 너무 많이 들어가서 상품화하기가 어려워요. 예전에는 씨 있는 수박으로 해서 불편했는데, 씨 없는 수박으로 하면 편해서 좋아요. 설탕을 안 넣어도 맛있어요. 딸기는 신맛이 살짝 있어서 설탕을 넣는데, 수박은 신맛이 없잖아요. 내가 설

탕을 넣어봤더니 너무 달아요. 다만 수박은 수분이 워낙 많으니까 오래 끓여야 해요. 잼 한 통 만들려면 수박이 몇 통은 들어가야 해요. 집에서 한번 만들어보면 그 맛이 기가 막혀요.

[박종관 대표의 수박 잼 만들기]

♦ 준비 : 수박 1통

   1. 수박의 빨간색 과육 부분과 껍질 안쪽의 흰 부분을 분리해서 준비한다(초록색 바깥쪽 껍질은 사용 안 한다).

   2. 빨간색 과육을 믹서로 갈아준다.

   3. 껍질 안쪽의 흰 부분은 식감을 위해서 볶음밥용 채소만큼 잘게 다져준다.

   4. 갈아놓은 과육과 다진 속껍질을 냄비에 넣고 중불로 끓여준다.

   5. 40분 정도 중불에서 끓이면서 계속 저어준다.

   6. 적당한 점도와 색이 나오면 불을 끄고 식힌다.

   * 더 단맛을 원하면 설탕을 넣어도 된다.

밥맛이 없을 땐
밤 맛으로
유용범 밤 사무국장

6월이 되어 공주와 정안 지역을 지나가다 보면 산마다 온통 미색의 은은한 밤꽃들로 덮여 있다. 공주와 정안은 워낙 밤으로 알려진 곳이라 고속도로 사이로 보이는 산등성이에 밤나무가 그득한 걸 당연하게 생각했다. 그런데 의외로 부여가 밤 생산량 1위라니 놀라운 사실이다. 가만히 생각해보면 공주와 정안 바로 옆 동네라 그럴 것 같기도 하다.

부여, 공주, 정안은 옛 백제의 도시에 속하는 고장인데, 이 지역에 밤은 과연 언제 심어졌을지 궁금했다. 문헌으로 기록된 내용을 찾아보면, 약 1700년 전인 진나라 때의 『삼국지三國志』「위서」 동이전 마한조에는 마한에서 굵기가 배만 한 밤이 난다고 기록되어 있다. 또 『수서隋書』*와 『북사北史』**에는 백제에서 큰 밤이 난다고 쓰여 있으니, 이 지역에서 밤은 부여의 역사보다도 더 오래됐다고 볼

부여 밤.

수 있다.

　2022년은 유난히 뜨겁고 습한 더위가 한반도를 덮쳤다. 더위가 한풀 꺾이고 열대야가 사라질 때쯤 느닷없이 집중호우가 대한민국을 강타했다. 수도권이 물난리가 났고, 강남 일대가 침수되어서 비싼 고급차들이 물에 둥둥 떠다니는 희한한 광경을 연출했다. 이어 비를 듬뿍 머금은 먹구름은 그대로 남쪽으로 내려가 충남 부여에도 큰 피

＊　『수서』는 중국 당나라 때 위징 등이 황제의 명에 따라 펴낸 중국 수나라의 정사(正史)로 636년에 간행되었다. 중국 25사(史)의 하나.
＊＊　『북사』는 중국 당나라의 이연수가 편찬한 사서다. 기전체로 북위, 서위, 동위, 북주, 북제, 수 등 남북조 시대 북조의 여섯 왕조의 역사를 기술한 중국 25사 가운데 하나이다.

해를 입혔다. 당시는 수해 복구가 시급한 때라서 인터뷰 일정을 2주 정도 미루고 어느 정도 정비가 되었을 때 다시 부여를 찾았다.

만나기로 한 밤 농가는 부여 시내에서 북서쪽에 위치한 은산면에 있는데, 그곳은 부여에서도 가장 비 피해가 컸던 곳이다. 밤 농장이 가까워질수록 구불하고 좁은 도로의 바닥엔 떨어진 밤송이들이 즐비했다. 아마도 이번 폭우 때 떨어진 것들인 듯하다.

밤나무는 대부분 산에 심어 키우기 때문에 차량 한 대 정도 올라갈 수 있도록 밤 농장까지 작업로가 만들어져 있었다. 덕분에 내 차도 어렵지 않게 밤나무가 가득한 산등성이의 중간쯤까지 올라갔다. 그곳에서 전국 밤 재배 사무국장을 맡고 있는 유용범 씨를 만났다.

안녕하세요, 밤 농사는 언제부터 하셨나요?

❀ 제가 도시에서 직장 생활을 하다가 20년 전에 귀향했어요. 당시 건설회사에 다녔는데, 일에 대한 스트레스가 너무 많아서 이대로는 못 살겠더라고요. 그래서 이건 안 되겠다 싶어서 와이프한테 "나 이거 그만두고 밤 농사 한번 지어볼까?" 하고 물어봤죠. 와이프가 반대할 줄 알았는데, 대번 오케이 하는 거예요. 그동안 내가 힘들었던 모습을 안쓰럽게 봤는지 참 고마웠어요. 부모님께서 원래 조그맣게 밤 농사를 하던 걸 봐왔고, 어렸을 때부터 친숙한 작물이라 밤 농사를 해야겠다고 결심하는 건 어렵지 않았어요.

오다 보니 길에 밤송이가 많이 떨어져 있더라고요. 이번 비 피해는 없으셨나요?

※ 아이고, 비가 너무 많이 와서 여기 보시다시피 낙화(떨어진 밤송이)된 게 많아요. 작업로가 유실된 게 많아서 당장 수확 철이 왔는데 작업 차량이 다닐 수가 없어요. 작업로를 보수할 때까지는 수확이 늦어져서 피해가 있어요. 다행히 '늦밤'이라고 하는 만생종들은 낙화가 심하지 않아서 예년과 비슷하게 수확량이 나올 거 같아요. 지금 태풍이 온다는 이야기가 있는데, 그놈만 조용히 지나가면 괜찮을 텐데…. 추석 전에 태풍이 제대로 지나가면 우리는 절단 나요.(안타깝게도 추석 전에 '힌남노'라는 초대형 태풍이 우리나라 남부를 관통했다.)

부여의 폭우 피해에 관한 기사 중에서 "밤나무가 산사태의 중요한 요인이다"라는 기사가 있던데요. 사실인가요?

밤 사무국장 유용범 부부.

❀ 사실이죠. 우리나라에서는 임야에 밤나무를 심을 수 있게 허가가 되어 있어요. 그래서 산에 있는 나무들을 벌목하고 밤나무를 심어요. 심어진 밤나무가 문제가 아니라 작업로에 문제가 있어요. 차가 올라갈 수 있는 작업로를 내야 하거든요. 작업로를 낼 때 비가 와도 물이 한곳에 모이지 않도록 해야 하는데, 지금은 기준이 없어요. 폭우대비를 신경 안 쓰고 마구잡이로 작업로를 내거든요. 이번처럼 비가 순식간에 많이 왔을 때 빗물이 한쪽으로 몰려서 산사태가 난 거죠. 앞으로 이 부분을 개선하지 않으면 또 이런 피해가 올 수 있어요."

밤이라고 하면 근처의 공주나 정안이 먼저 떠오르는데, 부여가 밤 생산량 1위라는 사실이 놀라웠어요.

❀ 1960년대부터 우리나라에 본격적으로 밤이 재배가 되었을 때 공주에 밤이 많이 심어진 건 사실이에요. 부여는 2000년대 들어와서야 보급이 많이 되었는데, 이제 공주를 역전한 거죠. 그 요인은 공주나 부여나 같은 지역이라고 볼 수 있지만, 공주보다는 부여가 지형이 완만하거든요. 그래서 밤 재배지로 아주 적당합니다. 토질도 좋고요.

밤송이가 따가운 가시로 덮여 있어서 동물들 피해는 없을 것 같아요.

❀ 그렇지 않아요. 멧돼지 이놈은 떨어진 거 다 먹어요. 따가운 밤송

이도 발로 이래 이래 해서 빼먹더라고요. 그리고 바닥에 먹을 게 있는지 없는지 다 헤집어놔서 피해를 입은 농가가 많아요.

　　밤 재배 과정과 수확 과정이 궁금합니다.

✽　밤은 1년 농사예요. 가장 중요한 게 전지(가지치기)를 잘해서 열매가 골고루 맺도록 해줘야 하고, 다른 농사와 같이 비료를 적당한 시기에 적당한 양으로 줘야 하고, 병충해 방재를 제때 해줘야 해요. 수확은 자연적으로 땅에 떨어진 것만 해요. 수확망이라는 게 있는데, 밤이 망 위로 떨어지면 자연스럽게 한쪽으로 모이게 해서 바가지로 퍼서 수확해요. 또 수확기라고 청소기 같은 건데, 땅에 떨어진 것을 빨아들여 분리를 시켜서 수확하기도 하고요. 다 사람이 해야 하는데 요새는 인력이 없어서 힘들죠.

　　밤 농사는 귀농하시는 분들께 권유하시나요?

✽　사실 처음 밤 농사를 결심했을 때, 들에서 농사짓는 것보다 수월하다고 판단해서 시작했어요. 실제로도 다른 농사보다는 여유가 좀 있어요. 나무라서 비료를 바로 오늘 줘야 되는 것도 아니고, 며칠 뒤에 줘도 이상 없거든요. 그래서 귀농자들에게 권유를 하는데, 대신 밤 농사는 시간이 많이 필요해요. 적어도 5년 이상은 끈기 있게 기다릴 줄 알아야 해요. 나무를 심고 나서 5년 정도 지나면 투자한 금액을 회수할 정도로 밸런스가 맞아요. 특별한 기준은 없는데 한 7년 정

부여는 전국에서 밤 생산량이 1위다.

도 되니까 돈이 되더라고요.

　귀농하시는 분들 상담을 많이 하는데, 가볍게 생각하고 오시는 분이 많아요. 특히 공직에 있다가 퇴직하신 분들은 60대 중반에 와서 이렇게 오랜 시간을 투자하기가 어렵죠. 밤 농사를 하려면 적어도 40대, 50대에 시작해야 해요. 노동력을 75세까지 보는데, 그러면 20년 이상은 충분히 밤 농사를 하면서 지낼 수 있죠.

　추천해주실 밤 품종이 있나요?

❀ 우리가 '뜨래 1호'라고 이름 지은 품종이 있어요. 2014년부터 저희 단체에서 보급을 시작했는데, 이제 막 생산되는 단계이고, 몇 년은 더 있어야 생산이 많이 될 거예요. 이 품종은 에어프라이어용, 군밤용으로만 나가요. 구우면 내피가 분리되어서 쉽게 먹을 수 있거든요. 밤에 칼집을 내어서 판매하기 때문에 구입하면 바로 에어프라이어에 돌려서 먹으면 돼요. 당도도 좋고 고소한 맛이 많이 나서 이

품종은 없어서 못 팔아요. 일반적으로는 '대보'라는 품종을 선택하면 맛있는 밤을 먹을 수 있어요.

소비자들은 밤을 어떻게 저장하면 좋을까요?

✽ 일반 냉장고에는 밤을 저장할 수가 없어요. 우리는 저온 저장고에 밤을 저장하는데, 영하 1도 플러스마이너스 0.5에서 저장을 하면 1년 놔둬도 괜찮아요. 소비자들은 김치냉장고를 사용하면 되는데, 밤은 숨을 쉬어야 하거든요. 김치통 같은 데 숨 못 쉬게 닫아 놓으면 안 되고, 요즘 지퍼에 숨을 쉬게끔 구멍이 나 있는 게 있어요. 거기에 넣고 김치냉장고에 보관하면 오랫동안 밤을 저장할 수 있어요.

밤을 맛있게 먹는 방법이 있나요?

✽ 보통 밥을 하면 밤을 통째로 넣잖아요. 그럼 아이들이 절대로 안 먹어요. 밥 한 공기 정도의 쌀에는 딱 밤 한 톨 분량만 넣어요. 밤을 통째로 넣는 게 아니라 아주 잘게 다져 넣어서 밥을 하면 아이들이 먹고 쓰러집니다. 너무 맛있어서. 큰 밤이 보이지 않으니 아이들도 거부감이 없고, 또 맛있어서 아이들이 밥을 엄청 잘 먹어요. 밥맛이 없을 땐, 밤 맛으로 밥을 먹는 거죠. 꼭 드셔보세요. 후회 안 합니다.

앞으로 읽어도
거꾸로 읽어도 토마토
정택준 세도농협 토마토공선회장

"기러기 토마토 스위스 인도인 별똥별." 드라마 〈이상한 변호사 우
영우〉에 자폐 스펙트럼이 있는 주인공이 자기소개를 할 때 매번 패
턴처럼 말하는 대사다. 이 대사 덕분에 토마토는 한층 친숙한 과일
이 되었다. 드라마에는 토마토가 전혀 나오진 않지만.

나는 원래 토마토를 좋아하는 편이 아니었다. 다른 과일만큼 달
지도 않고, 물컹한 식감이 당기지도 않았기 때문이다. 그러다가 만
세 살 안 된 딸이 방울토마토를 너무 좋아해서 같이 먹다가 토마토
의 참 맛을 알게 되었다. 토마토 친구인 딸이 잠잘 때 인사가 "아빠,
잘 자. 우리 내일 토마토 먹자"일 정도다.

정확히는 과일이 아니라 채소에 속하는 토마토는 단맛이 있진
않아서, 달달한 과일을 좋아하는 사람들은 그다지 선호하는 과일이
아닐 것 같다. 이제는 나도 건강을 위해서 먹어야 하는 나이가 됐다.

부여 토마토.

배가 고플 때 잘 익은 토마토를 한 입 베어 먹으면 포만감도 주고, 당 때문에 많이 먹으면 부담이 되는 여느 과일과는 다르게 토마토는 당 걱정 없이 먹을 수 있어서 좋았다. 토마토는 미국 『타임』지가 선정한 10대 슈퍼 푸드 중 하나로 선정될 만큼 건강식품으로도 인정받았다. 유럽에서 "토마토가 빨갛게 익으면 의사 얼굴이 파랗게 된다"라는 속담이 있을 정도로, 토마토는 사람들의 건강을 책임지는 식재료이자 과일이다.

예전 연예인들이 야식을 직접 만들어서 메뉴에 등극시키는 프로그램에서, 간단히 토마토와 달걀을 올리브유에 볶은 '토달토달'이라는 음식을 소개해 한동안 유행하기도 했다. 레시피도 간단하고, 건강한 야식이라는 이미지에 나도 출출한 밤에 몇 번 시도해본 적이 있었다.

토마토가 빨간 이유는 '라이코펜'이라는 성분 때문이다. 라이코펜은 세포의 젊음을 유지시키는 역할을 하고, 각종 암을 예방하는데 도움을 준다고 한다. 이 좋은 라이코펜을 듬뿍 섭취하려면 생으로 먹는 것보다 열을 가해서 먹는 게 좋다. 열을 가하면 라이코펜이 토마토 세포벽 밖으로 빠져나와서 우리 몸에 흡수가 잘되고, 기름에 익히면 흡수가 더욱 잘된다고 하니 토마토를 올리브유나 식용유에 요리해서 먹는 것은 토마토를 제대로 섭취하는 방법이다.

이렇게 몸에 좋은 토마토, 특히 체력이 떨어지는 더운 여름에 먹으면 몸에 활기를 불어넣어 주는 토마토의 최대 생산지가 부여다. 부여에서도 세도면이 오래전부터 토마토 농사로 유명세를 떨치는데, 세도농협 토마토 공선회장을 맡고 있는 정택준 씨를 선별장 앞에서 만났다.

토마토 농사를 시작한 지는 얼마나 되셨나요?

✿ 저는 세도에서 태어나서 세도를 떠난 적이 없어요. 2003년부터 토마토 농사를 짓기 시작했으니까 거의 20년이 다 됐네요. 원래 대학에서는 경영학을 전공했는데, 아버지가 뇌경색이 오는 바람에 승계농으로 해서 제가 계속 농사를 짓게 된 거죠.

갑자기 승계농으로 농사를 하게 되었는데, 어렵진 않으셨나요?

✤ 어렸을 때부터 아버지 농사일을 많이 도왔어요. 제가 원광대학
교를 다녔는데, 여기서 통학을 했거든요. 집에 오면 자연스럽게 아
버지 일을 도우면서 토마토 농사 시스템에 대해서는 웬만큼 다 알고
있었죠.

토마토 하나만 농사를 짓고 계시나요?

✤ 저는 방울토마토와 오이를 같이 하고 있어요. 토마토는 한 번 심
으면 3개월 있다가 수확을 하는데, 오이는 심은 다음에 한 달만 지나
면 수확하거든요. 오이가 사이클이 빠르니까 그런 빠른 사이클을 이
용해서 작물 두 개를 재배하는 거죠. 이런 방식을 '인터 플랜팅'이라
고 해요. 이 방법도 전에는 실패를 많이 했어요. 심는 타이밍이 중요
한데, 이런 것들을 지금은 웬만큼 찾아냈고, 수확하는 시기에 따라서
시세도 달라서 기술적인 방법들을 여러 농가들 하고 상의하고 보급
하고 있어요.

세도 지역이 토마토가 원래 유명한가요?

✻ 우리가 흔히 아는 큰 토마토는 세도 지역에 심은 지 56년째예요. 당시에는 하우스 자체가 쇠파이프가 아니고 대나무를 꽂고 엮어서 만들었어요. 여기 옆이 강경인데, 거기에 대나무 파는 시장이 어마어마했죠. 여기에서 소비하는 게 엄청났으니까요. 저희가 그런 정도로 굉장히 활성화되어 있었죠. 그 당시에는 한겨울에 촛불로 난방을 하고 그랬어요. 그래서 촛불을 켜야 하니까 파라핀이 흔했단 말이죠. 그걸 저희가 주워 와서 양초 만든다고 재료를 녹여서 만들고 놀았어요.

그런데 56년간 토마토 농사를 한곳에서만 지으면 땅이 못 견뎌요. 토마토를 심고 10년 정도 지나니까 다들 농사가 잘 안되었어요. 그래서 대책을 내놓은 게 벼를 심는 거였어요. 벼를 심으면 땅이 견디는 이유는 담수를 하기 때문이에요. 토마토는 건조한 땅에서 재배를 하잖아요. 담수를 50일 이상하면 이 안에 생태계가 변해요. 토양의 성질이 바뀌니까 토마토를 다시 심어도 견딜 수 있는 거예요.

강원도 찰토마토도 유명하잖아요?

✻ 강원도 둔내 같은 경우도 감자나 배추 이런 작물만 심었죠. 그러다 10여 년 전에 부여 분이 강원도에 가서 토마토를 퍼뜨린 거예요. 여기 조합에 계신 분이 부여에서 강원도까지 출퇴근으로 왔다 갔다 하면서 농사를 지었어요. 부여는 6월 초까지만 토마토를 하고 그 이

후엔 온도가 높아서 힘들거든요. 그런데 강원도는 기후 때문에 야간 온도를 버티는 거예요. 야간 온도가 낮으니까 키울 수 있는 조건이 돼서 강원도도 토마토로 유명한 지역이 되었죠.

최근에 맑은 물 사업을 한다고 들었습니다.

✽ 여기가 지하수는 굉장히 풍부한데 공주, 부여 쪽은 산맥 속의 암반이 철을 많이 함유하고 있어요. 그래서 암반을 넘어 깊이 내려가지 않는 이상 지하에서 나오는 물이 철을 많이 함유할 수밖에 없어요. 이게 농작물에는 영향이 없는데, 물을 퍼 나르는 기계를 다 망가뜨립니다. 지하수에 철하고 중탄산이 같이 결합한 형태로 있는데, 물이 외부로 나오면서 중탄산은 기화를 해서 없어지고, 철이 산소와 결합해서 산화철을 만들어요. 그래서 농업용 정수기를 사용하고 그랬는데, 2년 전부터는 지하수를 쓰지 않고 금강 물을 관수해서 사용하고 있어요. 훨씬 좋은 물로 토마토를 재배하고 있는 거죠.

부여 농촌을 보면 대형 스마트 팜이 많이 보입니다.

✽ 최근 스마트 팜이 많이 생기고 있죠. 부여군에서도 지원을 많이 해주고 있고요. 그런데 오해를 하실 수 있는 게, 스마트 팜이라고 모든 게 자동으로 되는 게 아닙니다. 농부의 노하우들을 입력하면 세밀하게 조정해주는 게 스마트 팜이라고 보시면 돼요. 제가 농사를

지으면서 다른 작업하고 그러면 지금 해야 하는 일을 깜빡 잊을 수 있잖아요. 스마트 팜은 하늘만 쳐다보고 온도계만 쳐다보고 있는 것과 같아요. 빛이 없는 것 같으면 천막을 세밀하게 열어주고, 온도나 습도가 적정하지 않으면 바로 온도 습도를 맞춰줘요. 아주 세밀하고 동시다발적으로. 대형 재배에 적합한 시스템이죠.

최근 스테비아 토마토가 유행이죠?

❋ 스테비아 토마토는 일명 반가공 토마토예요. 종자가 있는 게 아니고 토마토 중에서 경도가 굉장히 좋고 예쁘게 생긴 애들은 저장성은 좋은데 맛이 좀 떨어져요. 이런 토마토를 스테비아 처리해서 굉장히 맛있는 토마토 수준으로 끌어올리는 거예요. 스테비아는 식물성 추출물이에요. 게다가 단맛만 날 뿐이지 당이 아니기 때문에 살이 안 찌죠. 스테비아 토마토가 아삭아삭하니 식감도 좋으니까 인기

부여 세도 대추토마토즙.

가 있죠.

선별할 때 기준이 있나요?

✳ 브릭스 기준이 있죠. 7브릭스 정도로, 3단계로 나뉘어 있어요. 기준을 둔 이유는 처음에는 고당도를 추구해서 가려고 하는 것도 있었지만, 농민한테 좀 더 잘 키우라고 독려할 수 있는 방법이 크게 없어요. 그런데 당도가 높으면 출하 가격을 더 받으니까, 농민들이 당도를 높이기 위해서 자연적으로 난방도 더하고 광합성을 더 시켜주고 영양제도 더 주며 관리를 더 잘하려고 하는 거죠. 당이 높은 게 단순히 단맛을 위한 것은 아니에요. 잎에서 포도당을 만들면 그게 식물 전체를 만드는 데 쓰거든요. 잎도 만들고 과일도 만들고. 결론은 당분이 높으면 과일의 품질도 좋아져요.

그리고 다른 과일과는 다르게 토마토는 비파괴 방식으로 당을 측정할 수가 없어요. 테스트를 해보니 비파괴로 재는 방향에 따라서 브릭스가 다르게 나와요. 아시다시피 토마토는 속이 단단한 부분과 물렁한 부분이 구분되어 있잖아요. 그래서 샘플 네다섯 개를 가져다가 합해서 으깨요. 그래야 평균치를 알 수 있으니까요. 토마토 속은 달콤하잖아요. 거기는 브릭스가 높게 나오거든요. 그래서 껍질까지 한 번에 다 으깨서 당도를 측정하는 거죠.

소비자들이 좋은 토마토를 고르는 방법이 있을까요?

❀ 색이 균일해야 해요. 한쪽이 하얗거나 하면 안 되고요. 표면에 광택이 나야 하는데, 사실 저희는 이걸 싫어해요. 또 꼭지 부분이 살아 있어야 딴 지 얼마 안 된 신선한 토마토예요. 사실 맛은 상관이 없어요.

토마토를 색다르게 먹는 방법이 있을까요?

❀ 다른 방법은 다들 아실 테고, 토마토 가격이 5~6월이 되면 떨어져서 과일로 출하를 하지 않고, 다 따서 세척한 후 즙을 짜요. 그래서 토마토 즙으로 포장해서 판매를 하고 있는데, 이게 토마토를 그대로 짠 것이기 때문에 껍질도 다 들어가 있어요. 토마토 즙을 건강식으로 그냥 드셔도 되지만, 파스타나 토마토소스가 들어가는 요리를 할 때 같이 넣으면 정말 맛있다고 하더라고요. 또 김치찌개를 끓일 때 이 즙을 조금 넣으면 감칠맛을 더 낸다고 해요. 꼭 한번 드셔보세요.

무량사에 가면
표고버섯
이재영 삼보영농조합법인 대표

누가 부여에 간다고 하면 꼭 추천하는 코스가 있다. 무량사에 들러서 고찰의 고즈넉한 모습을 보면서 천천히 걷고, 숲이 우거진 길을 따라 산책을 하며 힐링을 하라고. 그리고 마지막은 무량사 입구에 있는 아무 음식점에나 들어가서 식사를 하면 몸과 마음과 입이 즐거울 거라고.

무량사 입구에는 음식점이 몇 개 있는데, 무량사 주변에서 나는 나물들을 가지고 만든 산채비빔밥이 인기가 있다. 도토리묵도 꼭 같이 주문해서 먹는 음식 중 하나인데, 여기 도토리묵에는 편으로 썬 표고버섯이 들어가 있어 쫄깃하고 고소하다. 보기에도 먹기에도 건강해지는 기분이다.

도토리묵에도 표고버섯이 들어갈 만큼 부여는 표고버섯의 고장이다. 표고버섯은 영양가가 높은 식품이고, 표고의 진한 향기도 일

부여 표고버섯.

품이다. 특히 라면에 표고버섯을 넣으면 표고의 독특한 향이 라면의 퀄리티를 높여주고, 왠지 건강한 요리를 먹는다는 착각까지 만들어 준다. 식당에서 제공하는 비빔밥, 도토리묵, 반찬에 모두 표고버섯이 들어가기 때문에 식사를 마친 순간 표고버섯 홀릭에 빠진다. 그리고 사장님께 물어 자연스럽게 표고버섯을 구입하고 돌아가게 된다.

표고버섯 농가를 방문하기 위해서 규암에 위치한 삼보농장을 찾 았다. 농장 입구에는 같은 크기로 자른 참나무들이 즐비하게 쌓여 비를 맞고 있었고, 한쪽에는 참나무 톱밥을 만드는 거대한 기계가 놓여 있었다. 일반 비닐하우스와는 달리 공장처럼 패널로 지어진 하 우스에서는 베트남인 직원이 출하할 표고버섯들을 골라 바구니에 담고 있었다. 내가 가는 날 비가 추적추적 내린 탓에 농가에는 표고 향이 낮게 감돌고 있었다. 농장 사무실에서 나를 기다리고 있는 삼보농장 이재영 대표를 만나서 이야기를 나누었다.

자기소개와 부여군 표고버섯 재배에 대해서 알려주세요.

❀ 저는 부여군 표고버섯연합회장 이재영입니다. 부여군에서는 180농가 정도 표고버섯을 재배하는데, 1년 매출이 약 250억 원 정도 됩니다. 예전에는 600농가 가까이 됐는데, FTA 체결되고 농업 인력도 부족하고 인건비도 상승해서 많이 축소됐어요.

표고버섯이 우리나라 말고 다른 나라 제품이 있나요?

❀ 중국이 세계를 꽉 잡고 있죠. 전 세계 생산량의 90퍼센트 이상이 중국에서 생산되거든요. 중국산이 워낙 가격이 저렴하게 들어오니까 지금은 국산 표고버섯이 좀 힘든 상황이에요.

중국산 표고버섯과 부여 표고버섯의 차이점이 있나요?

❀ 우리는 참나무로 재배해요. 일부는 제재소 톱밥을 조금 사용하지만요. 중국은 옥수숫대, 목화대 이런 농산물의 부산물을 주원료로해요. 버섯의 맛이나 품질은 우리가 한 수 위죠. 그런데 중국산은 시

이재영 삼보영농조합법인 대표.

각적으로 색깔이 예뻐요. 맛이나 품질 상태는 국산보다 떨어지는데, 시각적으로 예쁘고 커서 우리나라 소비자들이 중국산을 모르고 먹는 경우가 많죠.

표고버섯은 재배 과정이 어떻게 되나요?

✻ 예전에는 원목에 종균을 직접 투입해서 생산했는데, 그러면 수확까지 1년 6개월이 걸려요. 그런데 톱밥으로 재배하면 130일 정도면 버섯이 발생해요. 고급 품질의 버섯이 나오려면 130일에서 150일 정도 기릅니다. 원목보다 훨씬 빨리 수확을 할 수 있죠. 이런 기술은 우리가 일본을 이미 따라잡은 것 같아요. 중국은 워낙 재배 역사가 깊다 보니까 우리보다 훨씬 앞서 있고 버섯에 대한 투자도 많이 해요. 그래서 유럽이나 미주도 중국산 버섯이 점령하고 있어요. 우리나라도 버섯연구소 같은 기관에 투자를 더 많이 해야 해요.

버섯 재배에 참나무를 쓰는 이유가 있나요?

✽　원래 활엽수는 다 돼요. 그중에서 참나무로 해야만 버섯이 영양
분도 많아지고 품질이 좋거든요. 요즘은 참나무 원목 대신 톱밥을
만들어서 거기에 배양을 하는데, 저는 분쇄 기계로 참나무를 직접
분쇄해서 톱밥을 만들어 쓰고 있어요. 이렇게 하는 사람은 전국에
나뿐이 없어요. 배지버섯(톱밥 배양)으로 표고를 재배하면, 향이 원목
에 하는 것보다 적게 나요. 요즘 젊은 사람들이 표고버섯의 독한 향
을 싫어한다고 해서 표고 향을 줄이는 것을 권장하고 있거든요. 그

버섯 재배에 활용하는 참나무.

래서 배지버섯으로 재배를 하는 것이 장점이 많아요.

표고버섯을 맛있게 먹는 방법을 추천해주세요.

❋ 간단하고 맛있게 먹을 수 있는 방법이 있어요. 표고버섯을 사각 모양으로 잘게 썰어요. 그리고 밥을 지을 때 같이 넣어보세요. 표고버섯밥을 간장 양념장에 쓱쓱 비벼 먹으면 정말 맛있어요. 또 표고버섯을 통으로 거꾸로 넣고 버터를 잘게 썰어서 그 위에 올려요. 그리고 소금과 후추를 조금 뿌리고 에어프라이어에 돌리면 사람들이 굉장히 좋아합니다. 고급 요리 안주 저리 가라예요.

부여제철소가 제안하는
간단한 굿뜨래 요리

부여는 경주만큼 사람들이 많이 찾는 관광지가 아니다. 그래서 아직까지 부여의 고유한 매력을 지키고 있는 것 같다. 나는 지금의 부여가 아주 천천히 자연스럽게 유명해졌으면 좋겠다. 그렇고 그런 카페와 맛집이 즐비한 곳이 아닌 언제나 부여스러운 여행을 할 수 있는 곳으로 남길 바란다. 다행히 부여는 청년들을 중심으로 다양한 문화 사업들이 진행되고 있다. 부여제철소의 김한솔 대표도 그 중 한 명이다.

규암에 위치한 부여제철소는 식자재 생산이 풍부한 부여에서 자라는 제철 식재료로 다양한 요리를 만들어 선보인다. 각 식자재는 당일 농장들을 방문해서 공수하기 때문에 신선함이 가득하다. 김한솔 대표에게 책에 소개할 굿뜨래 10품을 이용한 요리를 부탁했다. 김 대표는 집에서도 간단히 만들 수 있는 요리 레시피를 흔쾌히 공

부여제철소 김한솔 대표.

개해주었다. 부여를 사랑하고 부여를 위해서 요리하는 김한솔 대표에게 감사의 인사를 전한다.

상큼한 '방울토마토 냉파스타'

◆ 재료(2인분)

방울토마토 250g, 양파 40g, 올리브오일 15ml, 유차청 5ml, 화이트 와인 비네거 5ml.

◆ 만드는 법

〈마리네이드〉 (서양식 절임 혹은 숙성. 고기, 생선, 채소 등을 요리하기 전에 와인, 올리브오일, 식초, 향신료 등에 절여놓는 것.)

1. 방울토마토에 십자가 모양의 칼집을 내고 물에 살짝 데쳐 껍질

을 벗긴다.

2. 차갑게 식힌 방울토마토와 다진 양파, 각종 조미료를 넣고 반나
절 이상 숙성해 마리네이드를 만든다.

〈방울토마토 냉파스타〉

1. 삶아낸 파스타면을 식혀 소금 후추로 간을 한다.(알단테보다 1
분 정도 더 익혀서 조리하는 것이 좋다.)

2. 화이트 와인 비네거와 유자청을 넣고 면을 잘 버무린 뒤 마리
네이드를 곁들여 완성한다.

표고향 가득한 '표고버섯 엔초비 파스타'

♦ 재료(1인분)

표고버섯 5개(150g), 엔초비 3피스,
양파 1/4개, 마늘 2개, 방울토마토 4
개, 파스타면 100g, 버터 10g, 화이
트 와인 1T, 올리브유 1T, 소금 후추
약간.

♦ 만드는 법

1. 버섯과 마늘은 채 썰고, 양파와 엔

초비, 방울토마토는 다져서 준비한다.

2. 올리브유에 채 썬 마늘과 엔초비를 넣고 살짝 볶는다(타지 않도록 약불에서).

3. 다진 양파와 채 썬 표고버섯을 넣고 버섯이 반쯤 익었을 때 화이트 와인을 넣는다.

4. 재료가 모두 익으면 다진 방울토마토를 넣어 감칠맛을 더한다.

5. 소금 후추로 간을 한다.

6. 완성한 버섯볶음에 10분간 삶은 링귀네 면을 넣고 1분간 더 볶는다. 면수로 농도를 맞춘다.

입맛을 돋워주는 '양송이버섯 수프'

◆ 재료

양송이버섯 200g, 양파 1개, 버터 20g, 우유 200ml, 생크림 200ml, 치킨스톡 1t. 소금 후추 약간.

◆ 만드는 법

1. 양파는 채를 썰고 양송이버섯의 1/2은 채, 1/2은 다져서 준비한다.

2. 버터에 양파를 넣고 갈색이 날 때까지 볶는다.

3. 양송이버섯과 후추를 넣어 볶아 숨을 죽인 후 생크림과 치킨스톡을 넣는다.

4. 다른 냄비에 밀가루와 버터를 섞어 루를 만들고 우유를 조금씩 넣어가며 루를 풀어준다.

5. 루에 양송이 수프를 넣어 농도를 맞춰 완성한다.

와인의 단짝 '멜론 프로슈토'

♦ 재료

멜론 1/4개, 프로슈토 1장, 올리브유 약간, 소금 후추 약간

♦ 만드는 법

1. 멜론을 세로로 3등분 하여 껍질과 과육을 분리한다.

2. 과육 위에 잘게 찢은 프로슈토를 올린다.

3. 올리브유, 소금, 후추 등을 올려 마무리한다.

취나물이 들어간 부여식 아란치니

김한솔 대표가 추천하는 레시피다. 취나물은 작년까지 굿뜨래 10품에 속해 있었던 만큼 부여의 특산품 중 하나다.

◆ **재료(6개 분량)**

쌀밥 200g, 살짝 데친 취나물 50g, 표고버섯 20g, 모차렐라 치즈 60g, 빵가루 100g, 계란 1개, 밀가루 소금 후추 약간.

◆ **만드는 법**

1. 취나물, 표고버섯, 양파를 다져서 팬에 볶은 후 밥을 넣어 볶는다. 소금과 후추로 간을 한다.
2. 주먹밥 크기로 뭉친 후 속을 모차렐라 치즈로 채운다.
3. 밀가루 〉계란 〉빵가루 순으로 묻혀 튀김옷을 만든다.
4. 180℃ 기름에 3분간 튀긴다.

· 부여제철소 김한솔 대표가 추천하는 부여에서 꼭 해야 하는 일 ·

김한솔 대표에게서 친구에게 추천하는 부여에서 꼭 해야 할 일 목록을 받았다. 시간 여유가 있고, 부여를 제대로 경험해보고 싶다면 아래 일정을 참고해서 하나둘씩 해보는 것도 좋은 생각이다.

- 마을 책방 마당 바라보며 멍 때리기
- 황포돛배 타고 백마강 구경하기
- 부소산성, 낙화암 가기
- 궁남지에서 오리 가족 구경하기
- 구드래 선착장 강변에서 노을 보기(뷰가 미침)
- 로컬 극장 금성시네마에서 레트로하게 영화 보기
- 효성한의원에서 극락 힐링 물리치료 받기(강추)
- 짱맛탱 도일통닭 먹기
- 궁남지 정자에 누워서 낮잠 자기
- 히힛의 그림 클래스 참여하기(월)
- 한솔의 요리 클래스 참여하기(목)
- 부여제철소에서 맛난 음식 먹기

나의 1박 2일 추천 코스

부여 여행은 전설로만 듣던 보물이 숨어 있는 보물섬을 찾으러 가는 여행과 같다. 삼국을 통일한 신라의 승자 시각에 익숙한 우리의 역사 지식으로는, 백제는 그저 나당 연합군에게 패배하고 멸망한 삼국의 한 나라일 뿐이다. 그래서 신라의 수도였던 경주만큼 백제의 수도였던 부여에 대한 이미지가 강하지 않다.

하지만 이것을 안타까워하기보다 아직 알려지지 않은 보물 같은 매력을 찾아 떠나는 여행은 어느 여행보다도 설레지 않을까? 누구나 알고 있는 장소가 아닌 내가 찾아내는 모험 같은 여행. 부여는 그런 곳이다.

부여는 서울에서 출발해도 2시간 남짓이면 충분히 도착하는 멀

지 않은 곳이다. 부여 여행을 처음 가는 사람들은 막연히 멀게만 생
각하다가 실제로 가보고 나서 이렇게 가까웠던 곳인가 새삼 느끼게
된다. 서울에서 서둘러 부여에 도착하면 오전에 한 군데 정도는 둘
러볼 여유가 생긴다.

1일차

오전 10시 ▷ 국립부여박물관

부여의 제일 첫 코스를 국립부여박물관에서 시작하는 것도 좋은
선택이다. 부여는 백제의 문화가 찬란히 꽃피었던 때의 중심에 있
던 도시여서 융성했던 백제의 향기를 느껴보는 것도 좋다. 특히
1993년 능산리 고분군의 한 진흙 수로에서 우연히 발견되어 세
상을 놀라게 한 '백제 금동대향로'는 한반도에서는 드물게 출토
되는 박산향로(산형 뚜껑을 가진 향로의 일종)다. 백제 금동대향로
는 중국에 비해 훨씬 정교한 제작 기법과 풍부한 내용을 보여주는
대작이다. 백제 금동대향로 하나만 보러 간다고 해도 가치가 있는
일정이 될 것이다.

낮 12시 ▷ 국립부여박물관 → 장원막국수(차로 5분, 약 2.1km)

강원도식 메밀 막국수에 익숙한 분들에게는 약간 생소할 충청도
식 막국수를 맛볼 수 있는 곳. 식초가 가미되어서 새콤한 맛이 특

징이다. 후덥지근한 여름 한낮에 들르면 시원하게 더위를 식히고 입맛을 돋울 만한 맛이다. 편육과 함께 막국수를 맛보는 게 이곳의 '국룰'이라고.

오후 1시 30분 ▷ 장원막국수 → 궁남지(차로 6분, 약 3.1km)

신라 경주에 안압지가 있다면 백제 부여에는 궁남지가 있다. 경주 안압지(674년 조성)보다 40년 먼저 만들어진 인공 연못이다 '궁궐 남쪽에 연못을' 팠다는 『삼국사기』의 기록에 따라 궁남지라고 부르고 있다. 서동과 선화공주의 사랑 이야기가 전설로 남아 있는 장소이기도 하다. 무더운 7월이면 화려하게 만개한 연꽃을 보러 많은 관광객이 찾는 명소다.

오후 3시 30분 ▷ 궁남지 → 정림사지(차로 3분, 약 1.4km)

정림사지는 부여 사람들이 꼭 보고 가라고 강력 추천하는 장소다. 백제가 부여로 도읍을 옮긴 시기에 세워진 사찰 가운데 하나인데, 사비(부여) 도성의 한복판에 자리하고 있는 게 특이하다. 아마도 왕궁과 관련이 깊은 사찰이었음을 짐작하게 한다.

교과서에서만 배웠던 정림사지 5층 석탑을 보면 생각보다 큰 위용에 압도되는 느낌을 받는다. 위압감보다 경외감이 드는 탑이다. 백제의 석탑으로는 익산의 미륵사지 석탑과 함께 2기만 남아 있다. 백제 석탑은 돌을 깎아서 목탑 형식으로 탑을 건축한 것이 특이하다. 단순한 구조임에도 한참을 바라보게 하고 사색하게 만드는 묘한 힘이 있다.

이곳에는 정림사지박물관도 있다. 정림사가 갖는 의의와 가치를 이해하고, 백제의 불교문화를 살펴볼 수 있는 소장품들도 관람하면 좋을 것이다.

오후 5시 30분 ▷ 정림사지 → 구드래 황토정(차로 6분, 약 3,4km)

황토정은 부여에서 최상의 육질을 자랑하는 한우를 맛볼 수 있는 곳이다. 부여 시내에서 백제교를 건너 오른쪽에 멋들어지게 지어 놓은 한옥 스타일의 현대식 건물을 발견할 수 있다. 숯불로 직접 구워 먹는 한우와 연잎밥으로 식사를 하면 부여에서의 근사한 한 끼가 완성된다.

오후 7시 30분 ▷ 구드래 황토정 → 만수산 자연휴양림(차로 36분, 약 30km)

1992년 개장한 휴양림으로, 차령산맥 끝부분 만수사(해발 575m) 아래에 있다. 산책로 외에도 자연 속에 아늑하게 자리해 있는 독채형 숙소 '숲속의 집'을 사용할 수 있다. 휴양림 노송 사이에서 산림욕을 즐기고, 바비큐도 즐길 수 있다. 노송과 천연림이 둘러싸고 각종 야생 조수가 서식한다. 상쾌한 솔 내음이 온몸으로 퍼져 나가고 소나무 숲과 맑은 계곡 사이에 숲속 탐방로와 산책로 등도 잘 갖춰져 있다.

오전 9시 ▷ 만수산 자연휴양림 → 무량사(차로 13분, 약 8.3km)

부여 시내에서 멀지만 만수산 자연휴양림에서 숙박을 택한 것은 자연 속에서 휴양하기 위해서다. 아침 일찍 만수산 자락의 무량사 로 여행을 하기에도 좋다. 무량사는 통일신라 문성왕(839~856) 때 범일국사가 창건했다고 전해진다. 만수산의 산림으로 둘러싸 여 있어 산책과 명상을 즐기기에 최적의 장소이다. 생육신의 한 사람인 매월당 김시습이 마지막 생을 보낸 곳으로도 유명한 천년 고찰이다.

낮 12시 ▷ 무량사 → 은혜식당

무량사의 사찰 입구에는 여러 음식점이 있는데, 어떤 곳을 들어가 도 후회는 없다. 내가 추천하는 식당은 은혜식당이다. 여사장님의 푸근한 인심과 맛깔난 음식 솜씨에 데려간 사람 모두 극찬을 했던 식당이다. 만수산 기슭에 있어 산나물이 풍부해 여러 가지 나물과 부여의 특산물인 표고버섯이 들어간 산채비빔밥이 맛있다. 특히 반투명한 색에 몰랑몰랑한 올방개묵은 이 지역의 별미이니 추가 로 꼭 먹어보길 권한다.

낮 1시 30분 ▷ 은혜식당 → 반교마을(차로 6분, 약 4.2km)

무량사에서 내려오는 길에는 외산면 반교리가 있다. 이곳은 특별한 유적지가 있는 곳은 아니지만, 제주도 돌담길을 닮은 옛 담장길이 병풍처럼 둘러싼 조그만 마을이다. 시골 풍경을 천천히 느끼면서 마을 안으로 들어오는 바람과 옛 담장의 정취를 느끼면서 천천히 산책하기 좋은 동네이다.

마을 한 편에 유홍준 전 문화재청장이 거주하는 '휴휴당'을 찾아가보는 것도 좋은 방법이다. 오래된 폐가를 재건해 쉬고 또 쉬라는 '휴휴당'이라는 이름의 집을 지었다. 운이 좋으면 『나의 문화유산답사기』의 저자를 마을 어귀에서 만날 수도 있지 않을까.

오후 2시 30분 ▷ 반교마을 → 규암마을(차로 20분, 약 21km)

규암마을은 군산의 근대화 거리와 비슷한 느낌이 있다. 군산만큼 많이 발전한 것은 아니지만, 최근 들어 적산가옥을 리모델링해서 카페나 여러 가지 상점으로 탈바꿈하고 있다. 일제 강점기 때 백화점이 있었을 정도로 번화했던 옛 거리를 거닐면서 시간 여행을 해보고, 마음에 드는 카페에 들어가 차 한잔의 여유를 가져보자.

오후 5시 ▷ 규암마을 → 대조사(차로 15분, 약 12km)

마지막 코스로 대조사에서 석양을 바라볼 것을 추천한다. 대조사는 경내 뒤편에 높이 10미터에 이르는 보물 제217호의 거대한 석불이 자리 잡고 있다. 석불의 머리 위로 수령 350년이 넘은 소나무가 바위틈에서 자라 불상을 보호하고 있는 것처럼 보여 매우 신비롭다. 우리가 흔히 보는 불상의 모습은 아니어서 생소할지 몰라도, 얼굴이 커서 3등신 정도의 비율이라 만화 캐릭터처럼 친근한 미륵보살상이다.

나에게 대조사는 이 미륵보살상보다 과거 주지스님이 마을에서 시주를 받아 기르던 새끼 사슴 '해탈이'와 진돗개 '복실이'의 우정 이야기가 더 가까이 다가온다. 새끼 때부터 절에서 키웠던 해탈이를 복실이는 자기 집을 내어주며 정성껏 보살폈다고 한다.

어느 날 집을 나간 해탈이와 복실이는 3일이 지나서야 돌아왔다. 알고 보니 해탈이가 짐승을 잡기 위해 쳐둔 철사 올가미에 걸렸는데, 복실이가 올가미를 끊고 함께 돌아왔다는 것이다. 2015년에 갔을 때 해탈이는 없고 복실이만 있었는데, 지금은 안타깝게도 둘 다 없다.

국립부여박물관 : 041-833-8562
장원 막국수 : 041-835-6561
궁남지 : 041-830-2880
정림사지 : 041-830-6836
구드래 황토정 : 041-834-6263
만수산 자연휴양림 : 041-832-6561
무량사 : 041-836-5066
은혜식당 : 041-836-5186
대조사 : 041-833-2510

당신의 발밑에는
피렌체보다 화려한
부여가 있다

ⓒ 홍경수 외, 2022

초판 1쇄 2022년 12월 6일 찍음
초판 1쇄 2022년 12월 20일 펴냄

지은이 | 홍경수(편), 최경원, 정길화, 김진태, 김수
펴낸이 | 이태준

기획·편집 | 박상문, 김슬기
디자인 | 최진영
관리 | 최수향
인쇄·제본 | (주)삼신문화

펴낸곳 | 북카라반
출판등록 | 제17-332호 2002년 10월 18일

주소 | (04037) 서울시 마포구 양화로7길 6-16 서교제일빌딩 3층
전화 | 02-486-0385
팩스 | 02-474-1413

ISBN 979-11-6005-121-6 03910
값 20,000원